Edith Werner

Südafrika

Ein Land im Umbruch

Edith Werner

Südafrika

Ein Land im Umbruch

Ch. Links Verlag, Berlin

Die Deutsche Nationalbibliothek verzeichnet diese Publikation in der Deutschen Nationalbibliografie; detaillierte bibliografische Daten sind im Internet über http://dnb.d-nb.de abrufbar.

1. Auflage, September 2009

Schönhauser Allee 36, 10435 Berlin, Tel.: (030) 44 02 32-0
www.christoph-links-verlag.de; mail@christoph-links-verlag.de
Umschlaggestaltung: KahaneDesign, Berlin,
unter Verwendung eines Fotos von Schulkindern
am Strand von St. James bei Kapstadt
(Christian Bäck, www.comebaeck.de)
Lektorat: Günther Wessel, Berlin
Satz: Agentur Siegemund, Berlin
Druck und Bindung: Druckerei F. Pustet, Regensburg

ISBN 978-3-86153-548-5

Inhalt

Vorwort

»Warum Südafrika?«, fragten Freunde, als ich verkündete, ich zöge für ein paar Jahre nach Kapstadt um. Skepsis mischte sich mit Bewunderung für so viel scheinbaren Wagemut. Wenn sich auch herumgesprochen hat, dass sich die Löwen und Nashörner in die Tierparks zurückgezogen haben, bleibt doch das wildromantische Flair, das alles umgibt, was mit Afrika zusammenhängt. Zwischen dieser Faszination, der Hochachtung für ein Land, das die Unfreiheit überwunden hat und dem unbehaglichen Gedanken an Armut und Aids schwankt das Bild Südafrikas in Deutschland.

Als Gerhard Schröder 2004 in Südafrika Visite machte, sprang ein *imbongi,* ein Preissänger, angetan mit Leopardenfell und Lendenschurz, auf das Podium und besang den »großen Staatsmann« in kehligem, mit Knacklauten durchsetztem Zulu. Angela Merkel nutzte ihren kurzen Stopp in Kapstadt 2007 für einen Besuch beim Aidsprojekt »Hope«, das von deutschstämmigen Südafrikanern begonnen wurde. Die Spannung zwischen afrikanischer Tradition und heutigen Herausforderungen ließe sich nicht besser umreißen.

Kapstadt und Krügerpark, die zwei Ks, markieren die Höhepunkte des touristischen Südafrika. Jahr für Jahr reisen Tausende von Deutschen, neben den Engländern die größte Gruppe, in das Land am Kap der Guten Hoffnung. Zwischen Tafelberg und Badebuchten suchen sie den Einstieg in den afrikanischen Kontinent: Afrika light. Südafrika hat viel zu bieten. Im Kapland glaubt man sich in eine weinumrankte Toskana versetzt, in Limpopo kann der Besucher das richtige Afrika erleben, mit riesigen Baobabs, wilden Tieren und Lehmhüttendörfern, in Johannesburg dagegen Großstadtdschungel pur. Und will man sehen, wie es außerhalb Südafrikas in Afrika zugeht, so braucht man das

Land nicht zu verlassen. Die beiden Enklaven, das Bergkönigreich Lesotho und Swasiland, die letzte absolutistisch regierte Monarchie Afrikas, liegen geographisch innerhalb Südafrikas.

Filmcrews drehen gern im preiswerten und malerischen Kapstadt. Südafrikanische Weine konkurrieren in deutschen Vinotheken erfolgreich mit solchen aus Kalifornien oder Australien. Wer sich als Deutscher in Südafrika niederlässt, profitiert von Touristenboom und guter Infrastruktur als Kleinunternehmer für eine Frühstückspension, ein Reisebüro oder gar ein eigenes Weingut. Ex-Daimler-Chef Jürgen Schrempp ist sich sicher, seine prägendsten Berufsjahre bei Mercedes im südafrikanischen East London verbracht zu haben. Filmerin Katharina Pechel hat eine sichere Position beim NDR aufgegeben und arbeitet nun in Kapstadt als Selbständige ohne soziales Netz und Pensionsberechtigung. In Südafrika fühlt sie sich zu Hause. Auch die Stuttgarterin Steffi Freier kam, sah und blieb. Heute, 13 Jahre später, führt sie die erfolgreichste Modelagentur Südafrikas. Allein im Raum Kapstadt haben sich inzwischen über 90 000 Deutsche niedergelassen. Die »Schwalben« unter ihnen nutzen Südafrikas Lage auf der Südhalbkugel für einen ewigen Sommer: ein halbes Jahr in Deutschland, das andere am Kap. Die Zeitung *Die Welt* sieht schon das »Kap der deutschen Hoffnung« entstehen.[1]

Magnet ist Südafrika nicht nur für Europäer auf der Suche nach einer neuen Herausforderung. Wo immer ich mit Afrikanern außerhalb Südafrikas ins Gespräch komme, das Kraftzentrum des schwarzen Kontinents lässt niemanden gleichgültig. Es wird beneidet und bewundert, und es ist Fluchtziel Nummer eins. Der Flüchtlingsdruck, besonders aus dem benachbarten, chaotischen Simbabwe, führt in den schon jetzt überfüllten Townships, den Wohngebieten rund um die großen Städte, zunehmend zu fremdenfeindlichen Ausschreitungen. Als es im Mai 2008 eine seit dem Ende der Apartheid nicht mehr erlebte Welle von Gewalt gab, brachte ein Johannesburger Karikaturist die Stimmung mit Blick auf die WM 2010 auf den Punkt: Er ließ einen Südafrikaner, der auf einen Simbabwer eindrischt und ihm die Tür weist, sagen: »Hau ab, aber komm 2010 wieder und bring gleich noch einen Freund mit!«

Allen Problemen zum Trotz sind die meisten Südafrikaner stolz auf ihr Land. »Ich kann verstehen, dass die Weißen das Land nicht hergeben wollten. Es ist so schön.« Mit dieser nur halb scherzhaft gemeinten Bemerkung brachte ein Tansanier, den ich auf seiner Kaffeefarm besuchte, die Bewunderung eines ganzen Kontinents für Südafrika auf den Punkt.

Und doch: »Warum Südafrika?«, fragt mich die farbige Kassiererin im Supermarkt meines Kapstädter Vororts. Diesmal höre ich eher Unverständnis als Zustimmung heraus. Sie denkt wohl an ihren Alltag im Township, an den langen und mühsamen täglichen Weg zur Arbeit, an die ausufernde Gewalt in ihrem Wohnviertel.

Ich will genauer wissen, wie sich all diese Gegensätze zu einem Bild zusammenfügen, und bleibe fünf Jahre. In Kapstadt, in Johannesburg und auf Reisen kreuz und quer durch das riesige Land zwischen der Kaphalbinsel im Südwesten und dem Grenzfluss Limpopo im subtropischen Nordosten erlebe ich eine Gesellschaft, die versucht, mit ihrer Geschichte ins Reine zu kommen und sich als afrikanisches Gemeinwesen neu zu definieren, ohne alle europäischen Bindungen abzuschütteln. Im Sommer 2010, wenn Südafrika die Welt zu Gast haben wird – zumindest die fußballbegeisterte – will man zeigen, was in den 15 Jahren seit dem Ende der Apartheid erreicht wurde.

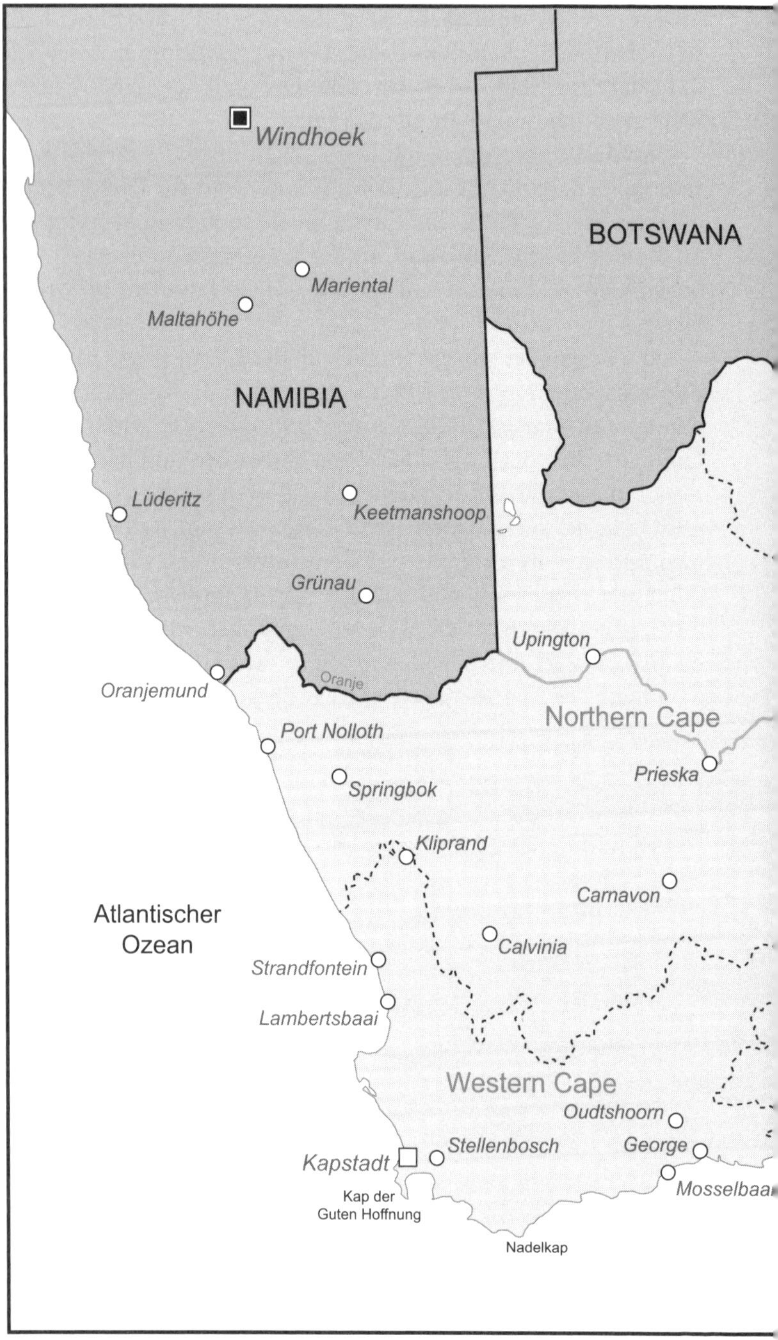
Windhoek
BOTSWANA
Mariental
Maltahöhe
NAMIBIA
Lüderitz
Keetmanshoop
Grünau
Upington
Oranjemund
Oranje
Northern Cape
Port Nolloth
Prieska
Springbok
Kliprand
Carnavon
Atlantischer
Ozean
Calvinia
Strandfontein
Lambertsbaai
Western Cape
Oudtshoorn
Kapstadt
Stellenbosch
George
Mosselbaai
Kap der
Guten Hoffnung
Nadelkap

SIMBABWE
Messina
Limpopo
Limpopo
Krüger
National-
park
MOSAM-
BIK
Pietersburg
Olifants
Gabarone
Limpopo
Sun City
Pretoria
Mpuma-
langa
Maputo
North-West
Soweto
Johannesburg
Gauteng
Mbabane
Potchef-
stroom
SWASI-
LAND
Vryburg
Vaal
Kroonstad
Free State
Mbaswana
Welkom
KwaZulu-
Natal
Kimberley
Empangeni
Maseru
Stanger
Bloemfontein
LESOTHO
Pietermaritzburg
Durban
Oranje
Port Shepstone
Umtata
Middelburg
Kompass-
berg
Queenstown
Eastern Cape
Indischer
Ozean
Grahamstown
East London
Uitenhage
Port Elizabeth
0
100
200
300 km
N

Basisdaten

Fläche: 1220 km² (Rang 25)

Zeitzone: + 1 MEZ

Hauptstadt/Regierungssitz: Pretoria (3 Mio. Einw. mit Großraum)

Parlamentssitz: Kapstadt (3,5 Mio. Einw. mit Großraum)

Staats- und Regierungsform: Republik, Parlamentarische Demokratie mit starkem Exekutivpräsidenten und föderalen Elementen

Präsident: Jacob Zuma (seit Mai 2009)

Provinzen: Eastern Cape, Free State, Gauteng, KwaZulu-Natal, Mpumalanga, Northern Cape, Limpopo, North West, Province, Western Cape

Parlament/Zweikammernsystem: National Assembly (400 Sitze), National Council of Provinces (90 Sitze)

Amtssprachen: 11 Amtssprachen: isiZulu 23,8 %, isiXhosa 17,6 %, Afrikaans 13,3 %, sePedi 9,4 %, Englisch 8,2 %, seTswana 8,2 %, seSotho 7,9 %, xiTsonga 4,4 %, siSwati 2,7 %, tshiVenda 2,3 %, isiNdebele 1,6 %

Verkehrssprache: Englisch

Kreol- und Slangsprachen: Funagalore, Tsotsitaal; laut Verfassung zu fördern sind weitere 14 Sprachen und Sprachengruppen, darunter Deutsch

Religionszugehörigkeit: Christen 74 %, darunter Unabhängige Afrikanische Kirchen 25 %, Kalvinisten 8,9 %, Katholiken 8,6 %, Methodisten 7,1 %, Anglikaner 4 %, Lutheraner 2 %; ferner: Moslems 1,4 %, Hindus 1,4 %, Juden 0,2 %

Währung: Südafrikanischer Rand (1 Euro = 11,30 Rand, Mai 2009)

Länderkennzeichen: ZA

Einwohnerzahl: 48,78 Mio. (Juli 2008)

Bevölkerungsdichte: 39,2 pro km²

Bevölkerungszusammensetzung: Schwarze 79 %, Weiße 9,6 %, Farbige 8,9 %, Inder und andere Asiaten 2,5 % (Zensus 2001)

Bevölkerungswachstum: 0,83 % (2008)

Lebenserwartung: 49,63 (m), 48,15 (w) (2008)

Aidsrate: 18,1 % (2007, Quelle: UNAIDS, veröff. 2008)

Aidstote: 14783/Jahr (2006, lt. Regierung. Der Medical Research-Council of South Africa [MRC] schätzt die Zahl viel höher, weil in der offiziellen Statistik Sekundärkrankheiten nicht erfasst wurden, und zwar auf 336000 zwischen Mitte 2005 und Mitte 2006.)

Bruttoinlandsprodukt (BIP): 260,9 USD (2007)

BIP-Wachstumsrate: 5,0 % (2007)

BIP nach Wirtschaftssektor: Landwirtschaft 3,2 %, Industrie 31,3 %, Dienstleistung 65,5 %

Erwerbstätige nach Wirtschaftssektor: Landwirtschaft 9 %, Industrie 26 %, Dienstleistung 65 %

BIP pro Kopf: 9700 USD (2007)

Durchschnittseinkommen: 5600 USD/Jahr

Inflationsrate: 6,5 % (2007)

Arbeitslosenrate: 24,3 % (offizielle Statistik 2007, bis zu 40 % nach anderen Schätzungen)

Wirtschaftspartner Deutschland: 4,2 Mrd. Euro Direktinvestitionen aus Deutschland (2007), 550 deutsche Firmen in Südafrika aktiv mit 70000 Beschäftigten, Südafrika ist Deutschlands siebentgrößter Handelspartner außerhalb der EU (2007 Exporte für 7 Mrd. Euro), Deutschland steht an dritter Stelle weltweit als Zielland für südafrikanische Waren (2007 Importe für 5 Mrd. Euro)

Quellen: Länderinformationen, Auswärtiges Amt Berlin; South Africa Yearbook, South African Government Pretoria; www.southafrica.info, offizielle südafrikanische Internetseite; The World Factbook, CIA Washington; Mitteilungen des Afrikavereins der deutschen Wirtschaft. Einige Zahlen, besonders zu Bevölkerung und Wirtschaft, basieren auf Schätzungen.

Ein Stück Europa in Afrika

Sprechende Namen – Treu und fest – Alter und neuer Wein – Very British – Jüdische Diaspora – Das Staatsvolk

Mehr Erinnerungen an Europa als in Südafrika wird man in Afrika südlich der Sahara schwerlich finden. In Kapstadt entstand Mitte des 17. Jahrhunderts die erste dauerhafte europäische Siedlung in Schwarzafrika. Bald strömten Einwanderer aus allen Teilen Europas ins Land: Seeleute und Beamte der holländischen Handelsgesellschaft Vereenigde Oost-Indische Compagnie (Niederländische Ostindien Kompanie; VOC) – neben Holländern viele Deutsche und einige französische Hugenotten –, später englische Siedler und jüdische Kaufleute aus dem Osten Europas. Den Siedlern folgten die Missionare und Goldsucher. Der letzte Schub europäischer Einwanderer kam nach den beiden Weltkriegen.

Sprechende Namen

Die meisten europäischstämmigen Südafrikaner leben im Umkreis von Kapstadt und im Ballungszentrum Gauteng rund um Johannesburg und Pretoria. Doch auch auf dem platten Land findet sich so manche Erinnerung an die alte Heimat im fernen Europa. Berliner seien gewarnt: Fast ist man schon durch den Flecken hindurch gefahren, bis man bemerkt, dass man im südafrikanischen Berlin war. In der weiten, nahezu menschenleeren Steppenlandschaft des Karoo ragt der Kegel der Spandaukoppe aus der Ebene auf, und das nahe Städtchen Hanover erlebt gerade einen bescheidenen Touristenboom. Potsdamer wird es vielleicht nicht freuen, aber die Potsdam Farm bei Kapstadt beherbergt nichts anderes als die städtische Kläranlage. Dafür geht das angesagte Ferienziel Johannesburger Yuppies an der Garden Route auch auf deutsche Einwanderungsgeschichte zurück. Namensgeber Joachim von Plettenberg stammte vom Niederrhein und kam im holländisch-kolonialen Südafrika zu Ruhm und Vermögen. Meistens muss ich nicht lange suchen, um auf Familiennamen wie Schumann, holländisch zu Schoeman verfremdet, Müller oder Schmidt zu stoßen. Im Gespräch kramen Freunde und Bekannte gerne die Großmutter aus Hamburg oder den Onkel aus Kassel heraus.

Treu und fest

Nicht abgerissen sind die Beziehungen zu Deutschland in vielen ländlichen Orten, die auf Missionsgründungen zurückgehen. Wupperthal in den Cederbergen nördlich von Kapstadt bezieht die Maschinen für seine Schuhmanufaktur aus der Schwesterstadt an der Wupper, und in Amalienstein im Karoo ist Berlin, diesmal das in Deutschland, ein fester Begriff. »In Berlin habe ich gelernt, was Freiheit ist, und dass es sich lohnt, dafür zu kämpfen«, sagt Magdalene mit Nachdruck. 1986 war sie mit Frauen ihres Dorfes auf Einladung der Berliner Mission in Deutschland. Da gab es die DDR noch. Die kam ihr vor wie ihr heimisches Südafrika zur Zeit der Apartheid. Wir sitzen um Magdalenes Küchentisch beim Abendessen, das Frauen aus dem Karoodorf für Feriengäste zubereiten, um sich ein bisschen dazuzuverdienen. Amalienstein scheint es geschafft zu haben. Gegründet von einer Missionsgesellschaft, verwaltet es sich heute selbst und lebt von genossenschaftlich betriebenem Obstanbau und Viehzucht.

Das Motto der deutschen Schule in Hermannsburg in den hügeligen Natal Midlands, die wie ein Stück England in den Subtropen anmuten, kommt zweisprachig daher. Im Stil der Gründungszeit vor 150 Jahren steht »treu und fest« im Kranz aus Eichenlaub, darunter »true and steadfast«. Die Unterrichtssprachen sind denn auch Deutsch und Englisch. Die deutsche Missionsschule steht im Wettstreit mit den Internaten im englischen

Stil aus der Zeit des Empire, in denen heute die schwarze Elite des Landes ihre Kinder ausbilden lässt. Ich schaue noch in die benachbarte deutsche Grundschule hinein, wo gerade zwei kleine Zulukrieger für eine Schulaufführung mit dem Wurfspeer aufeinander los gehen, der eine schwarz, der andere hellblond. Vielleicht wäre Shaka Zulu, der große Krieger, angetan gewesen, das nun auch die Kinder der *Mzungu,* der Weißen, spielerisch von seinen Taten lernen.

Eher gelangweilt hört eine Gruppe von Schulkindern ihrer Lehrerin zu, die ihre Schützlinge an der Uferpromenade von East London um ein ebenso großes wie hässliches Denkmal versammelt hat. Mitten im fröhlichen afrikanischen Durcheinander der Innenstadt steht ein monumentales Siedlerpaar. »Den deutschen Einwanderern« lese ich auf der Plakette. In der Touristenbroschüre von East London wird es als ein Hauptanziehungspunkt an der Esplanade angepriesen. Die Bronzereliefs an den Seiten mit der Siedlungsgeschichte sind gestohlen worden. Allzu weit ist die Geschichte des Denkmals von der heutigen Wirklichkeit der Stadt entfernt, wertvoll dagegen jedes Stückchen Edelmetall, das sich zu Geld machen lässt. Nun will Deutschland helfen, neue Reliefs gießen zu lassen. East London ist ja Daimler-Stadt. Hier baut Mercedes Südafrika seine Autos. Für das wirtschaftliche Wohlergehen von East London, das im Ostkap, einer der ärmsten und besonders von Arbeitslosigkeit geplagten Provinzen, liegt, ist das Mercedes-Werk der wichtigste Faktor. Ich habe selten so viele Wagen mit dem Stern auf den Straßen gesehen wie in Kapstadt und Johannesburg. Bevorzugt in Silbermetallic sind sie das Statussymbol Nummer eins. Der Volksmund, der in dieser Gegend xhosasprachig ist, hat für die Kapitäne der Straße schon einen Spitznamen gefunden: *WaBENZi* ist ein Sammelbegriff für Neureiche geworden, die einen geräuschvollen Fahrstil pflegen und auch sonst nicht zurückhaltend auftreten.

Alter und neuer Wein

Im Westkap macht ein anderes Lifestyleprodukt immer mehr Furore. Waren es vor ein paar Jahrzehnten nicht mehr als ein paar Dutzend, so brauchte man jetzt Jahre, wollte man allen Weinkellern rund um Kapstadt und Stellenbosch einen Besuch abstatten. 1688 brachten französische Hugenotten Rebstöcke und das dazugehörige Know-how aus ihrer Heimat im Seegepäck mit. Eine Tradition wurde begründet, die heute eines der wichtigsten landwirtschaftlichen Ausfuhrprodukte der Provinz Westkap hervorbringt. Die Holländer hatten die französischen Dissidenten – Kalvinisten wie sie – als Kolonisten ins Land geholt. Viele Weinbauern haben in den letzten Jahrzehnten ihre französischen Ursprünge wiederentdeckt, besonders, wenn sich daraus, wie im Weinlandstädtchen Franschhoek, touristisches Kapital schlagen lässt. Postkartenschön liegen die Weinfelder eingebettet in den Kranz der Hottentott-Holland-Berge, und man kann sich gemächlich von einer Verkostung zur nächsten begeben, von »Dieu Donné« zu »La Provence«, von »Plaisir de Merle« zu »La Bourgogne«. Über dem weiß leuchtenden Hugenottenmonument flattert jedes Jahr am 14. Juli die Trikolore.

Franzosen und Deutsche teilen sich in die Anfänge des Weinanbaus in Südafrika. Kein Kapstadtbesuch ist vollständig, ohne das Musterweingut »Groot Constantia« besichtigt zu haben. Am Anfang dieses typisch kapholländischen Anwesens stand der Kölner Jakob Kluthe, der schon Mitte des 17. Jahrhunderts ans Kap kam und eine erfolgreiche Familiendynastie begründete. Sein Enkel baute »Groot Constantia«. Die ersten Rebstöcke kamen aus dem Rheinland, und der Riesling gehörte lange Zeit zu seinen Spezialitäten. So mancher deutsche Ursprung ist in der neuen Welle der Ahnenforschung zu Tage gekommen, in Neetlingshof, Muratie, Meerlust und einigen anderen Weingütern. Die Zeiten wechseln und mit ihnen die Besitzer. Aus Hasenthal, der Gründung eines Württembergers, wurde Hazendal, inzwischen das Schmuckstück eines rubelschweren Russen, der seinen Gästen im Farmrestaurant Kaviar mit Blini im mit Fabergé-Eiern geschmückten Ambiente servieren lässt. Das alte holländische Weingut »De Leuwenjagt« bei Paarl heißt heute »Seidelberg« und gehört einem deutschen Weinbauern der jüngsten Generation. Ein Spross der Familie von Arnim betreibt auf seinem Weinberg »Haute Cabrière« ein Gourmetrestaurant und lässt es sich nicht nehmen, die eine oder andere Weinflasche mit dem Schwert zu köpfen.

Very British

Im Klub eines alten Kapstädter Freundes geht es dagegen »very British« zu. Man pflegt seine englische Exzentrik mit Stil. Was in London passiert, ist den südafrikanischen Zeitungen immer eine Nachricht wert. Nirgendwo wurde ich so lückenlos über die englische Königsfamilie auf dem Laufenden gehalten wie in Südafrika. Bei einem Abendessen erzählte mir meine Tischnachbarin, dass ihre Tochter am selben Tag geboren sei wie Prinz Harry. Die Liebe zu allem Englischen hat sich auf die schwarze Elite übertragen und wird in den englischen Privatschulen des Ostkaps und der Natal Midlands unter neuem politischen Vorzeichen ebenso gepflegt wie zu Zeiten der Cape Colony. Ex-Präsident Thabo Mbeki ließ sich gerne mit Pfeife und Whiskyglas ablichten. Seine Exiljahre verbrachte er zum Teil in Sussex und erwarb dort einen Masterabschluss in Volkswirtschaftslehre.

Jüdische Diaspora

Jüdische Einwanderer sind aus der südafrikanischen Gesellschaft nicht wegzudenken. Aus den Schtetl des Ostens kamen sie um die vorige Jahrhundertwende zu Tausenden, auf der Flucht vor Pogromen und hoffnungsloser Armut. Helen Suzman, die couragierte Liberale, die als einzige oppositionelle Abgeordnete im südafrikanischen Parlament über Jahrzehnte gegen die Apartheidregierung Stellung bezogen hat und Anfang 2009 hochgeehrt verstarb, erzählte von solch einem typischen Anfang. Der erste Schritt führte ihre Eltern bald nach 1900 aus einem kleinen Ort in Litauen nach London. Dort wohnten sie bis zur Abfahrt des Auswandererschiffs in einer Armenunterkunft. Während Helen Suzmans Familie in Südafrika mit Immobiliengeschäften schon bald zu Wohlstand kam und andere jüdische Einwanderer in der Minenindustrie erfolgreich waren, trafen es viele Juden aus dem Osten Europas weniger glücklich. Der Smous, der fahrende jüdische Händler, gehörte vor 100 Jahren zum Bild des südafrikanischen Dorfes. In jedem kleinen Provinzmuseum finden sich Gruppen von jüdischen Einwanderern auf den vergilbten Fotos aus der Gründerzeit.

Die Armut war es nicht, die Helen Zilles Eltern in den 30er Jahren aus Deutschland vertrieb. Die familiären Wurzeln dieser anderen Helen, die in Südafrika politisch von sich reden macht, führen ins Ruhrgebiet und nach Berlin. Als SA-Leute in der sogenannten Reichskristallnacht das Haus des Großvaters in Essen verwüsteten, zog die Familie der Mutter über England nach Südafrika. Menschen mit solcher Familiengeschichte reagieren wie Seismographen auf erste Anzeichen gesellschaftlicher Intoleranz. Nicht von ungefähr finden sich viele südafrikanische Juden unter den aktiven Apartheidgegnern. Vom Vater her ist Helen Zille mit dem Berliner Milieuschilderer Heinrich Zille verwandt. Den Kampfgeist ihrer Eltern und die soziale Verantwortung, die ihr in die Wiege gelegt wurden, lebt die ebenso streitbare wie brillante Helen nach erfolgreichen Jahren als Kapstädter Bürgermeisterin heute als Ministerpräsidentin der Provinz Westkap und Vorsitzende der Oppositionspartei Democratic Alliance (DA) vor.

Das Staatsvolk

Die Klubs der europäischen Einwanderer leiden zunehmend unter Mitgliederschwund. Im neuen Südafrika wirken sie ein wenig gestrig. Meine deutschstämmige Freundin schwärmt nostalgisch von den Skatabenden im deutschen Klub im Johannesburg der 60er Jahre. In den europäischen Klubs der südafrikanischen Metropole traf man sich auf der Suche nach Nestwärme und Heimatgefühl. Das kriegsgebeutelte Deutschland, Österreich oder Italien hatte man hinter sich gelassen, war aber im Gelobten Land noch nicht so recht angekommen. Südafrika war damals alles andere als ein Schmelztiegel. Von holländischen Klubs höre ich nirgends. Vielleicht wurden sie nie gebraucht, sahen sich doch die Buren bis 1994 als Staatsvolk. Als älteste Siedler am Kap der Guten Hoffnung hatten sie alle europäischen Einwanderergruppen in sich aufgesogen, bis auf die Engländer. Alle anderen waren Buren geworden, sprachen Afrikaans und fühlten sich als die einzig wirklichen (Süd-)Afrikaner. Wie es dazu kam, lohnt eine genauere Betrachtung. Besonders für Südafrikas spannungsreiche und faszinierende Gegenwart gilt: Afrika zu verstehen heißt, seine Geschichte zu verstehen.

Von Buschmännern, Khoikhoi, Nguni, Holländern und Engländern – Südafrikas Kolonialgeschichte

Mynheer van Riebeeck trifft Autshumato – Buschmanngeschichten – Mrs. Ples, das goldene Nashorn und die Ahnen – Europäischer Stabwechsel – Der große Treck – Nongqawuse hat eine Erscheinung – Allerlei Kriegsschauplätze – Shaka Zulu – Gold! – Boer & Brit – Erstmals vereint – Exkurs: Deutsch-Südwest

Mynheer van Riebeeck trifft Autshumato

Am Anfang steht ein emblematisches Bild: Jan van Riebeeck, angetan mit breitkrempigem barockem Hut und Pluderhosen, hat gerade als einer der ersten Europäer den Fuß auf den Boden der Kaphalbinsel gesetzt und tritt, umgeben von seinen Mannen, von denen einer die holländische Flagge trägt, einigen Einheimischen im Umhang aus Tierhäuten gegenüber. Zwischen den Seeleuten und dem Anführer der Khoikhoi oder Strandloper, wie ihn die Holländer nennen werden, scheint es einen freundlich-neugierigen Austausch zu geben. Wir schreiben den 6. April 1652. Das Gemälde von Charles Bell versinnbildlicht die Geburtsstunde der Kolonie Südafrika – aus europäischer Sicht. In keinem Schulbuch, in keinem ordentlichen Burenhaushalt durfte es fehlen, bis zu einer weiteren historischen Wendemarke, dem Jahr 1994, als ein anderes, nicht minder gefühlsbeladenes Bild an seine Stelle trat: die Vereidigung von Nelson Rolihlahla Mandela zum ersten schwarzen Präsidenten der Republik Südafrika. Knapp 260 Jahre war Südafrika Kolonie. Auch nachdem es 1910 ein selbständiger Staat geworden war, galt das Gesetz des weißen Supremats. Seine letzte Ausformung und ideologische Zuspitzung war die Politik der Apartheid.

Doch zurück zu den Anfängen. Die Holländer kamen und blieben. An prominenter Stelle am Ende der Heerengracht im Zentrum von Kapstadt stehen noch heute die Standbilder vom Gründerpaar Jan und Maria van Riebeeck. Der Name des Boulevards ist eine Reminiszenz an die Heeren Seventeen, den siebzehnköpfigen Vorstand der holländischen Handelsgesellschaft VOC, die bis um 1800 die Geschicke der Kapkolonie lenken sollte. Weiter zum Hafen hin lässt Bartholomeus Diaz, der portugiesische Vorgänger der Holländer, sein Seefahrerauge auf Stadt und Tafelberg ruhen. Um Weihnachten 1488 war er am Indischen Ozean nahe dem heutigen Durban an Land gegangen und taufte die Terra incognita Natal. Auf der Suche nach den Reichtümern des Fernen Ostens schiffte er sich bald wieder ein. Rund 160 Jahre dauerte es, bis mit den Holländern die nächsten Europäer kamen.

Heute würden wir Jan van Riebeeck einen Regionalvorstand nennen. Er vertrat die Interessen eines der ersten globalisierten Unternehmen der Weltgeschichte. Zwei Jahrhunderte lang beherrschte die holländische Ostindienkompanie den Handel zwischen Europa und Asien. Die Heeren Seventeen standen einem Unternehmen vor, das zu wirtschaftlichen Zwecken Kolonien unterhielt. So begann in Südafrika die europäische Besiedlung lange bevor die Weltmächte auf der Berliner Konferenz zu Ende des 19. Jahrhunderts Afrika in Interessensphären aufteilten. Diese mehr als 300-jährige Siedlungsgeschichte und das Bleiberecht, das burische und englischstämmige Südafrikaner daraus ableiten, hat die Geschichte des Landes geprägt.

In den ersten Jahrzehnten war Kapstadt nicht mehr als eine Versorgungsstation für die holländischen Handelsschiffe auf dem Weg in die indonesische Hauptkolonie Batavia. Die Festung und die Gärten für den Anbau des Gemüses, das die Mannschaften auf der langen Seereise vor Skorbut schützen sollte, waren Kern dieses Außenpostens am Südzipfel von Afrika. Nur zögernd änderte die holländische Muttergesellschaft ihre Politik, teilte ihren Bediensteten Land zu und erlaubte ihnen Viehzucht und Ackerbau auf eigene Rechnung. Die Kolonie erstreckte sich lange Zeit nur auf Teile der heutigen Provinz Westkap. Eines der schönsten Weingüter, eine knappe Autostunde von Kapstadt entfernt, in dessen Park man unter mächtigen Kampferbäumen zwischen Hortensienhecken spazieren gehen kann, heißt »Vergelegen«. Als fern gelegen empfand man diesen Standort noch um 1700.

Jan van Riebeeck, ein fähiger und ehrgeiziger Organisator, legte die Grundlage. 26 Gouverneure folgten im Dienst der VOC, bis um 1800 die Engländer die Kolonie übernahmen. Auch zwei Deutsche waren unter den Gouverneuren. Gastarbeiter aller Schichten zog es aus dem nach dem Dreißigjährigen Krieg verarmten Deutschland ins wohlhabende Holland, das mit Karrierechancen in der Verwaltung seiner überseeischen Besitzungen lockte.

Was wurde derweil aus dem anderen Protagonisten des Bildes, mit dem alles anfing? Harry der Strandloper wurde Mittelsmann zwischen den Holländern und seinen Landsleuten, den Khoikhoi – in Kolonialzeiten Hottentotten genannt. Er lernte Holländisch und diente Jan van Riebeeck als Übersetzer und Zwischenhändler. Die junge Kolonie brauchte Fleisch. Noch hatte man keine eigenen Farmen. So versuchte van Riebeeck, den Khoikhoi Rinder abzukaufen. Der Handel wollte aber so recht nicht funktionieren. Die Khoikhoi fühlten sich übervorteilt und holten sich ihr Vieh zurück, nachts und heimlich. Wer heute in Kapstadts Botanischem Garten Kirstenbosch spazieren geht, kann dort eine Antiquität besichtigen: die Hecke aus wilden Mandelsträuchern, die noch aus Riebeecks Zeiten stammen soll. Der van Riebeeck pflanzte keinen Birnbaum wie sein Namensvetter im Brandenburgischen, sondern einen stachligen Wall, um den Besitz seines Stützpunktes vor Dieben zu schützen. So wurde ein Streit geboren, der sich durch die Siedlungsgeschichte Südafrikas bis zum heutigen Tage zieht, der Kampf zwischen Farmern und Viehdieben.

»Autshumato« steht auf der Fähre, mit der ich in die Tafelbucht hinaus fahre, hinüber zur Gefängnisinsel Robben Island. Autshumato war ein Khoikhoi, so erfahre ich, der erste Gefangene der Insel und der einzige, dem die Flucht gelang. Seine Flucht soll den berühmtesten Häftling von Robben Island, Nelson Mandela, inspiriert haben, nicht aufzugeben. Ich brauche eine Weile bis ich begreife, dass Harry der Strandloper und Autshumato ein und dieselbe Person sind. Harry hatte sich am Viehdiebstahl beteiligt und sich auch sonst missliebig gemacht. So wurde er kurzerhand nach Robben Island verfrachtet. Zwei Namen für eine Person, einen Ort, eine Sache begegnet man immer wieder, je nachdem, wer sie gebraucht. Mehr noch als in anderen Ländern tritt Geschichte in Südafrika in der Mehrzahl auf. Die Geschichte der weißen Kolonisten ist eine andere als die der indigenen Bevölkerung.

Buschmanngeschichten

Während die Holländer meinten, Neuland zu betreten, hatten die ackerbauenden und viehzüchtenden Khoikhoi schon seit Jahrhunderten im Kapland gesiedelt. Als Sesshafte blickten sie auf die ethnisch mit ihnen verwandte, noch ältere Urbevölkerung, die steinzeitlichen Buschmänner, herab und nannten diese nomadisierenden Jäger und Sammler verächtlich San, was so viel wie Räuber bedeutet. Es gehört zu den Merkwürdigkeiten des neuen Südafrikas, dass man heute politisch korrekt von San spricht, während die Buschmänner selbst den von den Holländern geprägten Begriff Buschmann vorziehen. Einem deutschen Sprachwissenschaftler des 19. Jahrhunderts verdanken wir fast alles, was wir über die Lebenswelt dieses Naturvolks und seine religiösen Vorstellungen wissen. Wilhelm Bleek, als Kurator einer Bibliothek in Kapstadt lebend, hatte die Behörden überredet, ihm einige junge Strafgefangene als Hausgäste zu überlassen. Er lernte eine der Buschmannsprachen und fragte seine Probanden, unterstützt von seiner Schwägerin Lucy Lloyd, aus. So ist in jahrzehntelanger akribischer Arbeit ein faszinierendes Konvolut von transkribierten Geschichten und von Zeichnungen entstanden, das in der Universität Kapstadt aufbewahrt wird und in den Bestand des UNESCO-Weltkulturerbes der Menschheit eingegangen ist. Aus den Geschichten von // Kabbo, Dia!kwain und den anderen[2] erfahren wir, dass ein Mädchen Asche in die Luft warf und so die Sterne schuf, dass die Heuschrecke das Eland hervorbrachte und es mit Honig ernährte. Alles Leben auf der Erde gebar aber eine riesengroße Frau aus ihrem Bauch, die Tiere, die Pflanzen, die Buschmänner der Kalahari, die Tswana und die weißen Menschen. Als alles geschaffen war, barst ihr Leib, und die Frau starb. Eine bleibende Hinterlassenschaft der Buschmänner und Khoikhoi sind die Klicklaute ihrer Sprachen. Diese Zungenbrecher sind in viele Bantusprachen eingegangen. Wer versucht, Xhosa oder Zulu zu lernen, bekommt einen Vorgeschmack und sollte sich beim Klicksong der Sängerin Miriam Makeba Lernhilfe holen.

Lange waren die Buschmänner die Herren von Berg und *veld*.[3] Ihre Felsmalereien haben sich in vielen Teilen Afrikas bewahrt. Zwei Jahrhunderte genügten, um sie fast auszulöschen. Sie wurden gejagt, eingesperrt, erschossen, verfolgt, gleichermaßen von aus der Mitte Afrikas zugewanderten Bantu wie von weißen Siedlern. Kümmerlich leben die verbliebenen rund 50 000 in der Kalahari/Kgalagadi, der großen Wüste im Grenzgebiet von Südafrika, Namibia und Botswana.

Auch die sesshaften Verwandten der Buschmänner, die Khoikhoi, wurden in ihrer Existenz gefährdet, vor allem durch epidemisch auftretende, aus Europa eingeschleppte Krankheiten. Wer in Kapstadt ist und ein wenig Zeit hat, sollte nicht versäumen, einen Ausflug Richtung Norden zu machen. Am besten unternimmt man die Fahrt im September, im Frühling der Südhalbkugel. Nach der kurzen Regenzeit ist das trockene Namaqualand am Rande der Provinzen West- und Nordkap übersät mit Tausenden von Blumen in allen Farben des Regenbogens. Seinen Namen hat es von den Nama, die hier und im benachbarten Süden Namibias leben. Den kleinwüchsigen, zierlichen Menschen mit den schräg stehenden Augen im von frühen Runzeln durchzogenen Gesicht sieht man die Verwandtschaft mit den Khoikhoi deutlich an. Auch sie leben nicht gerade im Wohlstand, aber nicht so randständig wie die Buschmänner. Die meisten arbeiten auf den Farmen des Namaqualands als Farmhelfer und Hausangestellte.

Mrs. Ples, das goldene Nashorn und die Ahnen

Menschen leben in Südafrika seit Jahrtausenden. Eine vorzeitliche Dame, die schon rund 2,15 Millionen Jahre auf dem Buckel haben soll, ist der Stolz des ganzen Landes. Was uns Mitteleuropäern der Neandertaler, ist Südafrikanern ihre Mrs. Ples. Die Überreste dieses weiblichen Homo erectus wurden 1947 in der Höhle Sterkfontein südlich von Johannesburg gefunden. In einer Umfrage des südafrikanischen Fernsehens schaffte es Mrs. Ples unter die Top 100 der bedeutendsten Südafrikaner. Nach weiteren, noch älteren Skelettfunden und neuen Untersuchungen ist man so gut wie sicher, dass die Wiege der Menschheit in Afrika stand. Amerikanische Genforscher glauben, den Garten Eden, aus dem die ersten Menschen hervorgingen, in einem heute recht unwirtlichen Landstrich im Grenzbereich zwischen Namibia und Angola lokalisieren zu können. Besonders unter weißen Südafrikanern wurde es geradezu ein Kult, seine DNA untersuchen zu lassen, um herauszufinden, welche afrikanischen Vorfahren man haben könnte. Wenn wir alle aus Afrika stammen, dann wären die Europäer also nur in ihre vorzeitliche Heimat zurückgekehrt? Wir wollen solche Spekulationen den Paläoanthropologen überlassen und uns wieder der jüngeren Geschichte zuwenden.

Denn ein weiterer Akteur betritt nun die Bühne, einer, der auf dem Stiftungsbild mit Jan van Riebeeck und Harry dem Strandloper noch fehlte: der schwarze Bantu. Seit den ersten Jahrhunderten n. Chr. wanderten Bantuvölker aus dem Gebiet der großen Seen Zentralafrikas in mehreren Wellen nach Süden. Sie ließen sich im nördlichen und östlichen Südafrika nieder. Als Jan van Riebeeck das Westkap für die VOC in Besitz nahm, gab es dort noch keine Bantu oder Nguni. So nennen sie sich heute selbst, weil der Begriff Bantu, der eigentlich nur Volk bedeutet, durch seinen ausgrenzenden und herabsetzenden Gebrauch in der Apartheid belastet ist. Zulu und Xhosa sind die größten Untergruppen in Südafrika.

Ein kleines goldenes Nashorn ist der kostbarste Besitz des neuen Südafrikas. Es wurde in Mapungubwe im nördlichen Limpopo an der Grenze zu Simbabwe gefunden. Die Ruinen der befestigten Stadt und die ausgegrabenen Kunstgegenstände belegen die Existenz einer eigenständigen afrikanischen Hochkultur, deren kurze Blütezeit auf das 13. Jahrhundert datiert wird. Sie gilt als Vorläufer der eindrucksvollen Stadtruinen von Großsimbabwe. Goldgewinnungstechniken, Fernhandel, künstlerische Fertigkeiten, all das gab es in Mapungubwe. Die Ausgrabungen widerlegen das koloniale Bild des primitiven Wilden. Folgerichtig trägt der höchste Verdienstorden, den das neue Südafrika vergibt, den Namen dieser historischen Stadt.

Nguni heißt auch das langhornige, gedrungene Rind, das im Zentrum des dörflichen Lebens stand und steht, wirtschaftlich und kulturell. Das ist ganz konkret zu verstehen. In der Mitte einer Siedlung befand sich der Kraal, der umzäunte Platz für die Rinder. Die seltenen weißen Tiere gebührten dem Stammesfürsten. Auch heute noch wird der Brautpreis, die *Lobola*, in Rindern bemessen. Wer in ländlichen Gegenden Südafrikas unterwegs ist, wird schon kleine Jungen beim Hüten beobachten können. Sie wachsen mit den Rindern auf und entwickeln eine enge Bindung zu ihren Tieren. Die unendlichen Variationen der Fellzeichnung des Nguni-Rinds, von hellbeige über gestreift und gefleckt bis zu schokoladenbraun, füllen ganze Bildbände.

Weithin sichtbar steht auf einem Hügel im Zululand ein großer bronzener Krug.

Wir fänden es wohl etwas merkwürdig, wenn Bayern auf die Idee kämen, auf einem Hügel im Voralpenland ein überdimensioniertes Bierseidel zu platzieren. Nicht so die Zulu. Der Bierkrug auf dem Berg ist Symbol einer ganzen Kultur. Das Bierbrauen aus Hirse – immer Frauensache – und das Biertrinken – immer Männersache – haben rituelle Bedeutung. Zu jedem großen Familienfest und nicht zuletzt im Gedenken an Verstorbene wird das eigens gebraute Bier getrunken. Es bedeutet nicht nur Erhöhung des Alltags, sondern auch Öffnung für Kommunikation mit den Ahnen. Die Ahnenverehrung ist wohl der wichtigste Aspekt der Nguni-Kultur. Sie bildet weiterhin einen integralen Bestandteil des Lebens, obwohl die meisten schwarzen Südafrikaner heute Christen sind. Die Vorväter wachen über die Lebenden und haben Macht über sie. Sie versöhnlich zu stimmen ist für das irdische Wohlergehen unabdingbar. Bis in mythische Zeiten reicht die Ahnenkette eines jeden Nguni zurück. Neben dem Familiennamen im engeren Sinn verfügt jeder über einen Clannamen, der angibt, zu welchem größeren Sippenverband innerhalb seiner Volksgruppe er gehört. Nelson Mandela zum Beispiel gehört zum Volk der Xhosa, und darin zur Untergruppe der Thembu. Sein Clanname ist Madiba, sein Xhosa-Vorname Rolihlahla, sein europäischer Vorname, den er erst in der Schule erhielt, Nelson, sein Familienname Mandela.

Nur wer die Bindung an die Ahnen kennt, kann verstehen, warum Beerdigungen eine so große Rolle spielen. Im Kapstädter Township Gugulethu sind jeden Sonnabend vor vielen Wohnhäusern Zelte aufgestellt, die das dahinterliegende Häuschen fast unsichtbar machen. Am Sonnabend finden die Beerdigungen statt, und jede Familie, wie arm sie auch sein mag, erwartet eine Vielzahl von Trauergästen, die oft von weit her anreisen. In den Zeiten von Aids häufen sich die Zelte bedrohlich, und auch das Biertrinken hat manchenorts seinen kultischen Zusammenhang verloren und artet zu Gelagen aus. Dessen ungeachtet bleibt es ein wichtiger Bestandteil der Nguni-Kultur.

Im Clannamen kommt auch die große Bedeutung des Sippen- und Familienverbands zum Ausdruck. Der Einzelne definiert sich vor allem über familiäre Bindungen. Er ist Vater, Mutter, Onkel oder Bruder und so wird er angeredet. Jede ältere Frau ist *Mama,* jeder Gleichaltrige, dem man begegnet, *Boetie* oder *Sissie.* Auf die gesellschaftliche Ebene übertragen, wird das Ensemble der traditionellen Werte und der Verhaftung des Einzelnen in der Gemeinschaft mit *Ubuntu* umschrieben. Nimmt man dazu die starke Stellung der Chiefs und Älteren, die auch heute noch als *traditional leaders,* vor allem auf dem Lande, Autorität genießen, sowie die Initiationsriten für den Übergang vom Kind zum vollgültigen Mitglied der Gemeinschaft, so hat man im Kern die traditionellen Elemente der Nguni-Kultur.

Im Laufe der Jahrhunderte festigten sich die Zulu im Südosten Südafrikas, die Tswana im Norden, die Ndebele, ursprünglich eine Abspaltung der Zulu, im Nordosten, die Sotho im zentralen Bergland und die Xhosa im Süden, in der Provinz, die von Kapstadt aus gesehen östlich liegt und deshalb heute Ostkap heißt. Bis etwa zum Fish River, gut 900 Kilometer von Kapstadt entfernt, erstreckte sich das Xhosa-Siedlungsgebiet.

Europäischer Stabwechsel

Der Zusammenstoß und der Kampf um Weideland zwischen den europäischen landhungrigen Kolonisten und den Nguni-Völkern waren programmiert. Vereinzelt waren schon im 18. Jahrhundert *Trekboere* weiter ins Innere vorgedrungen. Diese halbnomadischen Viehzüchter gaben ihre Farmen auf, wenn sie wegen Perioden von Trockenheit oder weil der Boden erschöpft war, für sich und ihre Tiere nicht mehr genug zum Leben fanden und weiterzogen. Massiv setzte die Wanderung aus dem Kapland nach Osten aber erst gegen Mitte des 19. Jahrhunderts ein.

Eine neue Situation, die den Druck auf die schwarzen Siedlungsgebiete verstärkte, entstand, als ein weiterer Mitspieler auf der Szene erschien, die Engländer. Rund 150 Jahre hatten die Heeren Seventeen von Amsterdam aus die Geschicke am Kap bestimmt. Mit dem Gewürzhandel zwischen Asien und Europa war die Gesellschaft reich geworden. Aus dem Versorgungsstützpunkt rund um den Tafelberg war eine Kolonie geworden, die sich nach Norden, Osten und Südosten ungefähr 190 000 Quadratkilometer weit ausdehnte. Auf den Farmen arbeiteten die Nachkommen der Khoikhoi und die später in der Apartheidära als Farbige eingestuften Mischlinge. Um den großen Bedarf an Arbeitskräften in Kapstadt und auf den Farmen zu decken, führte die VOC Sklaven aus der Mutterkolonie Batavia nach Südafrika ein. Ihre Nachkommen, die Kapmalaien, bewohnen noch heute ein eigenes Stadtviertel in Kapstadt. Der spitze Chinesenhut gehörte bis ins 20. Jahrhundert hinein ins Straßenbild von Kapstadt. Malaiische Handwerker waren gesucht. Die wohlhabenden Händler und VOC-Bediensteten ließen sich von ihren Malaien reich geschnitzte Möbel und Silberzeug anfertigen. Wer es sich leisten konnte, unterhielt ein Sklavenorchester, das zu Tische aufspielte, wie wir es von Nicolaus von Dessin, einem höheren Beamten der VOC, der aus Mecklenburg stammte, wissen. Sein Name hat auch heute noch in Kapstadt Klang, legte er doch mit der Stiftung seiner großen Privatbibliothek den Grundstein für die South African National Library. Um 1800 waren von den rund 60 000 Einwohnern der Kapkolonie 27 000 (weiße) *Burger,* 17 000 freie Khoikhoi sowie Mischlinge und 16 000 Sklaven. Einige der Kapmalaien mögen auch als freie Handwerker mit VOC-Schiffen gekommen sein. Während ihre Anfänge in Kapstadt heute ganz auf die Sklaverei zugespitzt werden, erzählt man die Geschichte in ihren Ursprungsländern Malaysia und Indonesien anders. Im Nationalmuseum von Kuala Lumpur etwa ist man stolz auf die Wanderungen der Malaien und ihre Diaspora bis in – von dort aus gesehen – so ferne Gebiete wie Südafrika.

Um 1800 drehte sich der Wind in der holländischen Kapkolonie. Der Machtwechsel fand in Europa statt. Seit längerem war der Asienhandel nicht mehr so profitabel und die Konkurrenz der englischen Handelsschiffe erdrückend. Die schweren holländischen Kauffahrteisegler waren den Schiffen neueren Typs, vor allem dem wendigen englischen »East Indiaman«, unterlegen. Das Goldene Zeitalter, in dem Holland die Weltmeere beherrscht hatte, ging seinem Ende zu. Die holländische Handelsgesellschaft war schon lange marode und nahezu insolvent. Die holländische Regierung verstaatlichte 1796 die Gesellschaft und war – geschwächt durch die napoleonische Besatzung – letztlich froh, die

Belastung loszuwerden. Nach einem ersten Eroberungsversuch übernahmen die Briten das Kap im zweiten Anlauf endgültig von den Holländern. Aus der Kaapse Kolonie der VOC wurde 1815 endgültig die Cape Colony des Empire.

Der große Treck

Mit der neuen Herrschaft mochten sich die ansässigen Buren nicht abfinden. Seit Generationen waren sie schon da. Auf ihren zuweilen Tagereisen vom nächsten Nachbarn entfernten Farmen hatten sie gelernt, sich auf sich selbst zu verlassen und staatlichen Autoritäten zu misstrauen. Jetzt wollten ihnen die *rooinek*, die Rotnacken, wie sie die meist hellhäutigen und sonnenungewohnten Engländer verächtlich nannten, sagen, wo es langgeht, ihnen, dem erwählten Volk. Ihr Kalvinisten-Gott hatte doch mit ihnen einen Vertrag geschlossen und ihnen dieses Stück Erde anvertraut, damit sie es kultivierten und darauf gottesfürchtig und strebsam lebten, jetzt und immerdar. In der guten Stube eines ordentlichen Burenfarmhauses gab es fast immer eine große Bibel, die von Generation zu Generation vererbt wurde. Daraus las der Familienvater zu Festtagen vor. Oft war nur er es, der etwas lesen und schreiben konnte. Die Bibel war meistens das einzige Buch im Haus. Dafür konnten alle mit der Waffe umgehen und kannten sich in Feld und Flur aus.

Querköpfig und freiheitsliebend suchten viele Buren neue Weidegründe und brachen zwischen 1830 und 1850 in mehreren Schüben aus dem Kapland ins weitgehend unbekannte Innere des riesigen Territoriums auf. Dieser epische Treck, ähnlich dem amerikanischen Go West, wurde zum zweiten Gründungsmythos der Buren. Der ochsenbespannte Planwagen, beladen mit der gesamten Habe der Burenfamilie auf seinem beschwerlichen Weg ins Transvaal, in das Land jenseits des Flusses Vaal, löste das Bild von Jan van Riebeecks Landung in der Tafelbucht ab. Er wurde die neue Ikone des weißen Afrikanertums.

In der Mitte und im Nordosten des heutigen Südafrika entstanden die Burenstaaten Oranje Freistaat und Transvaal. Der Name Oranje deutete auf die Verbundenheit mit dem Haus Oranien, der holländischen Königsfamilie, und auf die geographische Lage am gleichnamigen Fluss. In Bloemfontein, der Hauptstadt der damaligen und der heutigen Provinz Freistaat, werden die Anfänge dieser Burenrepublik im bescheidenen ehemaligen Schulhaus, in dem man sich eine Verfassung gab, ausgestellt. Alle Gründerväter sind im Bild versammelt. Vollbärtig und im schwarzen Bratenrock blicken sie ernst auf die neuen Zeiten, die von ihrem Siedlerideal so weit entfernt sind. Auch in Pretoria, der Hauptstadt des alten Transvaal und weiterhin Regierungssitz, findet sich auf einem der Hauptplätze der alte Burenpräsident Oom Krüger, wie er von seinen Landsleuten vertraulich genannt wurde. Auch in Pretoria gibt es wieder die Konkurrenz der beiden Geschichtsstränge. Tshwane soll die Hauptstadt, die von den weißen Siedlern nach dem Burenhelden Andries Pretorius benannt worden war, mit ihrem indigenen Namen in Zukunft heißen. Tshwane ist das Tswana-Wort für schwarze Kuh, einem Requisit der Regenzeremonie. Während von den europäischen Einwanderern lange der Mythos des leeren Landes gepflegt wurde, das die Weißen erst urbar machten, ist heute erwiesen, dass es immer wieder zu Kämpfen mit ansässigen schwarzen Bewohnern kam, die ihren Lebensraum verteidigten und nicht in Abhängigkeit geraten wollten, auch in und um Pretoria/Tshwane.

Nongqawuse hat eine Erscheinung

Je weiter die Grenze der alten Kapkolonie nach Osten verschoben wurde, desto heftiger wurden die kriegerischen Auseinandersetzungen. Der Landhunger der weißen Siedler, ob Boer ob Brit, kollidierte mit dem Selbstbehauptungswillen der schwarzen Einwohner, die Viehzüchter waren und um ihre Weidegründe kämpften. Die Engländer hatten es den Holländern nachgemacht und ihrerseits Siedler aus den britischen Inseln angeworben. Sie sollten das Grenzgebiet der Cape Colony sichern und bekamen Land am Fish River, an der Grenze zwischen den heutigen Provinzen West- und Ostkap, zugewiesen. Auch hier, im Xhosa-Siedlungsgebiet, war wie im Freistaat und im Transvaal der Konflikt unausweichlich. Englische Truppen, um Siedler und Khoikhoi verstärkt, lieferten sich blutige Schlachten mit den Xhosa. Auf Xhosa heißt der Hügel bei Grahamstown im Ostkap, an dem sie unter ihrem Chief und Propheten Makana lange Widerstand geleistet hatten, *eGazini,* der Ort des Bluts.

Ein Ereignis, das bis heute die Gemüter bewegt, leitete das Ende der Xhosa-Grenzkriege ein, die ein halbes Jahrhundert gedauert hatten. Am Ufer eines heiligen Sees sitzend hatte die junge Nongqawuse eine Erscheinung. Die Ahnen würden den Xhosa helfen. Die Rettung würde kommen und die Xhosa vom Joch der englischen Fremdherrschaft befreien, wenn sie bereit seien, ihr kostbarstes Gut, ihr Vieh, zu opfern. Nongqawuse weihte ihren Onkel, den Medizinmann, ein, und der überzeugte den Chief. So geschah das Aberwitzige. Die Xhosa schlachteten Hunderttausende von Rindern, verbrannten ihre Felder und beraubten sich so ihrer Lebensgrundlage. Der verheißene Tag kam, aber kein Retter erschien. Viele verhungerten. Der Xhosa-Widerstand war gebrochen und die Unfreiheit größer denn je. Noch heute, rund 150 Jahre nach dieser tragischen Verirrung, sprechen viele vom Selbstmord eines ganzen Volkes. Vor ein paar Jahren schuf eine Gruppe von Xhosa-Frauen ein bedrückendes Gemeinschaftswerk. Angeregt vom Teppich von Bayeux bestickten sie in traditioneller Applikationstechnik einen meterlangen Wandteppich. Die Eroberer sind hier die Engländer und die am Boden Liegenden die Xhosa.

Allerlei Kriegsschauplätze

Nicht minder kriegerisch verlief die Geschichte der heutigen Provinz KwaZulu-Natal im Südosten Südafrikas zwischen den Drakensbergen und dem Indischen Ozean. Dort, wo Bartholomeus Diaz 1488 gelandet war, setzten sich im späten 19. Jahrhundert die Engländer fest. Die Natal Midlands sind auch heute noch »very British«, mit allem, was dazu gehört, vom Garden Club bis zur Public School.

Vor den Engländern hatte sich ein kleiner Trupp von Vortreckern ins Stammland der Zulu, dem größten indigenen Volk auf südafrikanischem Boden, gewagt. Nach unendlich mühseliger Überquerung der Drakensberge mit ihren Ochsenwagen, die sie immer wieder bergauf zerren mussten, glaubten die Buren im milden, fruchtbaren Zululand das Paradies gefunden zu haben. Die

Freude währte nicht lange. Der Burenführer Piet Retief wurde im Lager des Zulukönigs Dingaan, wo er wegen Ansiedlungsrechten verhandelte, trotz Zusage, den Frieden zu bewahren, mit seiner Begleitung umgebracht. Sogleich schworen die Buren Rache und rüsteten unter Andries Pretorius zum Gegenschlag. In der Schlacht am Blood River vernichteten sie 1838 das gesamte Zuluheer. Diese Schlacht, bei der die personell weit unterlegene Burentruppe, dank ihrer Gewehre und der Wagenburg, in der sie sich verschanzten, siegreich war, begründete einen weiteren Geschichtsmythos. In der Zeit des Buren-Nationalismus Mitte des 20. Jahrhunderts wurde er ausgebaut und gepflegt. Surreal erscheint im Hügelland der Midlands der Kreis aus bronzenen Ochsenwagen, der zur Erinnerung an die Schlacht dort hingestellt wurde. Eine betagte Farmersfrau erzählte mir wehmütig, wie schön es in den alten Zeiten gewesen sei, als die ganze Familie sich jedes Jahr am Gedenktag der Schlacht am 16. Dezember zum Picknick an der Wagenburg versammelte. Nicht genug damit. Das klotzige Nationalmonument in Pretoria wurde so gebaut, dass an jedem 16. Dezember die Sonne durch eine Öffnung im Kuppeldach genau auf das Epitaph für Piet Retief scheint. Das neue Südafrika hat diesen Tag als Nationalfeiertag beibehalten. Der frühere Dingaanstag heißt nun Versöhnungstag.

Mit den Engländern ging es den Zulu später nicht viel besser. Nachdem sie in der Schlacht von Isandlwana siegreich gewesen waren, erlitten sie 1883 nahe ihrem Königssitz bei Ulindi eine vernichtende Niederlage. Ihr König Cetshwayo, der Neffe von Dingaan, wurde entmachtet und starb bald darauf. Die Zulunation hörte als souveränes Gebilde auf zu existieren. Die Nachfolger Cetshwayos waren Untertanen des Empire. Bis heute gibt es einen König in Zululand, aber er hat nur repräsentative Funktion.

Wie eine Burleske in dieser Zeit des tragischen Niedergangs mutet die Geschichte des »White Chief« an. John Dunn (1833–1895), ein von Schotten abstammender Abenteurer, hatte schon früh erkannt, dass es auf die Dauer erfolgversprechender ist, sich der indigenen Kultur zu bedienen, als sie zu bekämpfen. Er lernte Zulu, heiratete einen ganzen Harem von Zulufrauen, handelte und verhandelte mit den Chiefs und machte sich zum Herrn über ein eigenes Teil-Zulureich, erst von Cetshwayos, dann von Englands Gnaden. Die Nachfahren des »White Chief«, eine bunt gemischte, heute über die ganze Welt verstreute Gesellschaft, treffen sich alle paar Jahre im Zululand, und ein Urenkel organisiert Touren zu den Wirkungsstätten des Ahnen.

Die Hauptakteure verhielten sich weniger friedlich. Im KwaZulu-Natal des 19. Jahrhunderts kämpfte jeder gegen jeden, Buren gegen Zulu, Engländer gegen Zulu, Zulu gegen Ndebele, Engländer gegen Buren. Heute sind alle diese Plätze in das milde Licht heroischer Vergangenheit getaucht. Jede Bevölkerungsgruppe besitzt ihre eigenen Denkmäler und verehrt ihre eigenen Helden. Eine ganze Landschaft hat die geographische Bezeichnung Battlefields angenommen. Der Schlachtfeldtourismus ist eine bei Südafrikanern aller Couleur beliebte Freizeitbeschäftigung.

Shaka Zulu

Die Geschichte bliebe unvollständig, schaute man nur auf die kolonialen Auseinandersetzungen. In der Zulusprache heißen die ersten Jahrzehnte des 19. Jahrhunderts *Mfekane,* Zeit von kriegerischen Zusammenstößen und Unruhe. Die Gründe dafür sind vielfältig. Überbevölkerung in einigen Gebieten führte zu Wanderungen auf der Suche nach besseren Lebensbedingungen. Der Druck durch die weißen Siedler kam hinzu. So drängten die Buren das Volk der Sotho aus den fruchtbaren Ebenen im Freistaat in das karge Bergland des heutigen Königreichs Lesotho ab. Ein Hauptakteur der gewaltsamen Verschiebungen des *Mfekane* war die expandierende Zulunation. Unter ihrem strategisch begabten König Shaka entwickelte sie sich von einem kleinen Volk, das im Zulukernland, im Osten des heutigen KwaZulu-Natal, lebte, zu einer Militärmacht mit imperialem Anspruch. Sie drängte alle, die sich nicht dem harschen Regiment Shakas fügen wollten, in andere Gebiete ab. So flohen die Ndebele, ein Unterstamm der Zulu, unter ihrem Anführer Mzilikazi nach Norden, wo sie ihrerseits die dort lebenden Völker mit Krieg überzogen und eine Strecke der Verwüstung hinterließen. Die Ndebele blieben schließlich im Norden Südafrikas und im Süden des heutigen Simbabwe. Andere kleinere Gruppen flohen in das Siedlungsgebiet der Xhosa, wo sie mit den Ansässigen, die selbst vom Kap her durch die weißen Siedler bedrängt wurden, um Land und Weidegründe kämpften. Mit Shaka, der sie zu einer Einheit zusammenschweißte, stiegen die Zulu von einem kleinen Stamm zum führenden Volk auf. König Shaka war ein genialer Heerführer und Stratege. Er schuf eine Kriegernation: Junge Männer lebten in festen, nach Altersgruppen eingeteilten Kohorten und erlernten gemeinsam das Kriegshandwerk. Erst mit 25 durften sie heiraten. Sein straff geführtes Heer überzog große Teile Südafrikas mit Krieg, und er machte die eroberten Stämme zu Zulu. So wurde Shaka für alle schwarzen Südafrikaner der größte Herrscher der Vergangenheit. Die eindrucksvolle, hoch aufragende Gestalt des Zulukönigs mit Speer, mannshohem Schild und Federschmuck hat emblematische Bedeutung gewonnen. In seiner Parabel auf den Zusammenprall der westlichen mit der afrikanischen Kultur *The Humanities in Africa* vergleicht John Coetzee Shaka mit den griechischen Helden.[4] Unbesiegt und kraftvoll steht der Zulu für eine Tradition der Selbstbehauptung, wie sie später im Kampf mit den übermächtigen Weißen so selten gelingen sollte. Andererseits führte das Machtvakuum, das nach Shakas Ermordung und den Nachfolgekämpfen seiner Brüder entstand, zu Chaos und Entvölkerung. Die Zeit des *Mfekane* dauerte an. Sie erleichterte es burischen und englischen Kolonisten, im Zululand Fuß zu fassen.

Gold!

Im späten 19. Jahrhundert löste der Goldhunger den Landhunger ab und verwandelte Südafrika gründlich. *EGoli,* Platz des Goldes, heißt Johannesburg auf Zulu. In immer neuen Wellen strömten die Glückssucher aller Herren Länder nach Südafrika, als seit den 80er Jahren am Rand, der Bergkette des Highveld rund um Johannesburg und Pretoria, Gold gefunden wurde. Kleine Städte wie Baberton und Kaapsche Hoop in Mpumalanga, der Nordostprovinz, blühten auf und vergingen, sobald woanders noch reichere Funde entdeckt worden waren. Bald schon bildeten sich Minengesellschaften, getragen von aus Europa zugewanderten Finanziers, und betrieben den Goldabbau im großen Stil. Randlords nannte man die neuen Magnaten. Fünf der prominentesten, die Brüder Beit, Max Michaelis, Hermann Eckstein und Julius Wernher, kamen aus Deutschland. Ihr betont englischer Lebensstil machte ihre deutsche Herkunft allerdings schnell vergessen. Sie orientierten sich am Empire als der damals führenden Macht.

Zum Gold kamen Platin- und Diamantenfunde hinzu. Bis heute sind die Edelmetall- und Mineralienminen das Rückgrat der südafrikanischen Wirtschaft. Mit AngloGold Ashanti, Rustenburg Platinum Mines und de Beers stellt Südafrika die weltgrößten Förderer von Gold, Platin und Diamanten. Das ergiebigste Platinlager in den Magaliesbergen bei Rustenburg wurde nach seinem Entdecker, dem Geologen und Prospekteur Hans Merensky, benannt. Dessen Vater, Mediziner und Missionar, war aus Deutschland zugewandert und ging später dorthin zurück. Hans blieb nach Studienjahren in Berlin in Afrika. Sein untrüglicher Spürsinn für Edelmetall- und Edelsteinlager wurde Legende. Auch die reichen Diamantenvorkommen an der Mündung des Oranje entdeckte er.

Wer sich in der zweitgrößten Stadt des Freistaats, in Kimberley, umsieht, kommt am »Großen Loch« nicht vorbei. Die riesige, tiefe Abraumhalde aus der Zeit, als man noch mit Hacke und Spaten nach den begehrten Glitzersteinen grub, und das Freilichtmuseum mit den Holzhäusern der Pionierzeit, dem Ballsaal, der Börse, der Bank sind eine touristische Attraktion. Auf alten Fotos ist zu sehen, wie die Schürfer dicht an dicht in ihren oft winzigen Claims am Abgrund balancieren und graben, was das Zeug hält. In Vitrinen sind auf Samt gebettet all die berühmten Klunker zu bewundern, leider nur in Repliken. In der Mitte der Cullinan selbst, mit über 3000 Karat vor und 530 nach dem Schliff der größte fehlerlose Diamant, der je gefunden wurde. Ein Teil davon, der »Star of Africa«, schmückt die britische Krone.

Der Aufbau der Minenindustrie und der Ausbau der Verkehrswege in deren Folge bedeuteten für das vorwiegend agrarische Land einen Modernisierungsschub. Doch die sozialen Kosten dieser blühenden Industrie waren hoch und sind es noch heute. Zu Tausenden schaufelt der Bedarf der Minengesellschaften an billigen Arbeitskräften das Heer der vor allem schwarzen Arbeiter aus den umliegenden Provinzen und aus ärmeren Nachbarländern wie Mosambik in die Minen. Der südafrikanische Künstler

George Tobias fand dafür ein suggestives Bild. Seine Installation »Gold Bars« zeigt einen riesigen Block von Goldbarren, und auf jedem erhebt sich halbplastisch die Gestalt eines Minenarbeiters mit Grubenlampe auf der Stirn. Die Männer leben in Sammelunterkünften fern von ihrem heimatlichen Dorf und ihrer Familie. War früher die soziale Entwurzelung das Hauptproblem, so kommt heute Aids hinzu. Unter den Minenarbeitern ist die Aidsrate besonders hoch. Beängstigend rasch verbreitet sich die Krankheit auch unter den Angehörigen der Arbeiter, unter Frauen und ungeborenen Kindern.

Boer & Brit

Eine politische Folge der Goldfunde waren die Burenkriege, die Anglo Boer Wars, wie sie in Südafrika heißen, von 1880/1881 und 1899–1902. Wieder ist es ein Bild, in dem komprimiert zum Ausdruck kommt, was sich in Südafrika um die Wende des vorigen Jahrhunderts zusammenbraute. Cecil Rhodes, englischstämmiger Abenteurer, Finanzmann und der wohl einflussreichste Politiker des südlichen Afrikas seiner Zeit, steht breitbeinig auf einer Landkarte Afrikas. Vom Kap bis Kairo wollte er die britische Flagge wehen sehen. In den Minen des nördlichen Anrainerstaats von Südafrika, der nach ihm Rhodesien benannt wurde und jetzt Simbabwe heißt, kam er zu Vermögen.

Fast wäre die Geschichte seines Aufstiegs zum Magnaten und Statthalter britischer Wirtschaftsinteressen in Rhodesien anders verlaufen. Ein englischer Karikaturist hat die Episode von 1891 festgehalten. Zwei Boxer kämpfen da im Ring. Der eine ist deutlich als Cecil Rhodes zu erkennen. »Der Rhodes-Lippert-Wettstreit – Ein Kampf bis aufs Messer mit harten Bandagen« heißt es dazu.[5] Auf dem nächsten Bild haben sich beide bei einer Flasche Schampus geeinigt. Ein Papier wechselt unter dem Tisch die Hand. Worum ging es? Wer war der bärtige Boxer, der es mit dem großmächtigen Cecil Rhodes aufgenommen hatte? Dahinter steckt ein Stück europäischer Kolonialgeschichte. Eduard Lippert, ein deutscher Randlord trat auf der Suche nach Bodenschätzen im späteren Südrhodesien zu Rhodes in Konkurrenz. Lippert gelang es, Rhodes zu überlisten, denn dieser hatte dem Matabelekönig

Lobengula die Schürfrechte im Auftrag der British Southern Africa Company abgekauft. Lippert sicherte sich nun die oberirdischen Bodenrechte von Lobengula. Damit war Rhodes' Minenkontrakt wertlos geworden, denn ohne Bodenrechte konnte nicht geschürft werden. Ihm blieb nichts anderes übrig, als mit Lippert einen Vergleich zu schließen. An Lipperts großen Besitz in Johannesburg erinnert heute noch das Villenviertel Saxonwold, benannt nach dem Sachsenwald bei Hamburg. Lippert unterstützte niemand, hinter Rhodes stand dagegen die Weltmacht Großbritannien. So wurde Rhodes zur führenden Figur des südlichen Afrikas, sein Konkurrent hingegen ging nach Deutschland zurück und verarmte in der Weltwirtschaftskrise.

Bis heute bleibt Cecil Rhodes in Südafrika umstritten. Von den einen wird er als Staatsgründer gefeiert oder doch anerkannt, von den anderen als skrupelloser Imperialist verteufelt. Viele sehen heute in Rhodes einen Wohltäter des Landes, der sein Vermögen in einen der renommiertesten Fonds zur Förderung einer jungen, internationalen Elite einbrachte. Richard von Weiszäcker und Bill Clinton sowie viele andere später Prominente waren Rhodes Stipendiaten. Eine Variante des Programms unter neuem Vorzeichen heißt Mandela-Rhodes-Fonds und fördert nun vor allem den jungen schwarzen Führungsnachwuchs. Die Namensverbindung des britischen Erzimperialisten mit dem des Befreiers und Begründers der ersten schwarzen Regierung steht für die Kräfte im heutigen Südafrika, die auf Versöhnung setzen. Sie schauen lieber in die Zukunft, als alte Schlachten immer wieder neu zu schlagen.

Von 1890 bis 1895 war Rhodes Premierminister der Cape Colony. Zu dieser Zeit gab es auf südafrikanischem Boden vier staatliche Gebilde, die Cape Colony (heute West-, Ost- und Nordkap), die ebenfalls britische Kolonie Natal (KwaZulu-Natal) sowie die Burenrepubliken Oranje Freistaat (Freistaat) und Transvaal (Gauteng, Mpumalanga, North West und Limpopo).

Die burische Herrschaft im Transvaal war Rhodes und den meisten Briten ein Dorn im Auge. Zwischen den konservativen, gottesfürchtigen Burenrepubliken und den englischen Kolonien mit ihrem liberalen Gesellschaftsleben hatte es schon lange Spannungen gegeben. Die Briten hatten nicht nur Mitte des Jahrhunderts für die Abschaffung der Sklaverei gesorgt und so den Buren die Verfügungsgewalt über ihre Landarbeiter genommen, während sie selbst für die Zuckerrohrfelder in Natal Kontraktarbeiter – Kulis nannte man sie damals kurz und bündig – aus ihrer indischen Kolonie importierten. Die Cape Colony und Natal hatten sich auch dank Investitionen ins öffentliche Erziehungswesen, von Missionsschulen bis zu der ersten südafrikanischen Universität in Kapstadt, zunehmend modernisiert. Sie orientierten sich an Europa, während sich die Buren nach dem Weggang der Holländer alleingelassen fühlten und sich auch geistig zunehmend in ihrer Wagenburg verschanzten. In das ländliche Transvaal brach nun mit Gewalt die neue Zeit ein.

1877 hatte Großbritannien kurzerhand das Transvaal annektiert. Im ersten Burenkrieg war es den Buren zwar nicht gelungen, die britische Herrschaft abzuschütteln, sie hatten aber eine relative Autonomie unter der britischen Krone erreicht. Der Frieden währte nicht lange. Im zweiten, längeren Burenkrieg wollten Rhodes und die Minengesellschaften die Herrschaft im Transvaal erzwingen. Über Eldorado sollten nicht rückständige Burenpolitiker wie Paul Krüger bestimmen dürfen. Das Empire hatte das natürliche Anrecht auf diese Goldgruben, so dachten die Randlords.

England glaubte sich eines schnellen Sieges sicher. Doch es kam anders. Um jedes Dorf, um jeden Hügel gab es erbitterte Kämpfe. Der burische Widerstand flammte immer wieder auf. Die Burenkriege, in denen sich ein kleiner Trupp bewaffneter Bauern dank der hier erstmals angewendeten Guerillatechnik jahrelang gegen das übermächtige Heer einer europäischen Großmacht verteidigte, trugen den Buren damals in Europa viel Sympathie ein. Mit der Politik der Apartheid verspielte man später diese Sympathien gründlich. Um der Burenkommandos Herr zu werden, brannten die Briten Farmen nieder und steckten die Frauen und Kinder in Konzentrationslager, wo sie verhungerten oder an Krankheiten zu Grunde gingen. Erst als eine mutige Engländerin, die in Südafrika verehrte Emily Hobhouse, die unmenschlichen Bedingungen in den Lagern anprangerte, trat eine gewisse Besserung ein. Keinen Fürsprecher hatten die auf beiden Seiten mitkämpfenden schwarzen Hilfstruppen. Erst in den letzten Jahren wird ihrer gedacht.

Die Burenkriege haben das Verhältnis der beiden europäischstämmigen Bevölkerungsgruppen lange Zeit belastet. Der Schaden wäre wohl noch größer gewesen, wenn nicht mit Burenkriegsgeneral Louis Botha und vor allem mit Jan Smuts, Regierungschef in den 30er und 40er Jahren, zwei Männer der Versöhnung die Nachkriegszeit bestimmt hätten. Neben Nelson Mandela ist Jan Smuts der bedeutendste südafrikanische Politiker gewesen. Ganz unmilitärisch entspannt sitzt der ehemalige Feldmarschall mitten in Kapstadt auf seinem Stein, als wollte er am Stadtleben von heute teilnehmen.

Erstmals vereint

Eine positive Folge der Burenkriege waren die Vereinigung der südafrikanischen Teilgebiete zur Südafrikanischen Union und das Heraustreten aus dem Schatten der britischen Kolonialmacht. 1910 wurde die Südafrikanische Union ein selbständiger Staat im Commonwealth. Regierungschef wurde ein gewählter Premierminister. Staatsoberhaupt blieb für die nächsten Jahrzehnte der englische König. Das Union Building, der über der Stadt thronende, weitläufige Regierungssitz in Pretoria, ist ein Zeugnis dieser Stunde. Damit endeten fast 260 Jahre südafrikanischer Kolonialgeschichte, und Südafrika wuchs erstmals zu einem staatlichen Gebilde zusammen, das alle Landesteile zwischen Atlantik, Indischem Ozean, der Wüste Kalahari und dem Fluss Limpopo vereinte. Die Kapkolonie, Oranje Freistaat, Transvaal und Natal wurden Provinzen der Union. Was aber für die nächsten gut 80 Jahre nicht endete, war die weiße Vorherrschaft.

Exkurs: Deutsch-Südwest

Das Ende des Ersten Weltkriegs bescherte der Südafrikanischen Union einen bedeutenden Zuwachs. Sie wurde nun selbst Kolonialmacht, denn sie bekam das Protektorat über Deutsch-Südwestafrika, die deutsche Kolonie im Norden Südafrikas jenseits des Grenzflusses Oranje, zugesprochen. Südafrika blieb Südwestafrikas Schutzmacht bis zur Unabhängigkeit des Gebiets. Obwohl nur Treuhänder, schalteten die Südafrikaner in Südwest so eigenmächtig, dass sie in späteren Jahren sogar die Apartheid auf das Schutzgebiet übertrugen. Südafrikanische Siedler nutzten die günstigen Bodenpreise und die im Verhältnis zum eigenen Land noch niedrigeren Arbeitskosten und dehnten vor allem ihre Farmaktivitäten auf Südwest aus. Auch heute noch machen die Südafrikaner einen großen Teil der weißen Bevölkerung des Nachbarlandes aus. Gegen Südafrika führte die South West African People's Organisation (SWAPO) seit den 1960er Jahren einen Guerillakrieg, der 1990 zur Unabhängigkeit des Landes unter dem Namen Namibia führte.

Gut dreißig Jahre deutscher Kolonialgeschichte gingen mit dem Ersten Weltkrieg zu Ende. Deutschland, die verspätete Nation, hatte erst nach der Gründung des Deutschen Reichs in den »Wettlauf um Afrika«, das Ringen der europäischen Großmächte um die wirtschaftliche Ausbeutung der Bodenschätze und Ländereien des schwarzen Kontinents, eingegriffen. Im Vorfeld der Berliner Konferenz von 1884/85, auf der die Interessensphären der Kolonialmächte in Afrika abgesteckt wurden, stellte das Deutsche Reich neben Tansania (Deutsch-Ostafrika), Kamerun und Togo auch Südwestafrika unter seinen Schutz.

Wer sich in Namibia auf die Suche nach Spuren der deutschen Kolonialgeschichte begibt, hat viel zu entdecken. In dem abgelegenen Missionsort Bethanien im Süden des Landes wurde einer der ersten Akte dieser Geschichte geschrieben. 1883 unterzeichnete Adolf Lüderitz, Kaufmann und Abenteurer, den Vertrag, mit dem er dem Anführer der ansässigen Nama, »Kaptein« Joseph Frederick, das Land um die nahe Atlantikbucht abkaufte. Die Hafenstadt Lüderitz entstand. Immer mehr Deutsche, angelockt von ersten Diamantenfunden rund um die Bucht, zog es nun ins Land. Auf Drängen der eingewanderten Deutschen übernahm das Reich bald darauf den Schutz deutscher Wirtschaftsinteressen und entsandte 1884 ein kleines Marinekorps nach Lüderitz. Die deutsche Kolonialzeit hatte begonnen. Bis zuletzt nannte sich das Militär in Deutsch-Südwestafrika Schutztruppe. Dem kurzen Diamantenboom verdankt sich Kolmanskoppe, heute eine im Wüstensand versinkende Geistersiedlung einige Kilometer vor Lüderitz. »Ballsaal« steht verblichen an einem der surreal anmutenden Gebäude aus der Gründerzeit. Getanzt wird hier schon lange nicht mehr.

Damals lockte die junge Kolonie einen Strom von Einwanderern an. Die Schiffe der Hamburger Woermann Linie, deren altes Reedereikontor in Lüderitz noch zu sehen ist, waren im Dauereinsatz. Überall entstanden in dem semiariden Land ausgedehnte Farmen für Schaf- und Rinderzucht. Von den Härten der Pionierzeit handelt das Südwesterlied, lange die inoffizielle Hymne der Deutschstämmigen: »Hart wie Kameldornholz« und genügsam wie diese für Namibia so typische, dornenreiche Akazienart müsse man sein, um in der Halbwüste bestehen zu können.

Bald wurden Eisenbahnstrecken gebaut. Die inzwischen stillgelegte Schmalspurbahn der Otavi-Minen-und-Eisenbahngesellschaft ging von Swakopmund am Atlantik quer durch das riesige Land bis zu den Kupferminen im Nordosten, über 760 Kilometer entfernt. Kupfer verhüttet und bearbeitet hatten schon die Buschmänner. In Termitenhügeln hatten sie Hohlformen für Pfeilspitzen und andere Kupferteile konstruiert. Die Eisenbahnen für den Gütertransport waren in dem Flächenland besonders wichtig. Ein Schienennetz, das alle wichtigen Orte verband, entstand. Städtische Zentren bildeten sich heraus. Missionsstationen wie Bethanien wurden gegründet. Lüderitz, Swakopmund und Windhoek wirken in Teilen auch heute noch wie deutsche Kleinstädte. Die Kolonialbauten sind erstaunlich gut erhalten und fast alle weiterhin in Benutzung. Deutsche Namen haben sich bewahrt. Vor Lüderitz ragt der Bergkegel Dicker Wilhelm aus der Ebene auf. Helmeringshausen oder Matildenhöhe sind Zwischenstationen auf dem Weg zu den berühmten Sanddünen von Sossuvlei. Durch die Kaiserstraße kann man in Swakopmund allerdings nicht mehr fahren. Heute gibt ihr Sam Nujoma, der namibische Gründungspräsident, den Namen. Dafür steht an einer der Hauptstraßen eine bayerisch anmutende Kirche mit Zwiebelturm, und im Restaurant des Hotels »Europa Hof« gibt es Spätzle.

Wie Südafrika war das Land, das man vorfand, zwar dünn besiedelt, aber keineswegs menschenleer. Rund 70000 Schwarze lebten zur deutschen Kolonialzeit auf einem Gebiet, das mehr als doppelt so groß wie Deutschland ist: im Süden die mit den Khoikhoi verwandten Nama und Basters, aus Südafrika zugewanderte Mischlinge, in der Mitte die Herero, im Bergland des Westens die Damara und im fruchtbaren, dichter besiedelten Nordosten die Ovambo. Zwischen den verschiedenen einheimischen Bevölkerungsgruppen kam es immer wieder zu kriegerischen Zusammenstößen. Besonders die um die gleichen Weidegründe konkurrierenden Nama und Herero waren in ständige Scharmützel verwickelt.

Hinzu kamen nun die Auseinandersetzungen mit den deutschen Kolonisten – rund 13 000 waren es um 1900 – die auf der Suche nach Land, Bodenschätzen und billigen Arbeitskräften die Bewegungsfreiheit der indigenen Bevölkerung immer mehr einschränkten und zum Schutz ihrer Besitzungen das Land mit Militärposten überzogen. In der Etoshapfanne, dem Wildreservat im Norden, steht ein seltsames Bauwerk: Das Fort Naumuntoni aus der deutschen Schutztruppenzeit wirkt mit seinen von Zinnen bekrönten blendend weißen Mauern und dem großen Tor wie eine Burg aus Legoland. Auch an anderen Orten gibt es solche Forts, etwa in Grootfontein im Nordosten. Zwar schlossen die Deutschen temporäre Bündnisse mit den Einheimischen, es gab aber aber auch zunehmend Aufstände gegen die deutsche Kolonialmacht. Die Situation spitzte sich immer mehr zu, bis es 1904 zur entscheidenden Schlacht am Waterberg im Nordosten Namibias kam. Der deutsche Befehlshaber, Lothar von Trotha, versuchte, unterstützt von Nama-Gefolgsleuten, die aufständischen Herero einzukesseln, setzte ihnen nach, als viele entkommen konnten, und schnitt ihnen die Wasserzufuhr ab, so dass Tausende starben. Bei der heute als Völkermord eingestuften blutigen Niederschlagung des Aufstands kam ein großer Teil der Herero um, auch ihr Anführer Samuel Maharero. Das brutale Vorgehen der Schutztruppe gehört zu den dunkelsten Kapiteln der deutschen Kolonialgeschichte.

Wiederholten Reparationsforderungen der Herero, zuletzt 2007 in einer Demarche an die deutsche Regierung gerichtet, weist die Bundesrepublik allerdings unter Hinweis auf die beträchtlichen Entwicklungshilfeleistungen Deutschlands zurück.

Tatsächlich ist Namibia ein Schwerpunktland deutscher Hilfe. Seit der Unabhängigkeit Namibias hat Deutschland Entwicklungshilfe in Höhe von über 500 Millionen Euro geleistet. Dazu kommen Beiträge zur Finanzierung der Landreform und indirekte Zahlungen über die Fonds der Europäischen Union. Deutschland ist das größte Geberland.

Ebenso wie in Südafrika ist auch in Namibia die Landreform

eine der schwierigsten Aufgaben. Die deutschen Hilfen dienen dazu, der Regierung den Ankauf von Farmen in weißer Hand und ihre Aufteilung an schwarze Farmer zu ermöglichen. Auch landwirtschaftliche Qualifizierungsprogramme, an denen der namibische Farmerverband sich beteiligt, gehören dazu. Deutschland bleibt ein wichtiger Partner. Der Einfluss deutschstämmiger Familien, die rund 20 Prozent der weißen Bevölkerung ausmachen, ist besonders in Wirtschaft und Tourismus weiterhin groß. Nach Afrikaans ist Deutsch die zweitwichtigste Verkehrssprache unter den europäischen Sprachen. Auf meinen Reisen in Namibia bin ich von Schwarzen ab und zu auf Deutsch angesprochen worden. Alle Deutschstämmigen, denen ich begegnet bin, Farmer, Gastwirte, Kaufleute, Handwerker, versicherten, sie fühlten sich als Namibier – mit deutschem Hintergrund.

Die engste Bindung hat Namibia heute an seine ehemalige Schutzmacht. Südafrika bleibt der große Bruder. Die afrikaansen Namibier fühlen sich ebenso wie die Deutschstämmigen dem Land, in dem sie oft schon seit Generationen zu Hause sind, verbunden. Für alle Namibier ist aber Südafrika das Wunschland, in das man gerne ein paar Jahre zum Studium oder auf Jobsuche geht.

Der süße Duft der Freiheit – Entstehung und Überwindung der Apartheid

Gefängnisoper – Die Anfänge des ANC – Die Nats festigen sich – Apartheidstrategien – Schwarzer Widerstand – Gefangen in der Wagenburg – Mandela frei! – Bausteine des neuen Südafrika

Mit der Verabschiedung der neuen Verfassung und dem Übergang des Präsidentenamts von Frederik de Klerk auf Nelson Mandela fand 1994 eine lange Zeit des Machtkampfs zwischen schwarzen und weißen Südafrikanern ihren weitgehend friedlichen Abschluss. Die Bilder von den Schlangen vor den Wahllokalen, als erstmals in der südafrikanischen Geschichte die schwarze Bevölkerungsmehrheit über die Geschicke ihres Landes entscheiden konnte, gingen um die Welt. Die Apartheid war überwunden.

Gefängnisoper

Unter den vielen Orten des Gedenkens ist Robben Island, die Gefängnisinsel in der Bucht von Kapstadt, wohl der symbolträchtigste.

»Jenseits des Ortes von Zorn und Tränen
Scheint nur der Schrecken von Schatten auf,
Und doch, die Drohung vieler Jahre
Lässt mich furchtlos, heut und morgen.

Gleichviel wie fest das Tor,
Wie lang die Liste der Strafen,
Ich bin der Herr meines Schicksals:
Ich bin der Kapitän meiner Seele.«

Diese poetische Durchhalteparole aus englischer Feder, die schon Winston Churchill seinen kriegsmüden Landsleuten im Zweiten Weltkrieg zurief,[6] hat der bekannteste Gefangene von Robben Island zu seinem Motto erhoben. Als Nelson Mandela 1991 entlassen wurde, hatte er 27 Jahre hinter dem »festen Tor« verbracht, ohne jemals aufzugeben. Man kann es in seiner Autobiographie *Der lange Weg zur Freiheit* nachlesen. So ist es nur folgerichtig, wenn Auszüge aus Mandelas Reden in die Aufführung von Beethovens »Fidelio« eingespielt wurden, die 2004 im Gefängnishof von Robben Island zur Feier von zehn Jahren Demokratie und zum Gedenken an die Gefangenen stattfand. Selten wohl hat es einen stimmigeren Hintergrund für diese Oper von Freiheit und Treue gegeben. Auch eine Leonore existiert in der Wirklichkeit. Winnie Mandela hat ihrem Mann in all den Jahren beigestanden und er ihr. Erst in der Zeit von Mandelas Präsidentschaft zerbrach die Ehe. Kein Regisseur war da, um den Vorhang vor das Ende zu ziehen. Nelson Mandela wurde der große, weltweit verehrte Versöhner, ein Heiliger unserer Tage. Winnie blieb die umstrittene Kämpferin.

Die Fähre, mit der normalerweise Touristen zu dem zum Museum umgebauten Gefängnis nach Robben Island übersetzen, nimmt an diesem Abend eine festlich gekleidete Menge von Kapstädtern auf. Vom Boot geht es in Bussen über die Insel, vorbei an den Kalksteinbrüchen, in denen die Gefangenen arbeiten mussten. Junge Helfer geleiten uns durch das Tor und an den Zellen vorbei in das Geviert des Hofs mit dem Wachturm. Jeder bekommt einen großen Schlüssel als Symbol von Gefangenschaft und Befreiung. Die Bühne ist in die vorhandenen Gefängnisbauten eingepasst. Beethovens Musik, die viele der jugendlichen Zuschauer vielleicht zum ersten Mal hören, verfehlt ihre Wirkung nicht. Der Chor der Gefangenen, die langsam aus den Verliesen emporsteigen, ist an diesem Ort bewegend. Dass die Choristen am Ende die Faust erheben und in den Ruf *amandla,* zur Macht, ausbrechen, die Kampfparole des African National Congress (ANC), könnte anderswo leicht als platte Anbiederung an Tagespolitik erscheinen. Hier und heute stimmt es.

Es ist beeindruckend zu erleben, wie gut es Südafrika gelungen ist, Robben Island, diesen dunklen Ort, in einen Platz voller positiver Energie und in einen Magneten für Besucher zu verwandeln. Ich empfinde es auch an einem anderen Tag, als ich mich einer Führung durch das Lager anschließe, die ein ehemaliger Insasse leitet. Dieses Gefühl werden Orte wie Auschwitz nie auslösen können. Allein deshalb nicht, weil der Schrecken eine ganz andere Größenordnung hatte und die Befreiung vom Unrechtsregime nicht aus eigener Kraft gelang. Am ehesten vergleichbar ist die Fixierung auf eine Rassenideologie und die Obsession, sie bis ins Kleinste umzusetzen. Das geschah mit buchhalterischer Akribie. So wurden die Nahrungsmittelrationen nach einem genau ausgeklügelten Schema grammweise abgestuft zugeteilt, je nachdem ob der Gefangene schwarz war (unterste Stufe), farbig (Mischlinge), asiatisch (meist Inder) oder weiß (die wenigen weißen politischen Häftlinge). Ein Vernichtungsfeldzug wäre in Südafrika kaum möglich gewesen, weil er sich gegen die als Arbeitskräfte unentbehrliche Bevölkerungsmehrheit gerichtet hätte. Es bleibt offen, was Überlegenheitswahn gepaart mit Organisationstalent auch hier hätte anrichten können, wenn die Schwarzen eine kleine Minderheit gewesen wären. Heute ist Robben Island ein Zeichen dafür, Freiheit und Demokratie durch eigene Anstrengung errungen zu haben.

»I am a rebel and freedom is my cause.« Die Verse des gefangenen Schriftstellers Dennis Brutus geben den Ton an. Robben Island ist einer der wenigen Orte, dessen Symbolkraft von allen Südafrikanern angenommen wird. Gefängnis war die Insel schon lange vor Mandelas Zeit. Dem Khoikhoi Autshumato folgte eine Kette politischer Gefangener vom Malaienprinzen Tuan Guru über den Zulukönig Dinzulu bis zu den ANC-Kämpfern um Mandela. Das scheint paradoxerweise dabei zu helfen, auch diesen Teil der nationalen Geschichte zu akzeptieren. Wenn wir von ihrer glücklichen Überwindung her auf die Zeit der Apartheid zurückblicken, wird verständlich, wie lebensnotwendig solche Symbole der Versöhnung für die junge Demokratie sind.

Die Anfänge des ANC

Seit 1994 regiert der African National Congress. Jede Wahl hat die Mehrheitspartei der Schwarzen bisher haushoch gewonnen. Ihre Anfänge gehen bis zum Beginn des 20. Jahrhunderts zurück.

Da war die Südafrikanische Union erst zwei Jahre alt. Damit ist der ANC die älteste politische Organisation der Schwarzen in Südafrika. In Bloemfontein kam man 1912 zusammen und gründete den South African Native National Congress (SANNC), die Vorgängerorganisation des ANC. Das war kein leichtes Unterfangen, war die schwarze Bevölkerung doch kleinteilig organisiert und fühle sich ihrem Clan und ihrem Stamm eher verbunden als einer diffusen schwarzen Nation. Bisher war man Zulu, Xhosa oder Sotho gewesen. Viele Gegensätze und lang gehegte Vorurteile mussten überwunden werden. Die Rechte der Schwarzen zu stärken war das Ziel. Die Mittel waren Jahrzehnte lang friedlich. Erst als mit der Einführung der Apartheidgesetze und ihrer Verschärfung seit den 40er Jahren alle Hoffnungen auf einen friedlichen Wandel schwanden, änderte sich die Strategie des ANC. In der ersten Zeit war er keineswegs »die Speerspitze«, ein Beiname, den sein militärischer Arm viele Jahre später tragen sollte. Er galt als konservativ und vorsichtig.

So unterstützte man Südafrikas Eintritt in den Ersten Weltkrieg auf Seiten der Alliierten, weil man sich für die eigenen Anliegen Hilfe aus London erhoffte. Im Mandela Museum in Umtata kann man sie sehen, die schwarzen Herren im feierlichen Bratenrock, wie sie 1914 in London eine Petition übergeben. Pastor John Dube, der erste Präsident, und Sol Plaatje, Schriftsteller, Journalist und Politiker aus der Gegend von Kimberley, der Diamantenstadt, sind dabei. Plaatje, einer der vielseitigsten schwarzen Anführer der ersten Stunde, hat nicht nur den ersten Roman eines schwarzen Autors in Südafrika verfasst. Jahre später fand man auch sein Tagebuch aus dem ersten Burenkrieg, in dem er als Dolmetscher eingesetzt war. Mit seiner Studie *Native Life in South Africa,* schrieb er sich in das politische Denken seines Landes ein. Zum ersten Mal machte ein schwarzer Autor die Lebensbedingungen der schwarzen Südafrikaner zum Thema.

Inspiriert von der russischen Revolution und den europäischen Gewerkschaftsbewegungen gründeten sich bald neben dem SANNC eine Kommunistische Partei und mehrere Gewerkschaften. 1918 gingen eine Million Bergarbeiter auf die Straße und kämpften für mehr Lohn und bessere Arbeitsbedingungen. Weitere große Streiks sollten folgen. Eine der Hauptursachen für die Entwurzelung breiter Schichten der schwarzen Bevölkerung, unter der Südafrika heute noch leidet, ist die Beschäftigung der Wanderarbeiter in den Minen. Das Land, dessen wirtschaftlicher Erfolg auf seinem Reichtum an Edelmetall, vor allem Gold und Platin, und an Diamanten beruht, hat dafür bisher keine befriedigende Lösung gefunden. Aus ihren Dörfern kommen die Arbeiter ohne ihre Frauen und Familien, sie wohnen in Gemeinschaftsunterkünften, die eine Brutstätte für Kriminalität sind, heute auch für Aids, und sie sparen wo sie nur können, um Geld nach Hause zu schicken. Neuerdings gibt es immerhin Mindestlohn und eine gewisse soziale Absicherung. Das sah vor 90 Jahren anders aus. Man muss kein Klassenkämpfer sein, um zu unterstreichen, dass der Reichtum der Randlords auf dem Rücken der schwarzen Arbeiter erwirtschaftet wurde.

Die Nats festigen sich

»Wir waren auch arm, wir mussten barfuß zur Schule gehen«, wendet mein afrikaanser Nachbar etwas pikiert ein, als wir über die gar nicht so gute alte Zeit reden. Er kommt vom platten Land, aus einem winzigen Ort, wo seine Eltern eine Farm bewirtschafteten. Durch viele Erzählungen der Buren geistern die »arm blankes«, die armen Weißen. Tatsächlich war nach der Weltwirtschaftskrise 1929 und infolge von einigen katastrophalen Trockenjahren, die der Landwirtschaft in dem semiariden Land arg zusetzten, eine vor allem afrikaanse weiße Unterschicht entstanden. Von den Englischstämmigen, die, weil flexibler und meistens besser ausgebildet, davon weitgehend verschont blieben, wurde sie rüde »white trash«, weißer Abschaum, genannt. Viele Buren konnten als Knechte auf den schrumpfenden Farmen nicht mehr ankommen und verdingten sich deshalb in den 30er und 40er Jahren als Tagelöhner, zum Beispiel beim Eisenbahnbau. Diese weiße Unterschicht bildete den Nährboden für das Erstarken der Nats, der Nationalpartei (NP), die Südafrika von ihrem überwältigenden Wahlsieg 1948 bis zum Stabwechsel 1994 mit eiserner Hand regieren sollte. Sie stellte die glühendsten Afrikaner-Nationalisten, wollte man doch nicht gerne mit den Schwarzen in einen Topf geworfen werden und brauchte jemanden, dem es noch dreckiger ging.

Die NP war angetreten, »vir ons eie mense«, für unsere eigenen Leute, zu sorgen. Sie vertrat die Buren, die sich auch in der Südafrikanischen Union als Bürger zweiter Klasse fühlten und ihren alten Groll aus den Burenkriegen hegten und pflegten. Als man den betagten, anglophilen Regierungschef Jan Smuts, dessen Burenkriegsglanz sich allmählich verbraucht hatte, losgeworden war und die Wahl haushoch gewonnen hatte, konnte man darangehen, die südafrikanische Nation nach eigenen Vorstellungen um- und aufzubauen. Das wäre wohl kaum über mehr als 40 Jahre erfolgreich gewesen, hätte es nicht wirkliche Aufbauleistungen gegeben. Das Bankkonto hatte ich in Südafrika bei ABSA, die Autoversicherung bei Sanlam, hätte ich Aktien kaufen wollen, wäre SASOL eine Option gewesen. Die Bank, die Versicherung, der Mineral- und Energiekonzern sind nur einige Beispiele für die prosperierenden Unternehmen, die von Afrikanern Mitte des 20. Jahrhunderts geschaffen oder ausgebaut wurden. Man wollte es den Englischstämmigen – und den Juden, die man ebenso scheel ansah – gleichtun. Die behielten allerdings mit Anglo American und de Beers die Gold-, Platin- und Diamantenminen in ihren Händen. Mit Universitäten in Stellenbosch, Pretoria, Bloemfontein und Potchefstroom schuf man sich afrikaans geprägte Bildungseinrichtungen. Den ideologischen Überbau lieferten ein romantisch verklärter Volksbegriff und der Stolz auf die Pionierzeit. Um die geniale Werbekampagne könnte mancher populistische Volkstribun die Afrikaner beneiden: Als sich 1938 der große Treck zum 100. Mal jährte, sammelten sich Begeisterte in allen Provinzen, im noch so kleinen *dorpie,* und spannten ihre Ochsen vor den Planwagen. Die Frauen zogen sich das Geblümte zur Biedermeierhaube an, die Männer setzten den kühn geschwungenen Hut auf das bärtige Haupt und schwangen die Peitsche. Los ging es zu einer Sternfahrt, an der Tausende teilnahmen, nach Pretoria, das etwa von Kapstadt 1500 Kilometer entfernt ist. Diese Bewegung, festlich und begeisternd, jedenfalls für diejenigen, die dazugehörten, mobilisierte große Teile der afrikaansen Bevölkerung und half mit, die Nats zur stärksten politischen Kraft zu machen.

Rassentrennung und Privilegien für Weiße hat es in Südafrika in großem Umfang seit den Anfängen der weißen Besiedlung gegeben. Der NP und ihren Vordenkern kommt der traurige Ruhm zu, das Ensemble vorhandener Ungerechtigkeiten systematisch zu einer Ideologie ausgebaut und diese buchstabengetreu in die Praxis umgesetzt zu haben, bis auch die kleinste, privateste Regung des täglichen Lebens ihr unterworfen war. Das Ausmaß dieser Obsession mit all ihren brutalen und oft auch lächerlichen Auswüchsen kann man sich nurmehr vorstellen – als Deutscher, leider, etwas besser als andere –, wenn man in Erinnerungsbüchern oder in den Zeugnissen der Truth and Reconciliation Commission (TRC)[7] liest und sich die Bilder ansieht, die in Johannesburg im Apartheidmuseum und in Kapstadt auf Robben Island gezeigt werden.

»Weißt du, wer die Apartheidgrundsätze maßgeblich formuliert hat?«, fragte mich ein deutschstämmiger Freund, der dem nationalsozialistischen Deutschland entflohen war, um in Südafrika vom Regen in die Traufe zu kommen. »Paul O. Sauer war es«, beantwortete er seine Frage selbst, »der kam auch aus Deutschland.« So ganz stimmt das nicht, zeigt aber die Empfindlichkeit derer, die vor dem Dritten Reich geflohen waren. Schon der Urgroßvater, Mario Sauer, war im 18. Jahrhundert, damals in den Diensten der Ostindienkompanie, aus Mayen in Süddeutschland zugewandert und hatte flugs eine Frau aus einer eingesessenen Burenfamilie geheiratet. Damit enden auch schon die deutschen Bezüge.

Marios Urenkel Paul Oliver Sauer gilt als einer der Hauptarchitekten der Ideologie und Praxis der Rassentrennung. Ironischerweise hatte Pauls Vater, Jacobus Wilhelm Sauer, 1913 als damaliger Minister für Eingeborenenfragen und politisch Liberaler zwar eines der ersten Apartheidgesetze, das den Landbesitz nach Rassen einteilte, mit gestaltet, sich aber gleichzeitig gegen die Aufhebung des Wahlrechts für Schwarze, das in der Cape Colony zeitweilig bestanden hatte, gewendet. Paul O. Sauers Enkel bewirtschaften heute das bekannte Weingut Kanonkop, das schon Jacobus Wilhelm erworben hatte. Dort sind nun auch Xhosa willkommen: »Wamkelikele« werden sie auf der Internetseite begrüßt. So mäandern Familiengeschichten durch die Verwerfungen der südafrikanischen Historie.

Der Kommission, die 1948 den Masterplan für die Apartheid ausarbeitete, gab Paul O. Sauer den Namen. Aufbauend auf vorhandener Gesetzgebung formulierte die Kommission die Eckpfeiler der Apartheid und ihrer Umsetzung in die Praxis:

- Kontrolle und Begrenzung der schwarzen Zuwanderung in den großen Städten
- Begrenzung der politischen und sozialen Rechte von Schwarzen und Farbigen
- Reorganisation der Bantu-Erziehung, weg von den Missionsschulen
- Festlegung autarker Siedlungsräume für Schwarze (Bantustan/Homeland)

Im Zentrum stand die Ideologie der getrennten Entwicklung. Niemals wurde direkt ausgesprochen, dass die Schwarzen minderwertig seien. Nur anders seien sie. Dieser Verschiedenheit wolle man gerecht werden, so die offizielle Lesart. In praxi hieß das selektieren, gängeln, bei Zuwiderhandeln verfolgen, foltern, töten. Es bedeutete, dass Schwarze ständig einen Pass bei sich tragen mussten, aus dem alle Details ihres Wohnorts und ihrer Beschäftigung hervorgingen, dass sie keine Niederlassungsfreiheit hatten, so dass der Arbeitgeber sich strafbar machte, wenn er seine Hausangstellte abends in seinem Wohnviertel noch dabehielt. Es hieß, dass Schwarze in weißen Gebieten keinen Grundbesitz erwerben konnten und Tausende umgesiedelt wurden, dass ihnen nur schwarze Bildungseinrichtungen offenstanden und höhere Positionen außerhalb der Homelands verwehrt blieben. Auf eine Bank konnte sich ein Schwarzer nicht setzen, wenn sie die Aufschrift »Net blankes/Whites only« trug, an einem »weißen« Strand nicht baden. Noch 2004 erzählte mir ein angesehener Bürger der afrikaansen Hochburg und Universitätsstadt Potchefstroom, sie hätten einen Rotarier-Freund aus Malawi zu Besuch gehabt und er habe sich die Hände mit demselben Handtuch abgetrocknet wie der (schwarze) Gast. Offenbar fand er das erwähnenswert, da man doch früher für die schwarzen Hausmädchen, Kinderfrauen und Gärtner, die den standesgemäßen weißen Haushalt in Schwung hielten, eine eigene Tasse und ein eigenes Handtuch etc. reservierte, damit sich nichts vermengte, was nicht zusammengehören durfte. Mischehen waren unzulässig, was sich erst in den allerletzten Jahren der Apartheid etwas lockerte.

Auch die Farbigen[8], mehrheitlich in der Kapprovinz lebend, waren betroffen. Sie verloren Rechte, die sie im Unterschied zu den Schwarzen einmal gehabt hatten, wie die Vertretung im Parlament. Wer sich als weiß ausgab, was viele Farbige verständlicherweise versuchten, war entwürdigenden Tests ausgesetzt, von denen der Bleistift im Haar, der zeigen sollte, ob das Haar sich negroid krauste, noch der harmloseste war. Auch jene, die sich für weiß hielten, konnte es treffen, zumal viele Südafrikaner alles andere als reinrassig sind. So mancher Burenrecke in der Ahnenreihe hatte an seiner schwarzen Magd Gefallen gefunden. Ein Freund erzählt von seiner Hochzeitsfeier vor 20 Jahren in Windhoek. »Warum in Namibia?«, frage ich den Kapstädter. Dorthin musste er ausweichen, weil er sich in eine Farbige verliebt hatte und sie – welcher Affront! – sogar heiraten wollte. Viel Mut gehörte dazu, eine solche Ehe einzugehen, und man zog besser in ein sozial randständiges Viertel, um nicht zu sehr aufzufallen.

Immer wieder kam es zu Räumungen ganzer Stadtviertel wie Sophiatown in Johannesburg und District Six in Kapstadt, weil sie als Slums galten und weil man Schwarze und Farbige trennen wollte. Schon 1923 war der »Native Urban Act« erlassen worden, das Gesetz, mit dem die städtischen Wohngebiete nach Rassen eingeteilt wurden. Der Journalist William Bloke Modisane mochte nach der Räumung seines Viertels nicht mehr in einem Land bleiben, in dem er kein normales, menschliches Leben führen konnte. Er ging 1959 ins Exil. Als einer von wenigen schwarzen Südafrikanern kam er nach Deutschland und lebte bis zu seinem Tod in Dortmund. *Weiß ist das Gesetz* heißt seine Autobiographie, die mit der traumatischen Erfahrung, die Heimat zu verlieren, beginnt:

> »Etwas in mir starb, ein Stück von mir starb mit dem Sterben von Sophiatown [...] Im Namen der Slumbereinigung kamen sie mit den Bulldozern und drangen in seinen Körper ein. Für einen kurzen Moment war Sophiatown [...] wie eines seiner vielen

> Opfer, ein Mann, der in der Gosse lag, niedergestochen von den Messern Sophiatowns, [...] einen Ausdruck von Schrecken und Bestürzung auf seinem sterbenden Gesicht«.[9]

Ein Mindestmaß an Rechtsstaatlichkeit wurde dennoch gewahrt. Im »Treason Trial«, dem Hochverratsprozess Ende der 50er Jahre, wurden alle Angeklagten, darunter Nelson Mandela, freigesprochen. Die oppositionelle Abgeordnete Helen Suzman konnte ihr parlamentarisches Amt über Jahrzehnte wahrnehmen. Viele Gefangene, besonders wenn sie prominent waren wie Mandela, wurden korrekt behandelt. Jedoch kam es vor allem in den späteren Jahren, als der schwarze Widerstand zunahm und Südafrika immer isolierter wurde, zu allen Auswüchsen eines Überwachungsstaats. Verschleppung, Folter und sogenannter Tod auf der Flucht waren an der Tagesordnung.

Warum konnte sich das Regime so lange halten? Weil es den meisten Weißen gut ging, ist die einfache Antwort. Auch die Englischstämmigen profitierten. Viele gaben sich liberal, nutzten aber die Privilegien, die ihnen die Apartheid bot. »Wer gibt schon gerne seine Privilegien auf?«, kommentierte einer meiner Gesprächspartner, ehrlich wie wenige heute. Inzwischen sind fast alle schon immer dagegen gewesen. Sie mögen das im Stillen getan haben. Engagiert gegen die Apartheid haben sich nur wenige Weiße. Helen Suzman und Helen Joseph, jahrzehntelang wegen ihres Engagements an der Seite der ANC-Frauenliga unter Hausarrest, stechen hervor, der Kirchenmann Christiaan Beyers Naudé, die Frauen des Black Sash, die schweigend mit schwarzen Schärpen demonstrierten, um gegen Verfassungsbruch und Unrecht zu protestieren, oppositionelle Afrikanerpolitiker wie Frederik van Zyl Slabbert, Kommunisten wie Joe Slovo, Ruth First und Bram Fischer, die Schriftsteller Alan Paton, Athol Fugard, Nadine Gordimer, Breyten Breytenbach und Antjie Krog. Die Liste ist endlich.

Schwarzer Widerstand

Und was war die Antwort der Schwarzen? Lange Zeit blieb der Widerstand gewaltlos. Selbst als gegen Ende des Ersten Weltkriegs, viele Jahre vor der systematischen Ausformulierung der Apartheid, das folgenschwere »Gesetz über Landbesitz von Eingeborenen« verabschiedet wurde, das 80 Prozent des Landes für Weiße und damit für 20 Prozent der Bevölkerung reservierte, setzte der ANC auf Petitionen. Einige Schwarze waren sogar für das Gesetz, weil sie meinten, ihr Grundbesitz sei in den für sie ausgewiesenen Gebieten nun sicherer. Erst in den 40er Jahren entwickelte sich der ANC zu einer Massenorganisation. Eine Jugendliga wurde gegründet, als deren Sekretär Nelson Mandela fungierte.

Die erste große Massenaktion, an der auch weiße und indische Oppositionelle teilnahmen, war die Defiance Campaign gegen die immer weiter verschärften Passgesetze und die Einschränkung der Bewegungsfreiheit, die das 1950 verabschiedete räumliche Segregationsgesetz »Group Areas Act« bedeutete. Was für eine drückende Last muss es gewesen sein, ständig den Dumpass vorweisen zu müssen! Robert Styles, Protagonist in Athol Fugards Stück *Siswe Banzi ist tot,* nimmt sogar die Identität eines Toten an, um dessen Pass tragen zu können, weil seiner einen inkorrekten Stempel enthält. In Akten gewaltlosen zivilen Ungehorsams verstießen rund 10 000 Menschen bewusst gegen die Passgesetze und andere Segregationsbestimmungen, um Verhaftungen zu provozieren, die dann auch auf dem Fuß folgten. Die Gesetze wurden zwar nicht geändert, aber die ANC-Mitgliedschaft schnellte nach dieser Kampagne in die Höhe, und die Schwarzen hatten erstmals gezeigt, dass sie zu Massenaktionen fähig waren. Je drückender das Joch empfunden, je mehr jeder Einzelne in seinen Lebensäußerungen beschnitten wurde, desto mehr wandelte sich der ANC zur Massenbewegung. Der nächste Schritt war 1955, wieder mit weißer und indischer Beteiligung, die Verabschiedung der »Freedom Charter«, eines Grundgesetzes für ein Südafrika, das auf Gleichheit und Freiheit unabhängig von der Hautfarbe aufbaute. Die Charta sollte die Grundlage für die folgenden Jahre des Freiheitskampfs werden.

Das Sharpeville-Massaker 1960 führte schließlich zum Ende der Strategie gewaltlosen Widerstands. Polizisten waren angesichts einer Menge von friedlichen Anti-Pass-Demonstranten nervös geworden und feuerten in dem Township in die Menge. 69 Tote, viele mit Schüssen im Rücken, und das Verbot des ANC sowie der anderen schwarzen Organisation Pan Africanist Congress (PAC) waren das Ergebnis. ANC und PAC gingen in Untergrund und Exil. Der ANC, der sich inzwischen als führende schwarze Widerstandsorganisation herauskristallisiert hatte, bildete mit Umkontho we Sizwe (MK), Speerspitze, einen militärischen Arm und begann mit Guerillaaktionen. Kaum war Nelson Mandela im Hochverratsprozess, der gegen ihn und andere ANC-Leute nach der Verabschiedung der »Freedom Charter« angestrengt worden war, freigesprochen worden, übernahm er die Leitung des Guerillakampfs. Das ging nicht ohne Auseinandersetzungen innerhalb des ANC ab. Albert Luthuli, ANC-Präsident und Zulu-Chief, optierte weiterhin für Gewaltlosigkeit. Luthuli wurde für seinen gewaltlosen Widerstand 1960 mit dem Friedensnobelpreis geehrt, den er nicht persönlich entgegennehmen konnte, weil man ihn nicht ausreisen ließ.

Doch die harte Linie setzte sich durch. Anschläge wurden unter anderem auf die SASOL Ölraffinerie bei Johannesburg und das Kraftwerk Koeberg in Kapstadt verübt. Eine Autobombe auf das Hauptquartier der Luftwaffe tötete 19 Menschen. 1985 beschloss der ANC, dass man Verletzung oder Tod von Zivilpersonen in Kauf nehmen werde. Währenddessen bereiteten sich führende ANC-Leute im afrikanischen, russischen oder englischen Exil auf den Tag X der Machtübernahme vor.

Den Anfang vom Ende der Apartheid sehen viele im Soweto-Aufstand von 1976, obwohl noch weitere 18 Jahre bis zu den ersten freien Wahlen vergehen sollten. Schüler protestierten im größten Township Johannesburgs gegen den Pflichtunterricht in Afrikaans und wurden von der Polizei brutal auseinander getrieben. Es gab den ersten schwarzen Märtyrer. Das Bild des toten Jungen Hector Pieterson ging um die Welt und führte zu einer Legitimitätskrise des Regimes. Inspiriert waren die Jugendlichen von der Black-Consciousness-Bewegung des charismatischen Medizinstudenten Steve Biko, der später im Polizeigewahrsam umkommen sollte. Wir wollen nicht wie Weiße werden, wir wollen Schwarze sein und uns auf unsere eigene Kultur besinnen, war sein Credo.

Zunehmende Gewalt gab es nun auf beiden Seiten. »Wet bag« und »Halskrause« waren die zwei Seiten der Medaille. Den nassen Sack zogen Polizisten Festgenommenen bei Verhören über den Kopf, bis sie nicht mehr atmen konnten. Den brennenden Autoreifen stülpten ANC-Leute Genossen über, die sie als *impimpi*,

Spitzel, und Kollaborateure ansahen oder aus anderen Gründen disziplinieren wollten. Die Saat der Gewalt wurde in dieser Vergangenheit gelegt, und Südafrika erntet noch heute die bitteren Früchte.

Gefangen in der Wagenburg

Die NP-Regierung forcierte derweil die Eigenständigkeit Südafrikas. Unter Hendrik Verwoerd, dem Regierungschef, der die Apartheidpolitik am konsequentesten verfolgte, trat das Land 1961 nach einem Referendum aus dem Commonwealth aus. Aus der Südafrikanischen Union wurde die Republik Südafrika. Nun spielte man nicht mehr nach jeder Kinovorstellung »God save the Queen«, wie es eine ältere Freundin noch erlebt hat. »Uit die blou van onse hemel«, die neue Nationalhymne, war angesagt. Die Wagenburgmentalität, wie sie symbolisch in dem bronzenen Ochsenwagenmonument in Natal zum Ausdruck kommt, war Teil des Afrikaner-Selbstbilds. Zu dieser Zeit war noch nicht vorauszusehen, dass man sich, unfreiwillig, immer mehr isolieren würde. Das sollte aber nicht lange auf sich warten lassen.

In England formierte sich eine Antiapartheidlobby, die das Thema Apartheid unermüdlich vor die UNO und vor andere internationale Gremien brachte und politische Prozesse in Südafrika, besonders das Rivonia-Verfahren, in dem Mandela zu lebenslanger Haft verurteilt wurde, begleitete. 1964 bis 1988 wurde Südafrika von den Olympischen Spielen ausgeschlossen. Neuseeland schickte kein Rugby-Team mehr nach Südafrika. Der Sport-Boykott traf die sportversessenen Südafrikaner hart. Auch der Beitrag der Intellektuellen und Künstler Südafrikas ist nicht zu unterschätzen. Alan Patons Weltbestseller *Cry, the Beloved Country – Denn sie sollen getröstet werden,* schon 1948 erschienen und immer wieder aufgelegt, und Nadine Gordimers Romane formten weltweit das Bild eines Südafrikas, in dem Ungerechtigkeit und Unfreiheit herrschten.

Die UNO beschloss einen Wirtschaftsboykott, dem sich westliche Handelspartner Südafrikas wie Großbritannien und die USA zunächst nicht anschlossen. Nicht nur um freien Welthandel ging es ihnen. Südafrika war auch ein Bollwerk des Antikommunismus. Erst als der Eiserne Vorhang fiel und gleichzeitig in Südafrika keine Änderung der Apartheid abzusehen war, änderte sich die Politik der Großmächte. Man verlor die Geduld mit der südafrikanischen Regierung. Auch das Ringen Südafrikas um den politischen Einfluss in den Nachbarländern war erfolglos. In Südwestafrika/Namibia, das noch südafrikanisches Protektorat war, und in Rhodesien/Simbabwe siegten die Befreiungsbewegungen trotz Südafrikas massivem militärischen Einsatz zu deren Eindämmung. Südafrika, das sich lange als Vorposten des Westens in Afrika gesehen hatte, stand nun allein da.

Unter den Weißen herrschte Angst, ja Panik. Nelson Mandela, der große Versöhner, ist heute sakrosankt, so sehr, dass seine Frau Graça Machel bei seinem 90. Geburtstag scherzen konnte, auch ein Heiliger habe Schwächen. In den 60er Jahren war er in seinem Land ein gesuchter Terrorist. »Man kann Mandela kaum etwas vorwerfen«, bemerke ich in einer Gesprächsrunde an einem Kamin in den »very British« Natal Midlands. Farmersfrau Pam will dem Gast aus Europa nicht direkt widersprechen. »Er war ein Guerillakämpfer«, wendet sie vorsichtig ein. Da taucht noch einmal die Furcht auf, die vielen Weißen vor dem Unrecht, das in ihrem Namen geschah, die Augen verschloss. Die Angst ging um, vor den bösen Kommunisten im Ostblock, vor den militanten Befreiungsbewegungen in den schwarzen Nachbarländern. Es war die Furcht, von der schieren Masse der Schwarzen an die Wand gedrückt zu werden.

Dennoch wuchs die Einsicht, dass es so nicht weitergehen konnte. Man begann, Verbündete zu suchen. 1983 durften Farbige und Inder wieder ins Parlament gewählt werden. Diese Gruppen sahen einem ANC-gesteuerten Südafrika, in dem sie ebenfalls marginalisiert zu werden drohten, mit Skepsis entgegen. Die Farbigen verband außerdem die gemeinsame Muttersprache mit den Buren. Das Kalkül ging auf. Noch 1994, bei den ersten freien Wahlen aller Südafrikaner verhalf die farbige Anhängerschaft der NP zu einem Achtungserfolg mit 20 Prozent der Wählerstimmen.

Erste Befreiungsschläge aus der selbsterrichteten Festung unternahm die Regierung P. W. Botha. Obwohl Botha, genannt »das Krokodil«, wegen seines autokratischen Führungsstils und des Festhaltens am weißen Supremat wenig beliebt war, leitete er wichtige Reformschritte ein. Er schaffte die Passgesetze ab, ließ erste Verhandlungen mit dem ANC führen, traf sich mit Mandela und entließ Namibia in die Unabhängigkeit.

Zu einer radikaleren Wende in der Politik der NP gegenüber den Schwarzen kam es unter seinem Nachfolger und letzten weißen Präsidenten von Südafrika, Frederik de Klerk, der zusammen mit Nelson Mandela 1993 den Friedensnobelpreis erhielt. De Klerk erwies sich als Pragmatiker. Er erkannte die Notwendigkeit für drastische Schritte angesichts der seit 1989 geänderten Weltlage und der zunehmenden Gewalt im Land. 1990 öffnete sich die NP für Nicht-Weiße, die Regierung hob das Verbot des ANC und der Kommunistischen Partei auf und entließ Mandela aus dem Gefängnis. 1993 bekam de Klerk in einem Referendum Unterstützung für seine Politik. Verhandlungen mit dem ANC über die Gestaltung der politischen Zukunft begannen.

Mandela frei!

Viele habe ich gefragt, wie sie den 11. Februar 1990 erlebt haben. Alle waren begeistert und schwelgten in Erinnerungen. Man lag einander in den Armen wie in Berlin, als die Mauer fiel. June, aus dem nicht minder von Gewalt erschütterten Nordirland zugewandert, hat sich mit ein paar Freunden untergehakt, um nicht umgerissen zu werden, und ist losgezogen. »Es war wie ein Rausch«, erzählt sie. Eine freudig erregte Menge aller Hautfarben wogte auf dem Paradeplatz vor dem Kapstädter Rathaus. »Amandla! Mandela!«

Nelson Mandela trat auf den Balkon. Nach beinahe 27 Jahren, fast 10 000 Tagen, in Gefangenschaft tat der 71-Jährige die letzten Schritte auf seinem »langen Weg zur Freiheit«, ohne jede Bitterkeit über die verlorenen Jahre. Er wiederholte die schon denkwürdigen Worte, die er bei seiner Verurteilung 1964 im Gerichtssaal gesprochen hatte. Sie seien heute wie damals gültig:

> »Ich habe gegen weiße Vorherrschaft gekämpft, und ich habe gegen schwarze Vorherrschaft gekämpft. Ich habe das Ideal einer demokratischen und freien Gesellschaft hochgehalten, in der alle Menschen in Harmonie und mit gleichen Chancen zusammen-

leben. Das ist ein Ideal, für das ich zu leben und es zu erreichen hoffe. Wenn es aber notwendig werden sollte, ist es ein Ideal, für das ich auch bereit bin, zu sterben.«[10]

Wieder ist es ein Bild, das mich, die ich nicht dabei war und nur nachempfinden kann, was damals geschah, gefangen nimmt. Auf große schwarze Schiefertafeln hat Konzeptkünstler Willem Boshoff Striche eingeritzt, Strich, Strich, Strich, Strich, Querstrich, ein erschütternder Kalender. Auf jede Tafel ist exakt die Anzahl von Tagen geritzt, die der Gefangene auf Robben Island verbracht hat. Für jeden der bekanntesten Gefangenen gibt es eine Tafel, angefangen mit Mandela.

Neben dem charismatischen Mandela gab es andere Schlüsselfiguren des ANC und der Antiapartheidbewegung wie Oliver Tambo, Walter Sisulu, Winnie Mandela, die erste Frau und Mitstreiterin Mandelas, und Chris Hani, der 1993 ermordet wurde. Großes Ansehen, auch im Ausland, erwarb sich der anglikanische Bischof von Kapstadt, Desmond Tutu. 1984 erhielt er den Friedensnobelpreis. Doch in Nelson Mandela, Sohn eines Chiefs und von natürlichem Adel der Erscheinung, kristallisierten sich die Erwartungen der schwarzen Nation. Wie kein Politiker seit Ghandi zog er die Hoffnungen eines ganzen Volkes auf sich. Unter Mandelas inspirierender Führung aus dem Gefängnis heraus gelang es, die verschiedenen Flügel der Antiapartheidbewegung zusammenzuhalten, von den auf Robben Island Internierten über die Exilpolitiker bis zu den Mitstreitern in der United Democratic Front (UDF), einem nicht parteigebundenen Sammelbecken für Protest.

Oppositionelle weiße Politiker und Intellektuelle hatten schon in den 80er Jahren Fühler zum Exil-ANC ausgestreckt. Es kam zu mehreren Zusammentreffen, in denen Grundlinien einer neuen Verfassung sondiert und in der Erklärung von Dakar 1987 formuliert wurden. 1990 begannen offizielle Gespräche zwischen ANC und Regierung, bei denen sich der Gewerkschaftsführer und spätere Unternehmer Cyril Ramaphosa als geschickter Verhandlungsführer erwies. Heute gilt als sicher, dass die im Exil oder im Untergrund erprobten ANC-Leute mit dem Rückenwind der internationalen Zustimmung dem eher hausbackenen und unflexiblen NP-Team überlegen waren und für den ANC das Maximum herausholten. So war von einer Konkordanzdemokratie nach libanesischem Muster nicht mehr die Rede, und ein wirksames Minderheitenstatut für die weißen und farbigen Bürger wurde nicht erreicht. Was viele Weiße befürchtet hatten, dass sie politisch in der großen Mehrheit der Schwarzen unterzugehen drohten und die Herrschaft des ANC für Jahrzehnte festgeschrieben würde, trat nun ein.

Beide Seiten beanspruchen das Verdienst, einen Bürgerkrieg vermieden und Südafrika auf friedlichem Weg in die neue Zeit geführt zu haben. Die Wahrheit liegt wohl in der Mitte. Der Kampf des ANC allein mit seinen eher sporadischen Sabotageakten hätte die Regierung eines trotz Boykott wirtschaftlich weitgehend intakten Landes mit guter Infrastruktur nicht zu Fall gebracht. Ebenso wenig hätte aber die – notgedrungene – Verhandlungsbereitschaft der Regierung Erfolg gehabt, wenn die Spitze des ANC um Mandela nicht auf Versöhnung gesetzt hätte. Geholfen haben der Zusammenbruch des Ostblocks und das Ende der Kolonialherrschaft in afrikanischen Nachbarländern. Es bleibt das Verdienst der Besonnenen auf beiden Seiten, dass Südafrika nicht im Bürgerkrieg versank und heute mit Stolz auf den friedlichen Übergang von weißer zu schwarzer Regierung und auf einen demokratischen Neuanfang zurückblicken kann.

Bausteine des neuen Südafrika

Im April 1994 war es so weit. In Südafrika fanden die ersten freien Wahlen für alle statt. Drei Tage lang wurde gewählt, um die langen Schlangen vor den Wahllokalen zu bewältigen. 19 Millionen Menschen wählten, 85 Prozent der Wahlberechtigten, die meisten zum ersten Mal in ihrem Leben. Der Tross der internationalen Wahlbeobachter hatte ein wachsames Auge, konnte aber kaum eine Unregelmäßigkeit feststellen. Alles verlief weitgehend friedlich. Großer Wahlsieger war der ANC, zusammen mit Gewerkschaftsbund COSATU und kommunistischer Partei, mit denen er ein festes Wahlbündnis eingegangen war. Mit deutlichem Abstand folgte die Nationalpartei. In der Provinz KwaZulu-Natal gewann die Regionalpartei Inkatha Freedom Party unter ihrem flamboyanten Führer Mangosotho Buthelezi. Ein Grund dafür war, dass die ANC-Führungsriege stark Xhosa-lastig war, und die Zulu, die stärkste schwarze Bevölkerungsgruppe, sich unterrepräsentiert fühlten.

Mit der feierlichen Vereidigung von Nelson Mandela zum Präsidenten von Südafrika schloss sich 1994 ein Kreis, der mit den ersten Schritten von Jan van Riebeeck am Kap der Guten Hoffnung und seinem Zusammentreffen mit Autshumato 1652 begonnen hatte. Mandelas langer Weg führte ihn von dem kleinen Dorf Qunu im Ostkap, in dem er aufwuchs und heute wieder lebt, über jahrzehntelange Gefangenschaft zum höchsten Staatsamt.

Für eine Übergangszeit akzeptierte de Klerk das Amt des stellvertretenden Präsidenten. Schon bald zeigten sich aber die neuen Machtverhältnisse. De Klerk verließ nach zwei Jahren die Regierung und wurde Oppositionsführer. Mandela hätte nicht so lange im Gefängnis überleben können ohne den harten Kern, der ihn ebenso auszeichnet wie sein verbindliches Auftreten. Er verstand es, den ANC zu disziplinieren und de Klerk auszubooten. Auch auf dem internationalen Parkett war er nicht zimperlich. So bedeutete er Präsident Clinton bei dessen Staatsbesuch und seiner unwillkommenen Kritik an der südafrikanischen Politik gegenüber Libyen, er möge in sein Schwimmbad gehen und die Südafrikaner allein entscheiden lassen. Mit sicherem Sinn für wirkungsvolle Symbolik tauchte er bei seinem ersten Bankett in New York das Brot in die Suppe: »So machten wir es im Gefängnis.« Erst zu seinem 90. Geburtstag 2008 machten die USA Mandela ein besonderes Geschenk. Sie strichen ihn von der Liste gefährlicher terroristischer Personen.

1997 trat die neue Verfassung in Kraft. Sie gilt als musterhaft demokratisch. An vorbereitenden Expertengesprächen waren auch deutsche Verfassungsrechtler beteiligt. Das deutsche Grundgesetz gab für einige Teile die Blaupause ab. Südafrika konstituierte sich als Präsidialdemokratie mit föderalen Elementen. Der Präsident wird für fünf Jahre gewählt und kann nur einmal wiedergewählt werden. Regierungssitz bleibt Pretoria, das Parlament tagt weiterhin in Kapstadt. In einer zweiten Kammer sind die Provinzen vertreten. Sie haben außerdem eigene Länderparlamente und Landesregierungen. Politisch und finanziell sind sie aber weniger unabhängig von der Zentrale als die deutschen Bundesländer. Kernstück ist die Bill of Rights, ein umfassender Menschenrechtskatalog. Dem Schutz des Bürgers gelten vier Institutionen, die nicht der Regierung unterstehen, sondern nur dem Parlament verantwortlich sind: eine Kommission für Menschenrechte, eine Kommission für Geschlechtergerechtigkeit, eine Wahlkommission und der Public Protector, eine Art Ombudsmann für Bürgerbeschwerden. Auch der Minderheitenschutz ist verankert. Nicht alles wird später so umgesetzt werden, wie es in der Verfassung steht. »Wir haben eine Verfassung für die Erste Welt, handeln aber oft wie die Dritte Welt«, beschwerte sich ein frustrierter Landwirt, den ich auf seiner Farm im Ostkamp besuchte. Dennoch bleibt die Verfassung eine große Leistung. 2005 gaben die Verfassungsrichter dem Parlament sogar auf, die gleichgeschlechtliche Ehe in der Verfassung zu verankern, in einem Land mit ausgeprägter Machokultur keine Kleinigkeit.

Die Verfassung bot auch die Grundlage für die Einsetzung der Wahrheits- und Versöhnungskommission. Sie sollte Menschenrechtsverletzungen bis 1994 untersuchen, die Opfer rehabilitieren und den Tätern die Möglichkeit geben, sich um Amnestie zu bewerben. Von 1995 bis 1998 hörte die Kommission unter Vorsitz von Erzbischof Desmond Tutu 7112 Antragsteller für Amnestie und rund 21000 Opfer der Apartheid als Zeugen. Rund 850 Amnestien wurden ausgesprochen. Die Ziele waren – abweichend von anderen politischen Strafprozessen – Aufklärung, Zeugenschaft und Versöhnung. Tutu stellte den Abschlussbericht unter das Motto »Keine Zukunft ohne Versöhnung«. Die Anhörungen leisteten einen wesentlichen Beitrag zur Vergangenheitsbewältigung, auch wenn sie nicht unumstritten sind. Anlässlich einer Podiumsdiskussion über »Demokratische Debattenkultur« in Kapstad übte Jeremy Cronin, alter Antiapartheidkämpfer und stellvertretender Generalsekretär der Kommunistischen Partei, Kritik. Indem sie holzschnitthaft alle Südafrikaner entweder zu Opfern oder zu Tätern stempelte, habe die TRC jede Debatte abgeschnitten. Wir Deutschen wissen nur allzu gut, welch dorniges Feld die angemessene Erinnerungskultur ist. Bei den Hannah-Arendt-Tagen 2000 trafen sich Jutta Limbach, damals noch oberste Verfassungsrichterin, Joachim Gauck und Neville Alexander aus Südafrika in Hannover zu ebendiesem Thema. Besonders die Erfahrungen der Gauck-Behörde waren denen der TRC ähnlich.

Nach außen weitgehend reibungslos verlief der erste Stabwechsel im Präsidentenamt. Zu den Wahlen 1999 trat Mandela nicht mehr an. Er legte die Zügel in die Hände seines bisherigen Stellvertreters Thabo Mbeki, der de facto schon eine Zeitlang die Regierung geführt hatte. Innere Flügelkämpfe waren allerdings vorausgegangen. Die daheimgebliebenen ANC-Größen fühlten sich von den aus dem Exil Zurückgekehrten an die Wand gedrückt. Mandela konnte letztlich seinen Wunschkandidaten Cyril Ramaphosa, den Verhandlungsführer der frühen 90er Jahre, als Stellvertreter und Präsidentschaftskandidaten nicht durchsetzen. Es gelang dem in England ausgebildeten Exilparteistrategen Mbeki, den der Gewerkschaftsbewegung entstammenden und überall als besonders fähig anerkannten Unternehmer Ramaphosa kaltzustellen. Schließlich siegte die Parteidisziplin, und Thabo Mbeki bekam Mandelas Segen.

2004 wurde Mbeki wiedergewählt. Zwei große Projekte brachte er auf den Weg. Mit dem Programm GEAR (Growth, Employment and Redistribution – Wachstum, Beschäftigung, Umverteilung) versuchte er den notwendigen Umbau der Gesellschaft in Richtung auf mehr soziale und ökonomische Gerechtigkeit für Schwarze mit dem Ziel einer prosperierenden, international wettbewerbsfähigen Wirtschaft zu verbinden. Mit dem Konzept der »African Renaissance«, seinem Lieblingsprojekt, wollte er traditionelle afrikanische Werte so modernisieren, dass sie der Konkurrenz westlich geprägter Werte standhalten können.

Erst 2008 gab Mbeki – unfreiwillig – das Steuer aus der Hand. Er hatte die Auseinandersetzung innerhalb des ANC mit dem Zulu Jacob Zuma verloren und musste zurücktreten. Schon 2007 hatte Mbeki den Parteivorsitz nach einer Kampfabstimmung an Zuma abtreten müssen. Dabei hatte er diesen im Jahr 2005 als Vizepräsident entlassen, weil Zuma in ein Korruptionsverfahren verwickelt war. Es gelang zwar, mit dem Gewerkschaftsmann Kgalema Motlanthe schnell einen neuen Präsidenten einzusetzen. Der galt aber nur als Platzhalter für Zuma bis zu den Wahlen 2009 und wurde später im neuen Kabinett folgerichtig Zumas Stellvertreter. Der Machtkampf tobte ziemlich unverblümt. Dieser erste Riss im bisher wasserdichten Einheitsimage des ANC zeigte, wie weit man sich vom Überschwang der ersten Jahre entfernt hatte.

Was bleibt von den ersten 15 Jahren des neuen Südafrikas, die von Mandela und Mbeki geprägt wurden? Wo steht Südafrika heute? Die Zehnjahres-Gedenkveranstaltungen 2004, in denen sich die Nation selbst feierte, boten eine erste Gelegenheit zur Rückschau. Die Bilanz ist – weitere fünf Jahre später – eher durchwachsen.

Wer ist ein Afrikaner? – Mehrheit und Minderheiten

I am an African – Onse mense / Our people – Proudly South African

I am an African

»I am an African«, so stellte sich der junge ANC-Exil-Politiker Thabo Mbeki 1987 in Dakar bei dem ersten Treffen von weißen oppositionellen Südafrikanern aus Politik und Publizistik mit ANC-Leuten vor. »I am an African«, leitete er neun Jahre später als Vizepräsident von Südafrika seine Rede zur feierlichen Annahme der neuen Verfassung im Parlament ein. Bei der deutschen Übersetzung fängt die Begriffsverwirrung an, denn den »African« trennt nur ein kleines c vom Afrikaner, wie sich die Europäer Südafrikas nennen, soweit sie afrikaanssprachig sind. Im Deutschen übersetzen wir »African« mit Afrikaner und »Afrikaner« mit Bure. In seiner Verfassungsrede gebrauchte Mbeki »African« in umfassender Bedeutung. Das c und das k machten noch keinen Unterschied:

> »Ich bin ein Afrikaner [...]. Ich verdanke meine Existenz den Khoi und San, deren verlorene Seelen die Weiten des schönen Kaps heimsuchen [...]. Ich bin geprägt von den Einwanderern, die Europa verließen, um in unserem Geburtsland eine neue Heimat zu finden [...]. In meinen Adern fließt das Blut malaiischer Sklaven, die aus dem Osten kamen [...]. Ich bin der Enkel der kriegerischen Männer und Frauen, die Hintsa [...], Cetshwayo [...] und Moeshoeshoe führten [...]. Ich bin der Enkel, der Blumen auf die Burengräber von St. Helena und den Bahamas legt [...]. Ich bin das Kind von Nongqawuse [...]. Ich stamme von denen, die aus Indien und China hierher verfrachtet wurden [...]. Als Teil all

dieser und in der Gewissheit, dass niemand diese Feststellung in Zweifel zu ziehen wagt, beanspruche ich, ein Afrikaner zu sein [...]. Die Verfassung, deren Annahme wir feiern, begründet und stellt unwiderruflich fest, dass wir es ablehnen hinzunehmen, dass unser Afrikanertum durch Rasse, Farbe, Glauben, Geschlecht oder historisches Herkommen bestimmt werde. Sie ist ein überzeugtes Bekenntnis, dass Südafrika allen gehöre, die in ihm leben, schwarz und weiß.«[11]

Mittlerweile ist viel von dem Idealismus der ersten Jahre verloren gegangen. Dafür gibt es verschiedene Gründe. Die Ernüchterung des täglichen Miteinanders setzte ein. Die Versuchung, für viele Probleme des Landes den einen großen Sündenbock in Apartheid und Rassismus zu finden, ist groß, und die Lust an der Macht auf Kosten der Vielfalt wächst in der Regierungspartei.

Bereits 2006 wurde eine Regelung wieder eingeführt, die fatal an Apartheidzeiten erinnert. Bei Stellenbewerbungen im öffentlichen Dienst, allen parastaatlichen Einrichtungen und bei der Einschulung muss wieder die Rasse angegeben werden. Auch bereits Beschäftige sind aufgefordert, in ein Formular ihre Rasse einzutragen, »African«, »Coloured«, »Indian« oder »White«. Millionen von Arbeitnehmern sind betroffen. Nur wer schwarz ist, kann nach dieser Klassifikation ein »African« sein. Die alten trennenden Begriffe geistern ohnehin noch in allen Köpfen herum. Meine Xhosa-Lehrerin Pumzile erzählt lachend von einer Fernsehsendung, in der ein ziemlich Dunkelhäutiger, der sich in den alten Zeiten als »Coloured« ausgegeben habe, weil seine Mutter eine Farbige sei, nun ein »African«, also ein Schwarzer, sein wolle. Für sie, die Xhosa, ist es selbstverständlich, dass »African« nur sein kann, wer schwarz ist. Frühere Antiapartheidkämpfer wie van Zyl Slabbert und Alan Boesak warnen vor einem neuen Rassismus und weigern sich, sich selbst zu klassifizieren, oder nennen sich in Fragebögen einfach Afrikaner.

Auf der Suche nach Licht im Dunkel der südafrikanischen Sprachverwirrung lausche ich im Juni 2004 der Rede des damals noch amtierenden City Managers von Kapstadt und frühen Vorsitzenden der Kommission für Landumverteilung, Wallace Mgoqi. Er verspricht auf die Frage »Who is an African?«, so der Titel seines Vortrags, eine Antwort zu geben. Nicht nur, dass der promovierte Jurist Mgoqi seine Gelehrsamkeit ausführlich zur Schau stellt und des längeren im Predigerton allerlei Zelebritäten von Thabo Mbeki bis zu Patrice Lumumba und selbst Paul Krüger zitiert, macht seinen Vortrag unbefriedigend. Auch auf die Frage erhalte ich eine recht einseitige Antwort. So lerne ich, dass viele Größen der Vergangenheit und Gegenwart Afrikaner seien. Einige davon leben allerdings nicht in Afrika. Martin Luther King gehört dazu. Andere wieder sind Afrikaner, weil sie einmal hier gelebt haben, wie Mahatma Gandhi. Jan van Riebeeck oder Jan Smuts gehören nicht in den Kreis der Erwählten, obwohl sie auch hier gelebt haben. Ansonsten erfahre ich, dass wir in das »African Century« eingetreten sind. Was immer das auch beinhalten mag, Mgoqi lässt keinen Zweifel daran, dass er Südafrika als Modell für das restliche Afrika begreift.

Eine lebhafte Diskussion schließt sich an Mgoqis Vortrag an. Die meisten Beiträge sind zustimmend, vor allem zum »African Century« und zur Führungsrolle Südafrikas. Bei allen Diskussionsveranstaltungen fällt die Neigung zu verbaler Harmonie auf. Man ist immer nett zueinander, was ein angenehmes Klima schafft, aber zur Klärung von kontroversen Fragen oft wenig beiträgt. Im Zweifelsfall hilft es, von *Ubuntu* zu sprechen, von diesem afrikanischen Zauberwort für Gemeinschaft. Ich fühle mich dann sehr europäisch-überkritisch, wenn ich ganz heimlich denke, das ist zu schön, um wahr zu sein. Als ich in der Kaffeepause einige Teilnehmer frage, warum alle so deutlich um Harmonie bemüht seien, murmelt jemand: »Man will schließlich nicht als Rassist verteufelt werden.« Das große Tabu. Angenehm fällt mir auf, dass die bei uns so häufige Verbissenheit fehlt. Man redet miteinander, und es darf auch gelacht werden. Bei manchen klingen der vorgezeigte Optimismus und das emphatische Einstimmen ins Credo des afrikanischen Jahrhunderts eher wie Rufen im finsteren Walde. Ein paar Beiträge lassen jedoch anklingen, dass die ständige afrikanische Nabelschau zu nichts führe und man sich besser den drängenden gesellschaftlichen Problemen widmen solle. Ein junger Schwarzer stellt fest, man müsse nicht darüber diskutieren, wer ein Afrikaner sei. Bei ihm sehe man es an der Hautfarbe, egal wo auf der Welt er sich befinde. Ein aus Tschechien stammender Historiker macht darauf aufmerksam, dass die Begriffe Afrika und afrikanisch nicht auf dem Kontinent selbst, sondern von den Römern erfunden worden seien. Die Afrikaner hätten kein übergreifendes Bild von sich selbst gehabt. Sie seien Zulu, Xhosa, Sotho usw. gewesen. Sollte erst der forschende, ordnende, auch erobernde Geist von Europäern den Begriff gebracht haben? Das wird in dieser Phase des noch jungen, empfindlichen Selbstbewusstseins schwer zu akzeptieren sein.

Die Identitätsfrage treibt alle um. Die großen Blätter widmen ihr regelmäßig Artikelserien und in den umfangreichen Leserbriefspalten ausgetragene Debatten. Alle sind Experten, auch wenn sie nicht professionelle Imagepfleger sind wie Solly Moeng, der Südafrika in den USA touristisch vermarktet hat und in der *Cape Times* einmal mehr die Frage aufwarf, »was es bedeutet, ein [schwarzer] Afrikaner in Südafrika zu sein.«[12] Bei den schwarzen Intellektuellen mahnte er mehr Courage an, Tabus zu brechen und unbequeme Fragen zu stellen.

Auch bei anderen Benennungen verliert man sich leicht im Gestrüpp alter und neuer Abgrenzungen. Irgendwann sind alle nach Südafrika, besonders ins Kapland, zugewandert. Nur die Buschmänner und Khoikhoi waren schon immer da. Kaum jemand wagt noch von Buschmännern zu sprechen, wenn er sich nicht als abständig oder gar rassistisch outen will. Aber auch hier wogt der Namensstreit. Der Direktor der Iziko-Museen Kapstadts, zu denen auch das völkerkundliche Museum gehört, vertritt die Meinung, die Bezeichnung »San« sei abwertend, denn sie bedeute Räuber oder Mörder. Die Betroffenen selbst wussten das anscheinend schon, denn ein Sprecher der sogenannten Khoi-San im Namaqualand bestand darauf, dass sie Boesmanne, Buschmänner, seien. So werden sie auch in Botswana genannt, das die größte Population hat, ohne dass jemand Anstoß nähme. Aber das ist doch eine europäische Benennung? Das mag sein, es steht jedoch zu vermuten, dass angesichts der Kleinteiligkeit der frühen Gesellschaften und der Vielzahl der Sprachen auch für diese Menschen gar kein übergreifender Begriff existierte. Bei Wilhelm Bleek, der sich am eingehendsten mit Kultur und Sprache der Buschmänner beschäftigt und ihre Sprache und Mythen aufgezeichnet hat, hören wir nichts von San.[13] Out ist vorerst auch die Bezeichnung Hottentotten für Khoikhoi.

Schwarz wird gern als politischer Begriff verwendet. Selbst ein Chinese kann in diesem Verständnis schwarz sein. Kämpferische Inder und Coloureds bezeichnen sich selbst als schwarz.

Schwarze »Eingeborene« zu nennen wäre dagegen fatal. Nur sie selbst dürfen das. 2006 ging ein Aufschrei durch die Zeitungen, als sich in Johannesburg ein Native Club gründete, zu dessen Selbstverständnis es gehört, dass nur Schwarze, natürlich nur solche mit Einfluss und Geld, mitmachen dürfen; wie in den schlechten alten Zeiten des Broederbond, des Klubs weißer Afrikaner, nur mit umgekehrtem Vorzeichen. Die politisch korrekte Begrifflichkeit ist eine hohe Kunst, und immer ist ein Fettnäpfchen nahe.

Onse mense / Our people

Die Regenbogennation bleibt eine Hoffnung. Noch ist die südafrikanische Gesellschaft fragmentiert. Das Abgrenzungsbedürfnis scheint eher zu- als abzunehmen. Konnte man 1994 noch die neue Nationalhymne einfach aus der Verbindung einer Xhosa-Zulu-Hymne, die zum Kampflied geworden war, mit dem Preislied der Afrikaner auf ihr schönes Land und einer englischen Strophe komponieren, so wäre das heute kaum noch denkbar. »Nkosi sikelel'i Afrika«, »Herr segne Afrika«, und »Uit die blou van onse hemel«, »Aus dem Blau unseres Himmels«, gehen nicht mehr so leicht zusammen. Das letzte Versöhnungsbarometer, vom Institute for Justice and Reconciliation regelmäßig veröffentlicht, zeigte Ende 2007, dass die Anzahl der Befragten, die angeben, gesellschaftlichen Kontakt zu Mitgliedern einer anderen Bevölkerungsgruppe zu pflegen, innerhalb der letzten fünf Jahre um 10 Prozent auf 48 Prozent abgenommen hat. Als ein englischer Kommunalpolitiker, der sich jedes Jahr als ein anderer Prominenter verkleidet, sich schwarz angemalt und Nelson Mandela dargestellt hatte, wurde in England und in Südafrika gleich Rassismus geschrien. Nur Mandela selbst blieb gelassen. Er fand es lustig. Diese Souveränität ist in der Zeit des Machterhalts und -ausbaus nicht mehr verbreitet.

Auch die Buren haben den ersten Schock des Machtverlusts, der sie stumm gemacht hat, überwunden und bekunden lautstark ihre Afrikaneridentität. Vor allem junge Menschen, deren berufliche Zukunft angesichts von Affirmative Action, der bevorzugten Einstellung Schwarzer, nicht rosig aussieht, pflegen Afrikanerromantik. So jubeln sie einem Sänger zu, der einen alten Burenkriegsgeneral ausgegraben hat und ihn als Helden wiederhaben möchte. Wo das Lied »De la Rey, de la Rey, willst du kommen und die Buren führen?« gesungen wird, zieht es Massen an. In Stellenbosch gingen die Studenten der Universität auf die Straße und demonstrieren für ihre *taal,* ihre Sprache. Nicht mehr alle wollen englischer sein als die Engländer oder mehr African als Xhosa, Zulu und Sotho. Bei der Aufführung des Stücks *Fielas Kind* in Kapstadts Artscape-Theater über eine farbige Frau, die einen weißen Jungen aufzieht, bekannte der Hauptsponsor, die »Afrikaanse Taal en Kultuur Vereeniging«, in einer Ansage vor Beginn »Ons is trots suidafrikaans in afrikaans«. Auf Afrikaans will man ein stolzer Südafrikaner sein.

Das romantisierte historische Erbe wird von allen Bevölkerungsgruppen gepflegt. Was für die Afrikaner »onse mense«, unsere Menschen, sind, ein Begriff, der das ganze Afrikanertum umfasst, samt Sprache, Kirche, Gründungsmythen, Burenkrieg und Brauchtum, ist für die Xhosa und Zulu »our culture«, wozu vor allem Ahnenverehrung, Initiation und Heiratsriten gehören. Wann immer mir meine Haushaltshilfe Nomsa vom Bierbrauen anlässlich einer Beerdigung, von der *Lobola,* die sie für die Verheiratung ihrer Nichte erwartet, erzählt oder für einen Trauerfall bei fernen Verwandten in Kimberley freihaben möchte, versichert sie mir, es handle sich um »our culture«.

Englischstämmige haben keinen vergleichbaren Sammelbegriff. Immerhin, das Empire ist zwar vergangen, aber Shakespeare, London und das englische Königshaus sind ihnen geblieben. Die *Cape Times* lässt auch den geringsten Anlass nicht vorbeigehen, ohne ihre Leser über die Queen und die königliche Familie ins Bild zu setzen. Zum allsommerlichen Shakespeare-Stück trifft sich die englischstämmige Gemeinde im lauschigen Park des Maynardville-Theaters in Wynberg. Ein betagter Bekannter, der in der dritten Generation Südafrikaner ist, unterhielt mich einen ganzen Abend lang mit den verschiedenen Theorien über die Identität Shakespeares und bekannte, er sei Francis Baconianer – also Anhänger der Variante, dass der Lordkanzler der Urheber der Stücke sei – wie schon seine Mutter in ihren Londoner Jugendtagen. Jeder hat einen Verwandten, der gerade in London ist oder bald einmal dorthin will.

Am schwersten haben es die Farbigen mit ihrer Identität. Im Westkap sind sie eine Mehrheit von 85 Prozent, in ganz Südafrika eine Minderheit von knapp neun Prozent. Ethnisch repräsentieren sie die Regenbogennation am besten. Sie sind äußerlich am verschiedenartigsten. Khoikhoi, Malaien, Bantu und Europäer haben zu ihrer Mischung beigetragen. Im Namaqaland, im wüstenhaften Nordwesten, klein und zierlich mit runden Köpfen, runzligen Gesichtern und hohen Wangenknochen, in Kapstadt mit malaiischem oder indischem Einschlag, ansonsten in allen Schattierungen von Fastschwarz bis Beinaheweiß. Ihre Sprache ist Afrikaans, ihre Kirche, bis auf die kleine muslimische Gruppe der Kapmalaien, ist die der Holländer. Weil aber die kalvinistische Hauptkirche mit der Apartheid ging, hatten die Farbigen bis vor kurzem ihre eigene Kirche, die Sendelingskerk oder Missionskirche. Erst 2007 haben die beiden Kirchen beschlossen, sich zu vereinigen. »Die sind ja wie wir«, sagen heute viele Weiße, besonders diejenigen, die Vorbehalte gegen Schwarze haben. »Die sind ganz anders als wir«, sagen die meisten Schwarzen. So fühlen sich viele Farbige als Sandwich-Bürger, eingeklemmt zwischen alter und neuer Oberschicht. Schon die vielen Bezeichnungen und Spitznamen deuten ihre schwierige Position an:

»Farbiger
Das Wort ist passé …
Farbig rein
Farbig raus
Was soll's

Sogenannter
Kleurling
Amakadali
Bushi
Euro-African
St. Helenan
Mixed
Mauritian
Malay
Korrelkop
Kroeskop

Darkie
Play-white
Other Coloured
Cape Coloured
Bastard
Bruinou
Bushak
Khoi-Khoi
San
Gazi
Outie
Stekkie
Lightie
Bra!...«[14]

Die meisten Farbigen selbst möchten heute »trotse kleurlinge«, stolze Farbige, sein, fühlen sich politisch und ökonomisch aber an die Seite gedrängt. Nur wenigen gelingt es, eine struggle-Dividende einzufahren, wie Cheryl Carolus, der Ex-Botschafterin in London, die seitdem Aufsichtsratsposten sammelt, Jakes Gerwel von Media 24, dem Wirtschaftsboss Gavin Pieterse oder dem Kanzler der Universität Stellenbosch Russell Botman. Farbige in herausgehobenen Positionen sind eher die Ausnahme. Am weitesten haben es Ex-Westkap-Premier Ebrahim Rasool und Finanz- beziehungsweise Planungsminister Trevor Manuel gebracht. Manuels Metamorphose vom blutüberströmten Demonstranten zum kompetenten obersten Finanzchef und Haushaltssanierer wird allgemein bewundert.

In Kapstadt ist die Gruppe der Kapmalaien prominent vertreten. Die muslimischen Nachkommen von Sklaven, die die holländische Ostindienkompanie aus Batavia herbrachte, haben eine eigene Identität bewahrt. Ihr Wohnviertel Bo-Kaap, das Oberkap am Abhang des Signal Hill, gehört mit seinen bonbonfarben angestrichenen Häuschen, den kopfsteingepflasterten Straßen und verschwiegenen Innenhöfen zu den attraktivsten Vierteln der Stadt. Ihr dicht geknüpftes soziales Netz und der Einfluss eines gemäßigt auftretenden Islams haben diese Gemeinde von Farbigen über Jahrhunderte zusammengehalten.

Die kleinste und, zusammen mit den Englischstämmigen, historisch jüngste Einwanderergruppe sind die Inder. Sie sind zum großen Teil wirtschaftlich erfolgreich, besonders die indischen Muslime, und politisch meistens zurückhaltend. Kulturell bilden sie eine eng verwobene Gemeinschaft. Ihr Bezugsland bleibt Indien. Ihre Sprache ist Englisch. Selbst in Kapstadt, das eine vergleichsweise kleine indische Gemeinde hat, gibt es ein Kino im großem Einkaufs- und Vergnügungszentrum Century City, das regelmäßig indische Bollywoodfilme zeigt. In Durban ist der indische Einfluss am größten. Nicht nur der Gewürzmarkt im alten Bazargebäude gibt der Stadt am Indischen Ozean ein orientalisches Flair.

Proudly South African

Allen Südafrikanern gemeinsam, wenn auch aus unterschiedlichem Blickwinkel, ist die Begeisterung für die Schauplätze und Helden vergangener Schlachten. Alle teilen auch einen unverstellten, oft rührenden Nationalstolz, der die vielen Gegensätze auf wunderbare Weise überbrückt. Man ist überzeugt davon, im schönsten Land, in der schönsten Stadt der Welt zu leben. Als Menschen aller Schichten, Farben und Altersgruppen anlässlich der großen Ausstellung zum zehnjährigen Bestehen des neuen Südafrikas über ihr Land befragt wurden, sagten mehr als vier Fünftel, sie fühlten sich glücklich, Südafrikaner zu sein, und sie seien mit ihrem Leben zufrieden. Das schließt einen großen Teil der Armen, Arbeitslosen, Aidskranken ein. Als Deutschland 2006 bei der Fußballweltmeisterschaft erstmals etwas unbefangener und gelöster mit seinem Nationalgefühl umging, verstand man hier gar nicht, dass dies etwas Besonderes sei. Bei gemischt deutsch-südafrikanischen Anlässen wie dem Empfang des Generalkonsulats zum deutschen Nationalfeiertag, singen die paar anwesenden Südafrikaner ihre Hymne, wenn auch jede Gruppe ihre Strophe, lauter und mit mehr Inbrunst als die vielen Deutschen die ihrige.

Bei öffentlichen Anlässen wird das Bild von der Regenbogennation weiter gepflegt. Zur alljährlichen feierlichen Eröffnung der Sitzungsperiode des Parlaments in Kapstadt kommen die Abgeordneten in Tracht. Da kann man die phantasievollsten Kostüme bewundern. Beleibte Xhosa-Damen leuchten in kräftigem Orange mit passendem Turban. Selbst Leopardenfelle auf entblößter männlicher Zuluschulter wurden schon gesehen. Als die Inderin Frene Ginwala noch dem Parlament präsidierte, erschien sie im schön gemusterten Sari. In einem Jahr fügte eine zarte, blonde Afrikaner-Abgeordnete im Blümchenkleid und züchtiger Haube der Burenfrau von einst dem Regenbogen eine weitere Schattierung bei. Mandelas Afrohemden haben Mode gemacht. Nur Thabo Mbeki, der Anglophile, trat immer im gedeckten Zweireiher mit Weste auf, und die einstige First Lady Zandile begleitete ihn im schicken westlichen Oufit, der aber »proudly South African« hergestellt war.

»Proudly South African«, diese Werbekampagne der Wirtschaft, schuf ein Markenzeichen wie »Made in Germany«. Wenn auch weiterhin die meisten T-Shirts und Mobiltelefone aus China kommen, der Begriff blieb hängen und wird mit Stolz gebraucht. Der unbefangene Patriotismus mag auch helfen, eines Tages die Rassenschranken zu überwinden. Schon jetzt mischt sich, was zusammengehört, vor allem unter jungen Menschen. Einige Wochen lang war ich regelmäßige Besucherin der Universität Kapstadt. Da fühlte ich mich in Cafeteria, Bibliothek, Vorlesungsräumen, und erst recht auf den Sportplätzen, in ein zukünftiges Südafrika versetzt, das den Regenbogen vielleicht wieder mit mehr Berechtigung als Emblem verwenden kann.

Jenseits des Regenbogens – 15 Jahre nach dem Aufbruch

Mind the gap! – Gewalt und Ratlosigkeit – ANC & BEE – Kap der Guten Hoffnung?

Südafrika sah sich, nachdem das Wunder des friedlichen Übergangs von weißer zu schwarzer Herrschaft gelungen und die sehr fortschrittliche, demokratische Verfassung angenommen war, als Regenbogennation. Dieser von Antiapartheidkämpfer und Altbischof Desmond Tutu geprägte Begriff beherrscht noch heute viele Sonntagsreden. Inzwischen kommen Zweifel auf, ob das Bild vom Regenbogen der Wirklichkeit standhalten kann. »Anderkant die rëenboog« – »Jenseits des Regenbogens« war eine Revue betitelt, die Freunde von mir im kleinen Cafétheater meines Vororts 2004 zum Besten gaben. Das dort in witzigen Songs anklingende Unbehagen hat sich in vielen Kreisen des neuen Südafrikas eingeschlichen.

Mind the gap!

»Achtung Graben!« steht auf dem T-Shirt der Verkäuferin im Buchladen an der Victoria & Albert Waterfront. »Mind the gap!« nennt die Künstlerin Diane Victor ihre Radierung, die in der Anthologie südafrikanischer Literatur *Alte Wunden – Neue Zeiten* veröffentlicht ist: in der Mitte eine schwarze Frau, die einen Einkaufswagen mit ihren Habseligkeiten vor sich herschiebt, an beiden Seiten ein Fries mit all den Spielsachen der Reichen, den großen Häusern, Autos, und Flugzeugen.

Laut OECD leben 40 Prozent aller Südafrikaner unterhalb der Armutsgrenze. In einem Land, in dem mehr als ein Drittel der arbeitsfähigen Bevölkerung auf der Straße liegt, ist das nur allzu offensichtlich. Als ich neu war, wunderte ich mich über die vielen jungen Männer, die in den Hauptstraßen meines Vororts vormittags an den Ecken standen, bis man mich aufklärte. Sie suchen Arbeit, ungelernte Arbeit für einen Tag, für ein paar Stunden. Die Sklaven unserer Tage warten darauf, von einem *bakkie* aufgelesen und zu einer Baustelle gefahren oder in ein Privathaus zum Gartenausfegen mitgenommen zu werden. Eine junge Künstlerin hat in einer Nachwuchsausstellung in Johannesburg einen Preis mit einem Bild gewonnen, das für das südliche Afrika emblematisch ist. Auf einem *bakkie* sitzen zu beiden Seiten gedrängte Reihen von Menschen. Die Simbabwerin dachte an Flüchtlinge aus ihrer Heimat. Es könnten genauso gut Gelegenheitsarbeiter sein. Der Kleinlastwagen mit den schwarzen Arbeitern hinten auf der offenen Ladefläche gehört zum Straßenbild Südafrikas.

Einer der Eckensteher erzählte mir von seiner Tagesroutine. Der 20-Jährige steht um 6.00 Uhr auf und läuft von seinem Township ungefähr zwei Stunden in meinen Vorort, weil er sich die fünf Rand fürs Sammeltaxi nicht leisten kann. An seiner Ecke wartet er bis gegen 12.00 Uhr. Wer bis dahin nichts hat, findet an diesem Tag keine Arbeit mehr. Dann geht er zurück nach Hause. Mit seiner Freundin hat er ein Kind. Die säuft aber und kümmert sich nicht um das Kleine. So hat er es zu seiner Mutter in die Transkei gebracht. Ein anderes Mal kletterte ein alter Mann mit einem kleinen Jungen hoch erfreut in mein Auto. Von seinem Vorort Delft war er seit zwei Stunden zu Fuß unterwegs, weil er hoffte, in meinem reicheren Vorort ein paar Stunden Arbeit zu ergattern. Er bestand darauf, für mich zu beten, bevor er ausstieg, und beschämte mich mit seiner Dankbarkeit für die kleine Gefälligkeit, ihn ein paar Ecken weit mitzunehmen. Seit 2006 wird überall sehr viel die Straße gefegt. Die Regierung hat ein großes Arbeitsbeschaffungsprogramm aufgelegt, das ein wenig Erleichterung bringt. Die Arbeitslosenzahl ist weiterhin hoch, obwohl fast überall, im Supermarkt, in der Gaststätte, an der Tankstelle, auf der Baustelle, viel mehr Menschen beschäftigt werden als für eine vergleichbare Arbeit in Deutschland. Auf der anderen Seite gibt es einen Mangel an qualifizierten Arbeitskräften.

Für Mädchen sind die frühen Schwangerschaften oft der sichere Weg in den sozialen Abstieg. In fast jeder Klasse gibt es in den letzten Schuljahren ein oder mehrere Mädchen, die schwanger sind, manchmal von ihrem Lehrer. Nein zu sagen oder auf Verhütung zu dringen ist in der männerbestimmten Gesellschaft der Townships nicht leicht. Jede Zeitung hat von der Regierung geförderte Beilagen, die besonders Mädchen ansprechen und ihnen Mut machen wollen, einen eigenen Weg zu gehen.

Neben Arbeitslosigkeit ist Aids die andere große Geißel. Trotz eines im Verhältnis zu anderen afrikanischen Ländern relativ hohen Entwicklungsstands hatte Südafrika 2007 eine Aidsrate von 18,1 Prozent. Mehr als fünf Millionen der rund 48 Millionen Südafrikaner sind infiziert, und Mitte 2008 starben noch jeden Tag 500 Menschen an durch Aids verursachten Krankheiten. Auf dem Land gibt es zahllose Familien, in denen die älteren Geschwister Vater und Mutter ersetzen müssen. Die Ansteckungsrate ist besonders bei jungen Mädchen hoch. Sie geben die Krankheit außerdem an die Ungeborenen weiter.

Warum hat das für afrikanische Verhältnisse vergleichsweise reiche und gut entwickelte Südafrika eine so hohe Aidsrate? Nicht alles lässt sich, wie südafrikanische Politiker es gerne tun, auf Armut und Unterentwicklung schieben. Eingeschliffene Verhaltensweisen wie die niedrige Stellung der Frau und häufig wechselnde Sexualpartner haben Anteil an der Verbreitung der Krankheit. Als der Papst auf seiner Afrikareise im März 2009 davor warnte, die Nutzung von Kondomen als Allheilmittel gegen Aids zu sehen, ging ein Aufschrei durch die Presse. Seine Mahnung zu verantwortlichem Verhalten und Achtung vor der Frau ging in den Medien unter. »Afrikaner benutzen Kondome nicht deshalb nicht, weil der Papst sie ablehnt, sondern weil sie sie als unmännlich empfinden«, stellte der langjährige Südafrikakorrespondent Wolfgang Drechsler richtig:

> »Eine Frau, die den Mann um den Gebrauch eines Kondoms bittet, gilt als Hure und wird mit physischer Gewalt ›bestraft‹ […]. Minenarbeiter und Fernfahrer, die das Aids-Virus besonders häufig übertragen, erklären ganz offen, dass sie ja auch nicht mit Socken baden oder Bonbons mit Papier lutschen würden […]. Wenn Afrika seine Aids-Epidemie eindämmen will, braucht es in

der Tat ein Wertesystem, das mehr als bisher auf [...] Treue, Selbstdisziplin und Eigenverantwortung fußt.«[15]

Ein Behandlungsprogramm für Schwangere ist, unter internationalem Druck, erst 2005 angelaufen und wird nur stockend umgesetzt. Mercedes Südafrika bildet für viele Arbeitsplätze zwei Arbeiter aus, weil man fürchtet, einen davon durch Aids zu verlieren. Besonders hoch ist die Ansteckungsrate unter Minenarbeitern, die fern von ihren Familien in Massenunterkünften leben. Das HIV/Aids-Barometer der Johannesburger Wochenzeitung *Mails & Guardian* stand im Juni 2008 bei mehr als 2,5 Millionen Toten in Südafrika. Sein Verlauf zeigt aber auch, dass sich die Zahl der täglichen Todesfälle zwischen November 2005 und Juni 2008 fast halbiert hat. Selbst die zögernd angelaufene Behandlungskampagne scheint Früchte zu tragen. Endlich hat nach dem Regierungswechsel 2008 die Gesundheitsministerin der Übergangsregierung die Aidsbekämpfung zu ihrem Hauptziel erklärt. Ihre Vorgängerin hatte den Aidskranken den Verzehr von Knoblauch, Olivenöl und roten Rüben empfohlen und blieb trotzdem jahrelang im Amt. Sie wurde in ihrer verfehlten Aidspolitik von Präsident Mbeki unterstützt, der behauptete, er kenne keinen Aidskranken, und auch leugnete, dass Aids durch ein Virus verursacht wird. Internationale Hilfe wies er zurück. Nach einer Studie der Universität Harvard von 2008 sind der Regierung Mbeki 365 000 Aidstote zur Last zu legen.[16] Auch Mandelas persönlicher Mut, mit dem er 2005 bekannte, dass sein Sohn an Aids gestorben war, um das Schweigetabu zu brechen, konnte daran nichts ändern. Das Umsteuern der Regierung kommt spät, hoffentlich nicht zu spät.

Auch im kleinsten, schäbigsten *dorpie* kann man sicher sein, mindestens einen Laden zu finden, der aussieht, als machte er gute Geschäfte: das Bestattungsinstitut. Wenn ich Nomsa, meine Putzfrau, an einem Sonnabend in ihr Kapstädter Township bringe, wird sie nicht müde, mir die vielen großen Zelte zu zeigen, die längs der Hauptstraße vor den Häusern aufgebaut sind, denn Sonnabend ist Beerdigungstag.

Das größte Handicap für eine zügigere Entwicklung ist wohl die unzureichende schulische und berufliche Ausbildung. In Südafrika herrscht allgemeine Schulpflicht. Überall sieht man Kinder in ihren Schuluniformen. Schulen sind aber schlecht ausgestattet, mancher Unterricht auf dem Land findet mangels Schulgebäude noch im Freien statt. »Hast du gehört, dass ab sofort kein Unterricht mehr unter Bäumen stattfinden soll?« »Wieso, sollen alle Bäume abgesägt werden?« Die Lehrer sind häufig unterqualifiziert, besonders nachdem man die meisten Weißen voreilig in den Ruhestand versetzt hat. Außerdem sind sie überfordert, gehören doch Vandalismus und Gewalt zum täglichen Schulleben. Überwachungsanlagen und Sicherheitskräfte sind in Schulen, wie übrigens auch in Krankenhäusern, üblich. Wer es sich leisten kann, schickt sein Kind ohnehin auf eine Privatschule. 33,8 Prozent der Schulabgänger schafften 2008 laut offizieller Statistik die Matrik, die für alle gleiche Abschlussprüfung, nicht. Im Gegensatz zu Deutschland gibt es keine Ausbildung mit Berufsschule. Entweder man bleibt ungelernt oder man geht auf eine Universität oder ein Technikon für ein dreijähriges Studium. Das mit einem Arbeitsplatz verbundene Lernen ist unbekannt. Entsprechend hoch ist der Anteil der Jugendlichen an der Arbeitslosigkeit. Mit 36,3 Prozent wird in der Untersuchung eines sozialwissenschaftlichen Instituts die Arbeitslosigkeit der Abgänger des 11. Jahrgangs (ohne Matrik) angegeben.[17] 80 000 Kinder gehen gar nicht zur Schule, weil sie arbeiten müssen oder in ungeordneten Verhältnissen leben.

Die Landflucht und das Überquellen der Townships verschärfen die sozialen Probleme. Täglich kommen allein nach Kapstadt mehr als 800 Menschen aus den ländlichen Gebieten Südafrikas oder den Nachbarländern. Die Städte können mit dem Zuzugstempo oft nicht Schritt halten. Immerhin haben jetzt die meisten Haushalte im Township Zugang zu Wasser und Elektrizität. Viele können aber die Rechnungen nicht bezahlen. Umfangreiche Hausbauprogramme sind im Gang. Überall sieht man die Reihen der Low Cost-Häuser mit poppigen Farben und Wellblechdächern. Wer es sich irgend leisten kann, zieht dennoch aus dem Township weg. 50 000 »schwarze Diamanten«, wie die neuen Wohlhabenden genannt werden, siedeln seit 2005 landesweit jeden Monat in die ehemals weißen Wohnviertel um.[18] Die schwarze Mittelklasse wächst, jedoch die Klassenunterschiede bleiben.

Außerhalb der Townships erlebe ich einen Wohnluxus, von dem ein Europäer nur träumen kann. Als eine Nachbarin unser für meine Begriffe großzügiges Haus anschaut, sagt sie freundlich herablassend, es sei hübsch und so kompakt wie ein Reihenhaus. Der Bruder eines anderen Nachbarn wohnt in 450 Quadratmetern und hat einen künstlichen Bach durch seine Wohnräume legen lassen. Ein Freund, Büroleiter einer Fachärztegemeinschaft, hat sich gerade ein neues Haus zugelegt. Er ist Junggeselle. Deshalb reichen die 230 Quadratmeter und der kleine Pool. Die Doppelgarage ist größer als die meisten Wohnhäuser in den Townships. Sein Strandhaus an der Westküste vermietet er in der Saison. Viele Einfamilienhäuser in besseren Wohnvierteln würde ein ahnungsloser europäischer Besucher für kleine Hotels halten, schon wegen der bis zu vier Garagen, die oft dazu gehören. Das liebste Spielzeug ist der Geländewagen. In einem Land, das von Europa aus wild wirken mag, aber in allen städtischen Einzugsgebieten über gute, asphaltierte Straßen verfügt, ist das oft lastwagengroße Auto mit Vierradantrieb alles andere als eine Notwendigkeit. Die Mama holt damit gerne die Kinder von der Schule ab, und Papa kann locker seine Golfsachen darin unterbringen oder die Ausrüstung für den *braai,* das Grillen im Freien. Die Pflege all dieser Annehmlichkeiten ist dank reichlich vorhandener Haushaltshilfen und – trotz 2005 eingeführtem Mindestlohn – immer noch niedriger Löhne kein Problem. Südafrikaner, die schon einmal in Europa waren, werden ein wenig nachdenklich und stimmen zu, wenn man ihnen sagt, sie seien unglaublich verwöhnt. Deshalb nehmen sie auch so manches, was ihnen nicht passt, in Kauf. Das Leben hier ist doch so angenehm.

Gewalt und Ratlosigkeit

Südafrika teilt sich mit Brasilien nicht nur den Ehrenplatz des Landes mit den größten Einkommensunterschieden weltweit. Die beiden Länder sind auch Spitze in Zahl und Brutalität der Gewalttaten. Der tägliche Austausch über die jüngsten Verbrechen gehört in Südafrika bei Gesprächen untereinander und in den Medien zum Alltag wie der Wetterbericht.

Wenn wieder einmal ein Prominenter ermordet wurde, weil man sein Mobiltelefon oder seinen Laptop haben wollte, ein Kind, das vorher vergewaltigt wurde, irgendwo verscharrt aufgefunden oder einfach nur so eine Hütte angesteckt wurde, geht ein Aufschrei durch die Zeitungen, aber es ändert sich kaum etwas. Regierung und Gesellschaft scheinen hilflos. Die Regierung steckte lange Zeit den Kopf in den Sand. Thabo Mbeki verkündete noch Anfang 2007, die Kriminalität sei mehr eine Sache der Wahrnehmung. Sein Minister für Sicherheit zeigte mit dem Finger auf die Weißen, die sich am meisten über Kriminalität beklagten und wohl besser im Ausland aufgehoben seien. Er widersprach auch der Meinung, die Gewalt nehme zu, und verwies stolz darauf, dass die Zahl der Morde seit 2005 leicht zurückgegangen sei, von 20 000 auf 18 700 (!) im Jahr (in einem Land mit halb so vielen Einwohnern wie Deutschland). Auch in den Folgejahren ging die Mordrate leicht zurück, dagegen nahmen Raub in Privathäusern, Büros und Restaurants und gewaltsamer Autodiebstahl zu. Das Risiko, in Südafrika einem Gewaltverbrechen zum Opfer zu fallen, wird in Statistiken als fünfzigmal höher als in Europa und achtzehnmal höher als in den USA angegeben. Noch größer ist es wohl, wenn man als weißer Farmer irgendwo auf dem Land lebt. Die Welle der Farmmorde hat zu dem Verdacht geführt, einige alte ANC-Kämpfer hätten sich von dem Slogan der Kampfzeit »ein Farmer, eine Kugel« noch nicht verabschieden können und wollten die Landumverteilung auf ihre Weise beschleunigen. Der Vorwurf, nur Weiße fühlten sich betroffen, ist dennoch irreführend. Die Zahlen sprechen eine andere Sprache. Die meisten Verbrechen werden in den Townships verübt. Schwarze sind die Hauptleidtragenden. Der *Cape Times* war es im April 2004 eine Nachricht wert, dass am letzten Wochenende im Township Kayelitsha kein Mord gemeldet worden sei. An einem beliebig herausgegriffenen Tag, dem 18. Dezember 2006, meldete dieselbe Zeitung: Theatermann Taliep Pieterse in seinem Haus erschossen, zwei weitere Morde in Kayelitsha, eine Vergewaltigung mit Schussverletzung im Township Langa. An einem anderen Stichtag, dem 25. April 2009, gab es nur einen Mord in Kapstadt: Im Viertel Blaubergstrand wurde ein Mann wegen seines Mobiltelefons von einem Räuber erschossen.

Zyniker sagen, die Gewalt sei der einzige Gleichmacher. Sie trifft Reiche und Arme. Selbst der Sicherheitsbeauftragte der Stadt Johannesburg wurde Opfer. Ebenso die kleine Nichte eines hohen Richters, eine bekannte Journalistin, der englischstämmige Kenner der Zulugeschichte David Rattray, der Reggae-Sänger Lucky Dube und der *traditional healer* Inkosi Mbongeleni Zondi aus einer bekannten Zulufamilie, um nur die spektakulärsten Mordfälle aus den letzten Jahren zu nennen. So ist es nicht verwunderlich, dass Südafrikaner zögern, ihre Waffen abzugeben oder anzumelden, wie nach dem neuen Waffengesetz erforderlich. Man findet sich damit ab, dass die Elektrozäune und die Mauern um die wie Hochsicherheitstrakte verbunkerten Wohnhäuser immer mehr in die Höhe steigen, dass auch im Haus vor den Schlafzimmern noch Gitter angebracht werden und die Sicherheitswohnkomplexe boomen. Präsident Mbeki machte es vor. 2007 ließ er eine 90 Millionen Rand (damals neuneinhalb Millionen Euro) teure Sicherheitsmauer, die eigens aus dem Ausland importiert wurde, zum Schutz seiner Residenz in Pretoria in Auftrag geben. Die Journalisten brauchen inzwischen nicht mehr auf Agenturmeldungen zurückzugreifen. Sie können von eigenen Erfahrungen berichten, wenn es um Einbruch, Raub und Körperverletzung geht. Der Schriftsteller und Journalist M.C. Botha schrieb in einem offenen Brief an den Präsidenten, veröffentlicht in der Zeitung *Die Burger* vom 31. März 2007, über einen Raubüberfall, dem er im Seebad Hermanus ausgesetzt war, und über ein paar andere Verbrechensfälle aus seinem Bekanntenkreis:

> »Vor ungefähr einer Woche war ich frühmorgens an einem abgelegenen Stück der Küste nahe Hermanus unterwegs, um Fotos von Vögeln zu machen. Zwei Männer, mit denen ich kurz vorher eine freundliche Unterhaltung gehabt hatte, haben mich plötzlich von hinten angegriffen, mich überwältigt, geschlagen und versucht, mich zu erschießen. Glücklicherweise nehmen sie mir dann nur mein Mobiltelefon und meine Kamera weg, werfen mich in eine Rinne am Strand und versuchen, mich mit den Schnüren der Kamera und denen einer Tragetasche, die ich bei mir hatte, zu fesseln. Sie wollen, dass ich in der ankommenden Flut ertrinke. Mit all der Kraft, die ich in meinem mittelalterlichen, blutenden Körper habe, gelingt es mir wunderbarerweise, mich loszumachen, aufzustehen und den Strand entlangzulaufen, zu der nächsten Hilfe ungefähr einen Kilometer entfernt. Eine Weile später, während ich im Auto nach Hause fahre, höre ich im Radio von einem Bauern in Jacobsdal, der vorige Nacht ermordet wurde. Warum lebe ich noch? Drei Tage später wird ein Amerikaner, der

an unser Land geglaubt hat, in seinem Haus im idyllischsten Winkel von Hermanus ermordet. Sein Fehler war, dass er versucht hat, seine Frau bei einem Überfall zu beschützen […].

Inzwischen ist Phillip Ponoane, der erste mit dem ich in Zwelihle, dem Township von Hermanus, vor 30 Jahren Freundschaft geschlossen habe, an einem frühen Abend mit drei Schüssen aus kurzem Abstand niedergestreckt worden […]. Als junger Mann war Phillip Vorsitzender der Jungendliga des ANC in Zwelihle […]. Vorigen Sonnabendmorgen war Zwelihles Gemeindesaal zum Bersten voll von Trauergästen […]. Nosimo Balindlela, die [damalige] Premierministerin des Ostkaps, war auch da, denn Phillip war ihr Neffe. Mein Körper schmerzte noch von meiner eigenen Erfahrung, und mein Gehirn war noch von dem Trauma, das nicht weggehen will, verstört, aber zum Glück liege ich noch nicht wie Phillip da vorne im Sarg […]. Alle weinten zusammen, sangen und beteten – in Xhosa, Sotho, Englisch und Afrikaans […]. Wir begruben einen Helden des örtlichen Freiheitskampfs. Sprecher nach Sprecher beklagte die Welle von Gewalt, die unsere kleine Gemeinschaft zu zerstören droht […].

Viele kamen auf mich zu und bedauerten mich […], auch Monica Morwana, eine Tante von Phillip. Vor ein paar Jahren ging sie in ihr Heimatdorf, um an Aids zu sterben. Sie wurde wunderbarerweise wiederhergestellt und kam nach Hermanus zurück, nur um vor einem Monat fast totgeschlagen zu werden, als sie am helllichten Tage von der Kirche nach Hause ging. Sie wollten bloß ihre abgetragenen Schuhe stehlen.«[19]

Jeder hat wohl entweder schon selbst ein Verbrechen erlebt oder kennt ein Opfer. Eines Tages kommt mein Fensterputzer mit einem blauen Auge. Mitten am Tage haben ihn zwei bewaffnete Räuber an einer Kreuzung gezwungen, aus seinem *bakkie* auszusteigen und sind damit weggefahren. Durchs offene Fenster haben sie ihm vorher mit einem Revolver ins Gesicht geschlagen. Er sagt, gerade an dem Tag habe er seine Waffe nicht mitgehabt. Wie wäre es wohl ausgegangen, wenn er sie dabei gehabt hätte? Nun denkt er an Auswanderung in die USA, wo sein Vater lebt. Auswanderer nennen das ausufernde Verbrechen als einen der Hauptgründe, warum sie Südafrika den Rücken kehren. Nomsas Nichte lässt sich von ihrem Freund nach der Arbeit von der Sammeltaxi-Haltestelle abholen, weil es ihr allein zu unsicher ist. Neulich sind sie beide überfallen worden. Eines Morgens liegt ein Mobiltelefon in unserem Garten. Die Diebe hatten es auf der Flucht fallen gelassen, als sie beim Nachbarn einbrachen. Bei der Nachbarschaftsversammlung dreht sich das Gespräch weitgehend um Sicherheit. Man will eine nächtliche Patrouille einführen.

Regelmäßig zum Weltfrauentag oder ähnlichen Anlässen marschieren Menschen, angeführt von Politikern, durch die Straßen und protestieren gegen Gewalt an Frauen und Kindern. Alle neuneinhalb Minuten wird in Südafrika eine Frau vergewaltigt, von der Dunkelziffer ganz zu schweigen. 52 759 Fälle waren es laut amtlicher Statistik im Jahr 2005. Inzwischen soll die Rate der Vergewaltigungen allerdings gesunken sein, 2007 um 4,2 Prozent, die der Körperverletzungen um 7,7 Prozent.[20] Nicht selten sind die Opfer Kinder, ja Säuglinge, geht doch der Aberglaube um, mit einer Jungfrau zu schlafen, schütze vor Aids.

Die südafrikanische Gesellschaft hat wohl schon immer mit einem hohen Maß von Gewalt gelebt. Ein richtiger Mann kann mit der Waffe umgehen. Jacob Zuma, der gerne volkstümlich auftritt – ANC-Chef und seit Mai 2009 Präsident –, stimmt vor seinen Anhängern immer einmal wieder sein Lieblingslied aus Kampfzeiten an: »Awulethu umshini wami« – »Bring mir mein Maschinengewehr«, heißt der Refrain, den man sich inzwischen auch auf sein Mobiltelefon als Wählton laden kann. Er weiß die ANC-Mehrheit hinter sich.

In Gugulethu sah ich Anschläge in Englisch und Xhosa: »Melde Kabeldiebstahl.« Ein paar Tage später war die Ermunterung zur Anzeige auch in meinem Vorort angekommen: »Verbrechen macht sich nicht bezahlt, aber anzeigen.« Die Polizei sucht die Mithilfe der Bürger. Das Leben eines Polizisten in Südafrika ist nicht leicht. Schlechte Bezahlung, die ständige Überforderung angesichts kaum zu bändigenden Verbrechens und der Druck der Öffentlichkeit treiben viele Polizisten in den Selbstmord oder zu Gewalttaten in der Familie. Antony Altbeker, Journalist und früherer Berater des Ministers für Sicherheit, jetzt Mitarbeiter eines Forschungsinstituts, hat ein Jahr lang Polizeistreifen begleitet und über *Die Schmutzarbeit der Demokratie* ein Buch veröffentlicht. [21]Aber auch er wusste in einer Diskussionsveranstaltung auf die Frage »Warum ist Verbrechen in Südafrika so besonders gewalttätig?« keine schlüssige Antwort. Immer wieder wird auf die Kluft zwischen Luxus und Unterentwicklung hingewiesen.

Altbeker hat mit einer Gruppe jungendlicher Straftäter gearbeitet. Sie sind oft ohne Eltern aufgewachsen und sehen sich angesichts mangelnder Ausbildung und fehlender Arbeitsplätze vor einem Leben ohne Zukunft. Hinzu kommt ein besonders hoher Alkoholkonsum. Laut Altbeker hat Südafrika mit den höchsten Alkoholverbrauch der Welt. Auch dass immer noch fast jeder eine Waffe unter dem Kopfkissen hat, spielt eine Rolle. Ein Weiteres tut der Flüchtlingsdruck all der noch Hoffnungsloseren aus anderen afrikanischen Ländern. Ob zwei oder vier Millionen Simbabwer hier sind, weiß man nicht so genau. 3000 Flüchtlinge aus Simbabwe und anderen Nachbarländern sollen täglich über die grüne Grenze des Krügerparks hereinströmen. In die Klage über allzu lässigen Strafvollzug möchte Altbeker aber nicht einstimmen. Man geht mit dem unguten Gefühl auseinander, dass Südafrikaner noch lange mit Gewalttätigkeit und hoher Verbrechensrate werden leben müssen.

Manche sprechen von einem Bürgerkrieg auf niedriger Stufe, so auch Altbeker in seinem neuen Buch *Ein Land im Krieg mit sich selbst*.[22] Auch Menschen, die professionell mit Verbrechen umgehen, sind verzweifelt und ratlos. Bei einer Verhandlung über die Vergewaltigung von drei jungen Mädchen im Januar 2007 in Pennington an KwaZulu-Natals Küste hat Amtsrichter Chris Schoeman Zeilen aus Alan Patons Buch *Denn sie sollen getröstet werden«,* die auf die Apartheidzeit gemünzt waren, im Gerichtssaal zitiert:

> »Zweifle nicht daran, Furcht geht im Land um, denn was können Menschen tun, wenn so viele gesetzlos geworden sind. Wer kann das liebliche Land genießen […], wenn Furcht im Herzen ist […]. Da sind Stimmen, die rufen, etwas muss geschehen, Hunderte, Tausende von Stimmen.«[23]

2007 haben in einer Massenaktion Tausende von Südafrikanern an den Präsidenten geschrieben und ihn inständig um konsequentere und effizientere Verbrechensbekämpfung gebeten, gerade weil sie zu ihrem Land stehen. »Wir bleiben hier«, sagen sie trotzig. Ihr Ziel ist es, bis 2010 eine Million Mitstreiter zu gewinnen. Nachdem die Bürger mobilgemacht hatten, steuerte die Interimsregierung um. Verbrechensbekämpfung gehört nun zu den Hauptzielen. Greifbare Erfolge lassen noch auf sich warten.

Die *Cape Times* griff die Anzeigenkampagne »Verbrechen macht sich nicht bezahlt« ironisch auf. »Doch«, kommentierte sie, »für die Sicherheitsfirmen«. Die Leute von ADT, Chubb und wie sie alle heißen, sind allgegenwärtig. Die Anschläge »Armed Response« sind keine leere Drohung. Sobald die Alarmanlage losgeht, was schon passieren kann, wenn ein Gecko über den Bewegungsmelder huscht, sind die bewaffneten Männer in ihren schusssicheren Westen sofort zur Stelle. Kein öffentliches Gebäude, kein größeres Geschäft oder Restaurant kommt ohne Wächter aus. Zyniker meinen, sie seien effizienter als die Polizei und könnten deren Aufgabe sofort übernehmen. Immer friedlich zu bleiben, wenn man dazu da ist, mit Gewalt umzugehen, ist sicher nicht einfach. Als die Sicherheitsleute streikten, kam es prompt zu gewalttätigen Ausschreitungen. Für die restliche Wirtschaft schlägt das Verbrechen auf der Kostenseite zu Buche. 2007 haben einige Konzerne eine große Anzeigenaktion gegen Gewalt gestartet, weil sie dem Image des Landes und seiner Konkurrenzfähigkeit schadet und weil die notwendigen Sicherheitsvorkehrungen zu viel Kapital verschlingen. In einer Studie, die für die staatliche Western Cape Investment and Trade Promotion Agency Wesgro angefertigt wurde, haben fast drei Viertel der Befragten Verbrechen als Hauptinvestitionshindernis bezeichnet. Die Unternehmen müssen knapp acht Prozent ihres Jahresumsatzes für Verbrechensvorbeugung wie Sicherheitsleute und Alarminstallationen aufwenden. Nach dem Halbjahresbericht von SAPS, der südafrikanischen Polizei, haben im ersten Halbjahr 2008 Büroeinbrüche um 29 Prozent zugenommen. Nur zögernd ist die Regierung in einen Dialog mit den Wirtschaftsleuten eingetreten.

Mich beschäftigt das Paradox von Gewalttätigkeit und Freundlichkeit der Südafrikaner. Sie stehen so geduldig Schlange wie die Engländer, sind so offen und liebenswürdig wie die Australier und überhaupt gute Kumpel. Man kommt nie gleich zur Sache wie in Deutschland, sondern wechselt erst einmal ein paar freundliche Worte über das Woher und Wohin, die Familie und das Wetter. Verwaltungsschlamperei, ahnungslose Verkäufer, ungeschickte Kellner, Verkehrsstaus, all die kleinen täglichen Misslichkeiten ertragen Südafrikaner mit großer Toleranz und Gelassenheit. Sie streiten sich ohnehin nicht gerne. Ein direktes »Nein« kommt nicht so gut an. Auch die Kunst ist oft so lieb und versöhnlich, dass sie es schwer hat, auch noch gut zu sein. Das Harmoniebedürfnis ist groß. Wenn Nomsa mir von den letzten kriminellen Vorfällen in ihrer Umgebung erzählt, schwenkt sie bald zu angenehmeren Themen um, nicht nur aus Rücksicht auf mein begrenztes Fassungsvermögen, auch weil alle gerne dem Leben die beste Seite abgewinnen. Das ist eine der liebenswertesten Eigenschaften der Südafrikaner aller Hautfarben und sozialen Ebenen. Auf der anderen Seite dann diese erschreckende Brutalität, auch in Familien, selbst in nach außen durchaus geordneten Verhältnissen. Das eine scheint das andere geradezu zu bedingen. Diese Janusköpfigkeit der südafrikanischen Gesellschaft ist verstörend.

ANC & BEE

2004 war das Jahr, in dem sich die junge Demokratie feierte. Die Welt schaute noch einmal nach Südafrika. Die Zeitungen schickten ihre Sonderkorrespondenten, um vom neuen Südafrika berichten zu können. Zehn Jahre sind eine kurze Zeit, waren aber doch Grund genug, eine erste Bilanz zu ziehen. Vieles von dem, was in Festreden beschworen wurde, ist greifbare Wirklichkeit geworden. Ansonsten ist Südafrika politisch ein normales Land geworden, das nicht mehr im Scheinwerferlicht der Weltöffentlichkeit steht.

Es bleibt das größte Verdienst aller Beteiligten, dass der Übergang so reibungslos vonstattenging. Auf der friedlichen Übernahme eines im Großen und Ganzen geordneten Gemeinwesens konnte die neue Regierung aufbauen. Die Übergangszeit wurde durch die Zusammenarbeit von Nelson Mandela und Frederik de Klerk erleichtert. Die neue Regierung, obwohl zum großen Teil aus Exilpolitikern bestehend, die oft in Moskau oder Peking ausgebildet wurden, widerstand der Versuchung, die Wirtschaft zu verstaatlichen und ein sozialistisches System aufzubauen. Auch dabei half die weltpolitische Lage mit dem Zusammenbruch des Ostblocks wenige Jahre zuvor. Südafrika gab sich eine demokratische Verfassung, die als vorbildlich gilt. Versammlungsfreiheit, Freiheit der Meinungsäußerung und Rechtssicherheit sind nicht bloßes Papier geblieben. Verglichen mit fast allen anderen afrikanischen Staaten genießen Südafrikaner Bürgerrechte, die denen westlicher Staaten gleichkommen. Der Machtwechsel innerhalb der regierenden Partei funktionierte. Mandela klebte nicht an seinem Amt. Wie wenig selbstverständlich das in Afrika ist, zeigt der Preis, den ein afrikanischer Geschäftsmann ausgelobt hat. Er will afrikanischen Präsidenten, die freiwillig abtreten, eine beträchtliche Summe Geldes aussetzen, um ihnen den Ruhestand schmackhaft zu machen. Der Übergang von Mandela zu Mbeki funktionierte. Selbst nach der Regierungskrise mit dem erzwungenen Rücktritt Mbekis 2008 fasste der ANC schnell wieder Tritt.

Auch wirtschaftlich hat Thabo Mbekis Regierung in der zweiten Amtszeit, nach einem überwältigenden Wahlsieg des ANC 2004, vieles erreicht. Vor der weltweiten Krise 2008 boomte die Wirtschaft jahrelang, nachdem sie das Joch des internationalen Boykotts, unter dem Südafrika in den letzten Jahren der Apartheid zunehmend litt, abschütteln konnte. Die günstige weltwirtschaftliche Lage mit der hohen Nachfrage nach Edelmetallen, Südafrikas Hauptausfuhrprodukten, half dabei. Südafrikas tüchtiger Finanzminister Trevor Manuel erwirtschaftete jedes Jahr einen Haushaltsüberschuss. Auch im Bau von Niedrigkostenhäusern für Arme hat man zwar das selbst gesteckte Ziel nicht erreicht, aber viel geleistet.

Wenn sich dennoch Unzufriedenheit breitmacht und gewisse Erosionserscheinungen nicht zu übersehen sind, so gibt es dafür zwei Hauptgründe. Zum einen ist es bisher nicht gelungen, die Arbeitslosigkeit, deren Halbierung bis 2014 Thabo Mbeki versprochen hatte, in den Griff zu bekommen. Ebenso wenig ist es erreicht, die Armut und den skandalösen Unterschied zwischen den Habenichtsen und den Betuchten zu verringen, auch wenn die schwarze Mittelschicht wächst. Die Hilflosigkeit der Regierung gegenüber dem Verbrechen, das lange Zögern, bis man erste Schritte zu einem Aids-Bekämpfungsprogramm in Angriff nahm, die völlig unzureichende Bildungspolitik stoßen in der Öffentlichkeit auf Unverständnis und Ungeduld. Ebenso wenig verstanden wird das Wegsehen gegenüber den Missständen in Simbabwe, die den Flüchtlingsdruck auf Südafrika ständig erhöhen. Thabo Mbeki, der als unnahbarer, geschickter Strippenzieher galt, operierte in seiner zweiten Amtszeit im Inneren eher glücklos. Die

Flügelkämpfe in den eigenen Reihen lähmten ihn zunehmend. Seit sein Konkurrent Jacob Zuma zum Parteichef gekürt wurde, war Mbekis Position weiter geschwächt. Er flüchtete in die Rolle des großen afrikanischen Staatsmanns.

Mit dem Nachrücken in Parlament, Verwaltung und Justiz von oft nicht hinreichend qualifizierten Abgeordneten und Amtsträgern, die gleichwohl überzeugt sind, es sei nun an der Zeit, dass auch sie ein Stück vom Kuchen abbekämen, nimmt ein Grundübel vieler Entwicklungs- und Schwellenländer besorgniserregende Proportionen an, die Korruption. Auf den »gravy train«, wie es im Englischen höchst treffend heißt, den »Bratensoßenzug«, sind viele, allzu viele aufgesprungen. Immerhin erfährt man davon noch aus einer Presse, die so frei ist, darüber ungeniert berichten zu können. Dieselbe Presse beklagt allerdings, dass die politische Einflussnahme beim staatlichen Fernsehen zunehme. Eine Reisekostenaffäre zog sich über zwei Jahre hin. 40 Abgeordnete des nationalen Parlaments hatten sich in Zusammenarbeit mit willigen Reiseagenten ein Zubrot durch fingierte Reisebelege verschafft und mussten sich vor Gericht verantworten. Ende 2006 meldete die *Cape Times*, gegen 40 000 (!) öffentlich Bedienstete werde wegen Betrugs ermittelt. Erschwerend kommt hinzu – und das wirft ein Schlaglicht auf die dahinter stehende Mentalität –, dass sich die Amtsträger in vielen Fällen auf Kosten von Sozialhilfeempfängern bereichert haben. In zahlreichen Ämtern herrscht Chaos in den Amtsstuben, weil man altes Personal ohne Rücksicht auf Qualifikation gegen neues ausgetauscht hat. Wegen der verbreiteten Ineffizienz können fast alle Provinzregierungen und Kommunen, die ihnen zugewiesenen Mittel bei weitem nicht ausgeben. Allein in Kapstadt blieben 600 Stellen für höhere Angestellte jahrelang unbesetzt, und 80 Millionen Rand Haushaltsmittel wurden nicht verbraucht.[24] Im Jahr 2007 lehnten die Parlamentsabgeordneten den Vermittlungsvorschlag für eine Diätenerhöhung von bisher 640 000 Rand jährlich um 40 000 Rand ab. Ihr Grund: Richter und hohe Beamte verdienten viel mehr. Das geschieht in einem Land, in dem das Durchschnittsjahreseinkommen knapp 60 000 Rand beträgt und die Hälfte der Bevölkerung in Armut lebt.[25] Der Kapstädter Gerichtspräsident John Hlope, der schon mehrere andere Skandale hinter sich hat, klebt hartnäckig an seinem Stuhl, obwohl er beschuldigt wird, unerlaubte Beraterhonorare angenommen zu haben. Mit weiteren Beispielen ließen sich Seiten füllen.

Laufend muss irgendein Amtsträger seinen Hut nehmen. Einer der wenigen, die verurteilt wurden, ist der frühere Parlamentssprecher des ANC, Tony Yengeni, der sich einen Mercedes zu einem Vorzugspreis verschafft und eine parlamentarische Kommission belogen hatte. Als der ehemalige Befreiungskämpfer Yengeni, der sich gerne als Opfer einer politischen Intrige stilisiert, nach langem Tauziehen wirklich für ein paar Monate ins Kapstädter Gefängnis Pollsmoor einziehen musste, wurde er von seinen Anhängern auf Schultern in die Haftanstalt getragen, begleitet von der Parlamentspräsidentin und vom damaligen Premier des Westkaps. Niemand hatte das leiseste Unrechtsbewusstsein, ging es doch um einen ehemaligen Helden des Kampfes. Das legitimiert fast alles. Erleichtert werden solche Entgleisungen durch ein tief in der südafrikanischen politischen Kultur verankertes Einverständnis mit der hohen Persönlichkeit. Den Chief, den Elder, den Dominee, alle diese Herausgehobenen kritisiert man nicht. Das wäre gegen die gegebene Ordnung. Kritikastertum ist ohnehin suspekt. Selbst dem neuen Präsidenten Jacob Zuma sieht man seine Entgleisungen nach. Zuma hatte sich in seiner Zeit als Vizepräsident von einem Geschäftsmann aushalten lassen und ihm dafür Zutritt zu den Korridoren der Regierung verschafft.

Was sich beunruhigend breitmacht, ist die Arroganz der Macht. Der ANC sieht sich nicht nur als Befreiungspartei, sondern auch als einzige rechtmäßige Vertretung des Volkes, vor allem der schwarzen Mehrheit, jetzt und immerdar. Bis zum Jüngsten Tag will der ANC laut Zuma regieren. Die Grenzen zwischen Partei und Regierung verschwimmen zunehmend. Als man in Kapstadt eine Wahlschlappe hinnehmen musste, wurde deshalb auch versucht, die nicht genehme neue Stadtregierung sogleich zu Fall zu bringen. Immer deutlicher zeigt sich, dass der Frühling des gemeinsamen Aufbruchs von 1994 vorbei ist und die Fronten sich verhärten. Wie nie zuvor, manche sagen, ähnlich wie in Apartheidzeiten, ist das Thema Rasse an der Tagesordnung. Das Klima wird auch härter, weil dem ANC mit der abgespaltenen Partei Congress of the People (COPE) und der besonders im Westkap erfolgreich operierenden Democratic Alliance (DA) von Helen Zille seit 2008 erstmals ernstzunehmende Opposition erwächst.

Dabei sind die inneren Flügelkämpfe keineswegs ausgestanden. Die Gewerkschaft COSATU und die kommunistische Partei SACP, seit 1994 mit dem ANC in Vernunftehe verbunden, sind mit der liberalen Wirtschaftspolitik und der unzureichenden Bekämpfung von Arbeitslosigkeit und Armut unzufrieden. Von Jacob Zuma erwarten sie eine stärker an ihren Interessen orientierte Politik. Glaubt man dem Wahlmanifest, das Zuma und seine ANC-Leute Anfang 2009 vor rund 70 000 begeisterten Anhängern verkündeten, dann wird es unter Zuma mehr Staat geben als bisher, und die Sozialleistungen sollen ausgebaut werden.

Die Wirtschaft hielt bisher still. Ihr erschien wohl die Erfüllung von Auflagen des Black Economic Empowerment Program (BEE) bei ansonsten liberaler Wirtschaftspolitik das kleinere Übel gegenüber einem Dirigismus, wie er von einer Regierung zu befürchten wäre, in der Gewerkschaften und Kommunisten mehr zu sagen haben. Niemand wird leugnen, dass eine Verlagerung des Anteils am Bruttosozialprodukt von den Wenigen, nach wie vor meist Weißen, hin zu den Vielen, überwiegend Schwarzen, stattfinden muss. Die vielbeschworene Transformation ist notwendig. Ob es dafür allerdings der richtige Weg ist, per Regierungserlass festzulegen, dass z. B. in der Schlüsselindustrie Bergbau 26 Prozent der Firmenanteile bis 2014 in schwarze Hände übergegangen sein müssen, ist fraglich. Weil diese Gesetzgebung sich als Investitionshindernis erweist, hat die Regierung die Bestimmungen für den Minensektor Anfang 2007 etwas gelockert. Die Früchte der gewaltigen Umverteilung fallen den meisten neuen Anteilseignern in den Schoß. Bisher ist sie nur wenigen mittlerweile Superreichen zugutegekommen. Man hört immer wieder dieselben Namen einer kleinen Gruppe von neuen schwarzen Tycoons wie Tokio Sexwale, Cyril Ramaphosa, Patrice Motsepe und Saki Macozoma, um nur die »glorreichen Vier« zu nennen. Auch ein paar wenige Farbige dürfen am großen Umverteilungsrad mitdrehen. So konnte Jakes Gerwel, seines Zeichens Sozialwissenschaftler, seinem Portefeuille kürzlich den Vorsitz von Media 24, dem größten afrikaansen Medienkonzern, zufügen. Die Mentalität des bequemen Geschäftemachens kann der Prosperität und internationalen Konkurrenzfähigkeit der südafrikanischen Wirtschaft kaum guttun. Im Wettbewerbsindex 2009 des Schweizer Management-Forschungsinstitus IMD erreicht Südafrika denn auch nur den

48. Platz unter 57 untersuchten Ländern, hat sich allerdings seit dem letzten Jahr dank des Rohstoffbooms vor der globalen Krise, der in diese Zahlen noch eingegangen ist, leicht verbessert. Enge Kontakte zur regierenden Partei sind oft wichtiger als unternehmerische Risikofreude, denn wer struggle-Meriten und die passende Hautfarbe vorzuweisen hat, kommt leichter zu ein paar Anteilen oder Aufsichtsratsposten, schon weil die Firmen gute Beziehungen zur politischen Klasse brauchen. Selbst ein Vorzeigeunternehmer wie Robert Gumede wäre wohl ohne gute Kontakte zum ANC, die ihm Regierungsaufträge verschafften, nicht da, wo er heute steht.[26] Kaum ein Tag vergeht, an dem auf den Wirtschaftsseiten der Zeitungen nicht von der Gründung einer neuen BEE-Holding oder dem Verkauf von Firmenanteilen an ein BEE-Konsortium berichtet wird. Immer ist ein Foto von alten und neuen Managern dabei, wobei die Weißen gerne ein afrikanisches Symbol vorzeigen, in dem sie z.B. in ein Kuduhorn blasen. Einen der größten BEE-Deals kündigte Anglo Platinum, der führende Platin-Produzent der Welt, Anfang September 2007 an: Anteile im Wert von 3,6 Milliarden Rand (gut 320 Millionen Euro) werden bis 2014 an zwei HDSA-Konsortien übertragen werden. HDSA ist das offizielle Kürzel für »Historically Disadvantaged South Africans« (in der Vergangenheit benachteiligte Südafrikaner). Vorstandschef von Mvela Resources, eine der beiden begünstigten Firmen, war bis Ende 2006 Tokio Sexwale aus dem engsten Kreis der zu neuen Wirtschaftskapitänen gewandelten ehemaligen ANC-Größen. Einer der schärfsten Kritiker der Bereicherung einer kleinen politisch-ökonomischen Kaste sitzt im Lande selbst. Moeletsi Mbeki, der Bruder des Expräsidenten, selbst stellvertretender Vorsitzender des südafrikanischen Instituts für Internationale Angelegenheiten, reitet scharfe Attacken gegen diese Regierungspolitik. Ex-Finanzminister Trevor Manuel wurde in den Mund gelegt, die BEE-Agenda müsse überprüft werden. Mosiua Lekota, der Chef von COPE, der neuen Partei rechts vom ANC, sieht in BEE keinen Nutzen für die Armen und setzt eher auf die Förderung von Start Ups.

Die breite Masse hat von dem BEE-Karussell wenig. Noch freut sie sich daran, dass ihre Leute nun oben sind. Manche beginnen sich allerdings zu fragen, wie sie selbst eigentlich davon profitiert haben. Als positives Zeichen kann gewertet werden, dass Anglo Platinum Anteile nicht nur an die ohnehin schon superreichen schwarzen Besitzer der beiden Investmentgesellschaften verkauft, sondern auch ein Programm für Belegschaftsaktien auflegt.

Das Investmentprogramm BEE wird durch das Beschäftigungsprogramm Equal Employment ergänzt, mit dem Ziel, dass auf allen Beschäftigungsebenen der Proporz der Bevölkerungsgruppen widergespiegelt wird. Affirmative Action ist das Instrument, dies zu erreichen. Es gibt gute Argumente dafür und gute dagegen, Schwarze und Farbige, die früher zweifellos benachteiligt waren, bei Einstellungen oder bei der Vergabe von Studienplätzen zu bevorzugen. Affirmative Action scheint auf den ersten Blick kein schlechtes Mittel zu sein, das geschehene Unrecht in überschaubarer Zeit zu korrigieren. Leider fehlt es, seitdem man wieder zunehmend auf Rassenzugehörigkeit pocht, am nötigen Gemeinsinn. So hat der staatliche Stromversorger Eskom einem Farbigen die Stellenzusage wieder entzogen, obwohl er der qualifizierteste Bewerber war, weil er nicht schwarz sei. Die forcierte Umsetzung von Economic Empowerment und Equal Employment hat in den ersten Jahren zu erheblichem Effizienzverlust vor allem in Verwaltung und Schulwesen geführt. An der Universität Kapstadt (UCT) ist die Aufnahmepolitik zwischen Farbenblinden, die nur die Qualität der Bewerber als Maßstab gelten lassen wollen, und Affirmative-Action-Verfechtern heftig umstritten. Auch Nicht-Weiße haben inzwischen Bedenken. So forderte Neville Alexander, ehemaliger Antiapartheidkämpfer und auch in Deutschland bekannter UCT-Wissenschaftler, Anfang 2009, die Zulassung nach Rassenkriterien fallen zu lassen und sich wieder stärker an akademischer Qualifikation zu orientieren. Ein Richter ging dagegen so weit, in einem Plädoyer für farbbewusste Einstellungspolitik auf den Richterbänken zu behaupten, Schwarzen könnte nur von schwarzen Richtern Gerechtigkeit widerfahren. Trevor Manuel, der als fähigster Minister in den Kabinetten von Mbeki und seines Nachfolgers selbst wohl nie auf Affirmative Action angewiesen war, um Karriere zu machen, hat in seiner Haushaltsrede 2008 allen Spekulationen, sie könne fallen, ein vorläufiges Ende gesetzt. Sie bleibt, beschied er, und das sicher noch für einige Jahre.

Mit ihrer Umverteilungspolitik hat die ANC-Regierung den

ersten Sozialstaat auf afrikanischem Boden geschaffen. Nur fünf Prozent der Steuerzahler bringen allerdings 40 Prozent der Steuereinnahmen auf. Wer weniger als 4000 Rand (gut 350 Euro) im Monat verdient, bleibt steuerfrei. Fast die Hälfte der Bevölkerung, so konnte man Trevor Manuels Haushaltsplan für 2009 entnehmen, ist inzwischen von staatlichen Zuwendungen abhängig.

Kap der Guten Hoffnung?

Ein Besucher aus Europa fühlt sich in Südafrika manchmal wie in einer Zeitmaschine, die ihn in ein gemächliches frühes 19. Jahrhundert zurückversetzt hat. Die südafrikanische Gesellschaft ist in vielerlei Hinsicht vormodern. Die Modernisierungsschübe, wie sie Europa Ende des 19. und im 20. Jahrhundert durchgemacht hat, fehlen dem Land weitgehend. Südafrika lebte immer hinter einem Schutzzaun, erst als Kolonie, später als isolierter Burenstaat. Der Staat ist immer noch der große Vater, der den Bürger leitet und gerne kontrolliert. Die persönlichen Angaben, die man bei Behörden und Banken für nichtige Vorgänge machen muss, die vielen Formulare, die es auszufüllen gilt, und die Umständlichkeit der Bearbeitung gelten als selbstverständlich. Das Arbeitstempo ist langsam. Kompetenz und Effizienz sind – nicht erst, seit Affirmative Action eingeführt wurde – vielfach geringer als in den Industrieländern, mit denen man sich gerne vergleicht. In fast jeder Behörde oder größeren Einrichtung erledigen zwei die Arbeit, die anderswo von einem gemacht würde. Die Bereitschaft, Inkompetenz, vage Auskünfte oder schlichtes Unwissen hinzunehmen, ist dementsprechend groß. Auch das Denken erscheint oft vormodern. So ist das Geschichtsverständnis eher archivierend und idyllisierend als kritisch, ausgenommen die Phase der Apartheid. Bei allen Bevölkerungsgruppen sind Erzählungen von den Heldentaten früherer Kämpen beliebt. Die Sicht auf die Vergangenheit mag – je nach ethnischem Herkommen – fragmentiert sein, verklärend ist sie allemal. Das soziale Schmiermittel in einer Gesellschaft großer Unterschiede sind die allgemeine Freundlichkeit und Langmut, ja Unbekümmertheit. Menschlich fühlte ich mich in Südafrika immer gut aufgehoben.

Das Land am Kap fasziniert den Betrachter durch seine in der

Welt wohl einzigartige Bevölkerungskonstellation. Ähnlich wie die USA oder Australien verfügt es über eine Schicht von europäischen Einwanderern, die schon vor dem eigentlichen Boom von Kolonialismus und Nationalstaaten kam und aus dieser langen Geschichte der Besiedlung ihre Identität ableitet. Die europäischstämmigen Südafrikaner unterscheiden sich darin von Siedlern in anderen afrikanischen Ländern wie Kenia oder Simbabwe, wo die Einwanderung erst im späten 19. und frühen 20. Jahrhundert einsetzte. Im Unterschied zu anderen klassischen Einwanderländern wie den USA, Argentinien oder Australien blieben die Europäer aber, obwohl bis vor zehn Jahren die dominante Schicht, immer eine Minderheit. Dennoch ist der europäische Einfluss in keinem anderen afrikanischen Land vergleichbar groß und ähnlich historisch legitimiert. Diese Konstellation ist es wohl, die Nigerias früheren Staatschef Olegun Obasanjo zu der Bemerkung bewog, Südafrika sei eine Albokratie und könne deshalb im UN-Sicherheitsrat, für den es sich bewirbt, afrikanische Interessen nicht angemessen vertreten.

Ob das einmalige Gesellschaftsmodell der Kohabitation einer ursprünglich dominanten weißen Minderheitskultur – der einzigen, die sich nicht nach dem Ende der Kolonialzeit zurückgezogen hat – mit einer nunmehr bestimmenden schwarzen Mehrheitskultur gelingen wird, ist schwer vorauszusehen. Altjournalist und Südafrikaner der fünften Generation Alistair Spark, einer der besten Kenner des Landes, schwankt in seiner Analyse *Beyond the Miracle,* ob das Glas halbleer oder halbvoll sei. Aufregend findet er das südafrikanische Gesellschaftsexperiment allemal und zieht sich im Blick auf politisch ruhigere westliche Länder mit dem Zitat eines Popsongs aus der Affäre: »Heaven is a place were nothing ever happens.«[27] Südafrika ist wenigstens nicht langweilig, so sein Fazit. Bedeutend kritischer urteilt der britische Südafrikakenner Fergal Keane. In seinem BBC-TV-Feature »No more Mandelas« beklagte er Anfang 2008 die Häufung von Gewaltverbrechen, Korruption und Missmanagement. In den 90er Jahren habe es ebenfalls Gewalt gegeben, aber die sei befreiend gewesen, jetzt ziehe sie nur nach unten und mache begonnenen Aufbau kaputt, auch in den vom Wohlergehen Südafrikas abhängigen Nachbarländern, so sein resigniertes Urteil.

Tatsächlich häufen sich die schlechten Nachrichten. Ex-Polizeichef Jackie Selebi wurde wegen Korruption angeklagt und 2008 vom Dienst suspendiert. Ein wahrer Sumpf von Bestechung, Vorteilsnahme im Amt und Lügengeschichten tat sich auf, als ANC-Pressesprecher Carl Niehaus Anfang 2009 zurücktrat.

Amtsträger, die sich gegen die grassierende Korruption zur Wehr setzen, leben gefährlich. So wurde der ANC-Sprecher der Provinzhauptstadt Nelspruit in Januar 2009 vor seinem Haus erschossen, nachdem er Tage zuvor Bestechungsfälle rund um die Vorbereitung der Fußballweltmeisterschaft angeprangert hatte.

Einen schweren Stoß erlitt nicht nur das Image, sondern vor allem die Wirtschaft Südafrikas, als Anfang 2008, Monate vor der allgemeinen Krise, die Gold- und Platinminen, das Rückgrat des Landes, wegen mangelnder Stromversorgung vorübergehend schließen mussten, was Milliardenverluste und Arbeitskräfteabbau zur Folge hatte und den Rand weiter drückte. Auch wenn es danach nicht wieder zu größeren Energieausfällen kam, ist man sich einig, dass die Anlagen von Eskom hoffnungslos veraltet sind. Zu wenig wird für den Ausbau und die Erneuerung der vom alten System übernommenen Infrastruktur getan.

Handelsblatt-Korrespondent Wolfgang Drechsler, seit 20 Jahren am Kap und kundiger Beobachter vor allem der Wirtschaft, aber auch des gesellschaftlichen und politischen Umfelds, hat vor Jahren getitelt »Kap der großen Hoffnung«, und bei aller Kritik seine Begeisterung und seinen Optimismus für Südafrika durchscheinen lassen. Inzwischen sieht er die Hoffnung kleiner werden. Zu viel läuft seiner Meinung nach in die falsche Richtung. Er wähnt Südafrika weniger auf dem Weg der Modernisierung als auf dem einer rückwärtsgewandten, sozialromantischen Afrikanisierung.[28] Der Völkerkundler Charl Adams sieht einen ähnlichen Trend, wenn er die zum Passepartout gewordene, vielgepriesene soziale Tugend der *Ubuntu* auf ihren kulturellen Kontext zurückführt. Er macht darauf aufmerksam, dass *Ubuntu* auch das Ensemble traditioneller Werte wie Ahnenverehrung, Polygamie und interethnische Abgrenzung umfasse und ein Hemmnis für die Modernisierung sei.[29] Die Rückbesinnung einiger weißer Südafrikaner auf ihre Burengeschichte und die Beschwörung der *Ubuntu*-Traditionen scheinen sich auf ungute Weise im Blick auf eine glorifizierte Vergangenheit zu treffen.

Die Stimmungslage der meisten Weißen schwankt zwischen

Optimismus und Pessimismus. Sie arrangieren sich, aber sie wissen nicht, ob sie und ihre Kinder in Südafrika noch eine Zukunft haben werden oder ob sie – wie die wenigen Engländer, die noch in Kenia oder Simbabwe leben – mehr oder weniger auf Tauchstation gehen müssen. Politisch haben sie ausgespielt, denn bei allen hehren Worten war das Ganze auch ein ziemlich radikaler Machtwechsel, und die neue Führungsschicht denkt ebenso wenig daran, die Weißen wirklich an der Macht zu beteiligen, wie die es früher unter umgekehrtem Vorzeichen getan haben. Hinzu kommt, dass Südafrika keine demokratische Tradition hat. Den Burenstaat mit Faschismus gleichzusetzen, wäre zu einseitig, denn Elemente des Rechtsstaats wurden trotz aller Verbohrtheit in der Frage der Rassentrennung aufrechterhalten. Demokratische Machtkontrolle war jedoch kaum ausgebildet. In den schwarzen Kulturen gibt es noch weniger demokratische Traditionen. *Ubuntu* kann *checks and balances* nicht ersetzen. Die Verfassung ist zwar, wie gerne betont wird, eine der fortschrittlichsten der Welt, doch sie mit Leben auszufüllen, das will noch geleistet werden. Wie die Zukunft für alle Bürger Südafrikas aussieht, wird davon abhängen.

Südafrika hat sicher eine bessere Chance, die Lücke zwischen Erster und Dritter Welt zu schließen, als einige Nachbarländer, mit einem großen Wenn: wenn es eine umsichtige, effiziente und stabile Regierung hat, die es sich nicht bequem macht und alle Missstände auf die Apartheid oder den Kolonialismus schiebt, sondern nüchtern und umsichtig daran geht, Unterbeschäftigung und Armut zu bekämpfen und mehr Geld in gute Ausbildung, Gesundheitsfürsorge und Gewaltverhütung zu investieren; wenn Kritik möglich ist und angenommen wird; wenn Rechtssicherheit und Machtkontrolle gewährleistet sind.

Geht das Land in Richtung des am Abgrund taumelnden Simbabwe oder in Richtung des Musterschülers Botswana? Nach der Wahl von Jacob Zuma zum ANC-Chef sahen Skeptiker Südafrika schon als »Zumababwe«. Zuma versucht, diese Bedenken zu zerstreuen. Der ANC sei keine ZanuPf – so heißt die Partei des verbohrten Diktators Robert Mugabe im nördlichen Nachbarland –, betont er. Das Wegsehen gegenüber der menschlichen Katastrophe in Simbabwe hält jedoch an. Anstrengungen der UNO, etwas gegen Robert Mugabe zu unternehmen, blockiert Südafrika seit langem. Altbischof Tutu äußerte sich zu Weihnachten 2008 mit deutlichen Worten. Südafrika habe kein moralisches Verantwortungsgefühl mehr und betrüge das Erbe seiner eigenen Geschichte. »Ich bin sehr erschüttert, dass wir nicht auf der Seite der Leidenden sind«,[30] sagte der 67-Jährige, der neben Mandela als Gewissen Südafrikas gilt, tief enttäuscht. Die Enttäuschungen nehmen für Bischof Tutu kein Ende. Als die Regierung 2009 vor China, einem seiner wichtigsten Wirtschaftspartner, einknickte und dem Dalai Lama zu einer Friedenskonferenz die Einreise verweigerte, boykottierten Tutu und de Klerk, beide Friedensnobelpreisträger, die Konferenz in seltener Einmütigkeit über politische und Rassengrenzen hinweg.

An Jacob Zuma scheiden sich die Geister. Der begnadete Populist versteht es, die Massen zu begeistern. Er war nicht im Exil, sondern saß während der Apartheid zehn Jahre im Gefängnis. Besonders für die ANC-Jugend, die Frauenliga und die Gewerkschaften ist er ein Hoffnungsträger, der mehr soziale Gerechtigkeit verspricht. Die jahrelang schwelende Korruptionsaffäre, ein Verfahren wegen Vergewaltigung, in dem er dann freigesprochen wurde, die zahlreichen Ehen des bekennenden Polygamisten mit bedeutend jüngeren Frauen und seine Vorliebe für knackiges Auftreten machen ihn jedoch für die weiße und zum Teil auch für die schwarze städtische Mittelklasse zum Schreckgespenst. Während eine Gruppe von Unternehmern im Vorwahlkampf Öl auf die Wogen goss und erklärte, Zuma sei nicht gegen die freie Wirtschaft, zeichnete ihn Zapiro, Südafrikas bekanntester Karikaturist, als Vergewaltiger von Frau Justitia. Das oberste Berufungsgericht hob Anfang 2009 das frühere Urteil eines unteren Gerichts auf und entschied, dass gegen Jacob Zuma erneut Anklage wegen Korruption erhoben werden kann. Kurz vor der Wahl entschied die Justiz dann jedoch, dass man keine Anklage erheben werde. Das politische Tauziehen um Zuma und die zunehmende Einflussnahme des ANC auf die Justiz sehen viele mit Sorge und fürchten Schaden für die junge Demokratie. Nicht weniger umstritten sind einige Spitzenkandidaten des ANC für Regierungsposten und Parlamentssitze, wie Tony Yengeni und Winnie Mandela, beide wegen Unterschlagung beziehungsweise Bestechung verurteilt.

Trotz allem siegte der ANC mit einer deutlichen Mehrheit von über 65 Prozent der Stimmen, und Jacob Zuma wurde im Mai 2009 der vierte südafrikanische Präsident seit 1994. Auf einem fliegenden Teppich, getragen von den schwarzen Wählern der Townships, die in diesem wohl afrikanischsten der bisherigen Präsidenten ihren Garanten für den Aufstieg sehen, schwebte Zuma in einer Zeitungskarikatur nach der Wahl direkt auf den Präsidentensitz. Die Regenbogenpresse beschäftige vor allem, wer von Zumas aktuellen Ehefrauen nun First Lady werden würde, die scheue Sizakele Khumalo, die die älteren Rechte hat, oder die Betriebsnudel Nompumelelo Ntuli, 34 Jahre jung und Zumas neueste Erwerbung. Man stelle sich vor, in den USA gäbe es zwei Michelle Obamas. Welche Herausforderung für präsidentielle Marketingchefs und Pressesprecher!

In seiner ersten Rede vor dem Parlament machte Zuma deutlich, dass er den Kurs seiner Vorgänger fortzusetzen gedenke und in der Ankurbelung der Wirtschaft eines seiner wichtigsten Anliegen sehe, verbeugte sich aber gleichzeitig vor den Gewerkschaften und den Kommunisten, die ihm zum Wahlsieg verholfen hatten. Seine Wahlversprechungen nach allen Seiten haben ihm den Spitznamen Chamäleon eingetragen. Selbst den Buren machte er Avancen und bezeichnete sie als die wahren weißen Südafrikaner, was wiederum die Englischstämmigen in Rage versetzte. Gegenüber der weißen Minderheit schlug er versöhnliche Töne an und bekannte sich dazu, dass Südafrika allen gehöre, Schwarzen und Weißen.

Es wird Zuma nicht leicht fallen, die hohen Erwartungen der schwarzen Unterschicht zu erfüllen und gleichzeitig für Prosperität zu sorgen. Mit Erleichterung wurde aufgenommen, dass Trevor Manuel nicht nur weiterhin dem Kabinett angehört, sondern sogar zum Chef einer Nationalen Planungskommission beim Präsidenten aufgewertet wurde und der Inder Pravin Gordhan, bisher erfolgreicher Leiter der Steuerbehörde, neuer Finanzminister wurde. Ein Lakmustest wird auch Zumas Haltung gegenüber dem immer noch am Rande des Chaos manövrierenden Nachbarland Simbabwe sein. Bei Zumas Vereidigung war Robert Mugabe, der sein Land in den Ruin gesteuert und sich schamlos bereichert hat, aber in Afrika weiterhin als Befreier und Antikolonialist gefeiert wird, als Gast geladen.

Zur Beruhigung der Gemüter trug bei, dass der ANC die

Zwei-Drittel-Mehrheit knapp verfehlte, was es ihm unmöglich machen wird, die Verfassung aus eigener Machtvollkommenheit zu ändern. Vielleicht entwickelt sich eines der neuen Gesichter im Parlament zum Hoffnungsträger. Einen großen Namen bringt der frischgebackene Abgeordnete schon mit. Mandla Mandela, Enkel des großen alten Mannes, hat das smarte Büro eines Johannesburger Geschäftsmannes mit dem winzigen Dorf Mvezo im pastoralen Hügelland des Ostkaps vertauscht. Dort, wo sein Großvater geboren ist, wurde er vor zwei Jahren zum Chief des Stammes der Thembu gewählt und nun auch ins nationale Parlament. Aids und Armut zu bekämpfen ist sein erklärtes Ziel.

Jubel gab es im Westkap. »It's Z-time«, triumphierte die *Cape Times*, aber Z steht am Kap nicht für Zuma, sondern für Zille. In einem sensationellen Endspurt sicherte Helen Zille ihrer Oppositionspartei Democratic Alliance mit mehr als 52 Prozent der Stimmen die Mehrheit und wurde die erste nicht dem ANC angehörende Ministerpräsidentin einer Provinz seit der Wende. Sie konnte ihre Wählerbasis bei den Schwarzen zwar nur geringfügig ausbauen, gewann aber das Vertrauen der Farbigen, die mehrheitlich im Westkap zu Hause sind. Die Bürgermeisterin Kapstadts hatte durch Leistung überzeugen können. In einem furiosen Wahlkampf, auf Englisch, Afrikaans und Xhosa, hatte sie es geschafft, ihre Partei vom Image eines Refugiums für dünnblütige anglophile Weiße wegzurücken. Die DA brachte es auf nationaler Ebene auf respektable 16 Prozent, ein deutlicher Anstieg gegenüber der letzten Wahl. Schließlich konnte die erst vor einem halben Jahr angetretene schwarze Oppositionspartei COPE mit fast acht Prozent der Stimmen landesweit einen Achtungserfolg erringen. Auch das, ebenso wie die durchweg friedlich verlaufene Wahl selbst, ein Zeichen für mehr Demokratie. Der Weg zum faktischen Einparteienstaat scheint damit vorerst gebremst oder zumindest erschwert zu sein, jedoch wurde weiterhin vor allem entlang der Rassengrenzen gewählt, und der ANC scheint den Verlust der Mehrheit im Westkap nicht kampflos hinnehmen zu wollen. Unruhen in den Kapstädter Townships gleich nach dem unerwarteten Sieg von Helen Zille tragen deutlich die Handschrift lokaler ANC-Größen. Aus heutiger Sicht muss man wohl hinter der guten Hoffnung am Kap ein Fragezeichen setzen.

Black is beautiful – Kultur im neuen Südafrika

Kino und Theater afrikanisch – Ländliche Feste: früher zum Nagmaal, heute zum Kulturfestival – Das Bild des Menschen – Schwarzer Rhythmus

Ein Fenster zum Verständnis des neuen Südafrikas öffnet uns die Kunst. Ob das Community Theater das Alltagsleben in den Townships auf die Bretter bringt, die Oper die Geschichte eines Zulukönigs besingt, eine Skulptur Menschen mit Tiermasken zeigt oder im Kwaito-Rhythmus gerapt wird, immer geht es um das Selbstverständnis einer sich wandelnden afrikanischen Gesellschaft. Der politische Kampf rückt mehr und mehr in den Hintergrund. Die Suche nach dem spezifisch Afrikanischen bleibt. Man reibt sich an der europäischen Kulturtradition, fragt nach den Wurzeln der eigenen Kultur, zeigt gesellschaftliche Zusammenhänge auf und erzählt von den Wünschen und Sehnsüchten der Menschen heute.

Kino und Theater afrikanisch

Was Südafrikaner umtreibt, wie sie ihre Vergangenheit sehen und wovon sie träumen, kann man nicht zuletzt auf Kinoleinwand und Theaterbrettern studieren.[31] Wenn es auf der Bühne afrikanisch werden soll, wird viel gesungen und getanzt. Das ist immer gekonnt, oft mitreißend, bleibt aber nahe an der Folklore. Musicals wie »Serafina!« über eine Schülerin und ihre Klassenkameraden, die sich im Zuge der Soweto-Aufstände von 1976 radikalisieren, vor 20 Jahren ein Broadwayhit, die Revue »African

Footprint«, die über zwei Jahre lang durch Europa tourte, oder das Kapstädter Lokalprodukt »District Six« bedienen dieses Genre perfekt.

In den letzten Jahren entstanden Musiktheaterproduktionen, in denen man versucht, den Formenkanon der Oper mit afrikanischer Musiktradition zu verbinden. Die Oper »Princess Magogo kaDinzulu« erzählt die historisch verbürgte Geschichte der Zulu-Prinzessin. In der Tradition der *imbongi,* der Preissänger, berichtet sie in Liedern von der Festnahme ihres Vaters, König Dinzulus, durch die Briten, seiner Gefangenschaft auf Robben Island und dem tragischen Untergang des Zuluvolks als selbstbestimmter Nation. Prinzessin Magogo war die Mutter des Zuluführers und Inkatha Freedom Parteichefs Mangosotho Buthelezi, der als Innenminister lange Zeit Kabinettsmitglied war. Das verleiht dem Stoff greifbare historische Authenzität, für mich zusätzlich durch meinen früheren Besuch in Dinzulus Kraal in Ulindi. Der Königskraal in der Provinz KwaZulu-Natal, heute ein Museum, vermittelt eine Vorstellung von dem Leben in der Hüttenstadt vor rund 120 Jahren. In der Oper ist der Fall vom selbstbestimmten Volk mit eigenem Königshaus und dem entsprechenden zeremoniellen Gepränge zum verachteten Spielball der britischen Kolonialmacht überzeugend gestaltet. Vor allem im ersten Akt wird große Oper zelebriert. Nach dem dramatischen Ende mit der Niederschlagung eines Aufstandes und der neuerlichen Gefangennahme Dinzulus beginnt der zweite Akt mit der Hinwendung Magogos zum Christentum. Diese Wende, die eine Versöhnung zwischen den Kulturen andeuten soll, stimmt eher traurig. Aus den stolzen Zulu, die Stärke aus ihrem Glauben an das Fortwirken der Ahnen gewannen, werden christliche Dulder und Anhänger einer Erweckungsgemeinde. John Coetzees hellsichtige Parabel *The Humanities in Africa* über den zweifelhaften Segen eines christlich grundierten Humanismus in Afrika scheint auf. Denkt man an den furchtbaren Irrtum des Viehschlachtens nach der Weissagung Nongqawuses, ist die Geschichte der Zulu und der Xhosa gleichermaßen tragisch. Manches an der Zulugeschichte erinnert an die amerikanischen Indianer und deren literarische Spiegelung in den Geschichten von Cooper. Für die afrikanischen »edlen Wilden« hat es keinen Cooper gegeben. So sind sie nie als Personen und Völker eigenen Rechts in die

Literatur eingetreten, sondern eher kollektiv als das Andere, Dunkle, wie etwa bei Joseph Conrad. Erst jetzt beginnen sie, ihre Vergangenheit selbst zu erzählen. In dieser musikalischen Dramatisierung – komponiert von Mzlikazi Khumalo, in Worte gebracht von Themba Msimang und besetzt mit Opern- und Jazz-Sängerin Sibongile Khumalo in der Hauptrolle – sind die Zulu endlich nicht einmal Objekte, sondern Subjekte ihrer Geschichte.

Eine Neukomposition ist auch »Rewind – A Cantata«, das seine Uraufführung in der Kapstädter anglikanischen Hauptkirche, der St. George Cathedral, 2006 zum zehnjährigen Gedenken der Truth and Reconciliation Commission (TRC) erlebte. Aus Kilometern von Mitschnitten der Verhöre vor der Wahrheits- und Versöhnungskommission wurden Passagen ausgewählt und in ein Gesangsstück in Kantatenform eingebaut. Das Ergebnis ist eher feierlich als überzeugend. Schöner Solo- und Chor-Gesang decken die Ungeheuerlichkeiten, die in den Zeugenaussagen zur Sprache kommen, eher zu als sie zu schärfen und zu enthüllen. Das unbehagliche Gefühl, das alles stimme nicht so recht, schleicht sich trotz der dokumentarischen Kerntexte ein. Deutlich wird das Bedürfnis, politische Konflikte mit pseudoreligiöser Erbauung zu entschärfen. Bei der Premiere sind alle eine große Familie, von Altbischof Tutu bis zu den Familienangehörigen der Darsteller und der Verhörten. Sie sei extra aus New York angereist, um diesem Ereignis beizuwohnen, flüstert mir meine Banknachbarin zu.

Wie ein Kommentar zur weihevollen TRC-Kantate wirkt die Kollage aus TRC-Texten des Amerikaners Michael Lessac, *Truth in Translation.* Indem er den Schrecken der Zeugenaussagen mit den Banalitäten des Alltags der bei der TRC beschäftigten Übersetzer und ihren Beziehungskisten kontrastiert, gewinnt er dem Stoff ganz neue Facetten ab, ohne eine der beiden Seiten billigen Effekten zu opfern. Vielmehr wird auf unaufdringliche Weise deutlich, dass auch das Furchtbare ins Leben eingebettet ist und im menschlichen Rahmen verarbeitet werden muss. Es geht nicht nur tragisch und hehr zu. Man darf sogar lachen. Die Brechung des Schreckens durch die Linse der Alltagsmenschen ist ein genialer Kunstgriff.

Wenn die Bühne ohne Musik auskommen muss, gibt es viel konventionelles Betroffenheitstheater. Politisches Theater ohne didaktischen Zeigefinger gelingt eher in Stücken älteren Datums.

In holzschnittartigen Bildern berichtet *Kanna hy kô hystoe – Kanna, er kommt nach Hause* des farbigen Autors Adam Small vom Elend auf dem Land und dem vergeblichen Warten einer alten Mutter auf die Rückkehr ihres inzwischen in der Stadt arrivierten Sohns. Die dramatisierte Fassung von Elsa Jouberts Roman *Die Wanderjahre von Poppie Nongena* hat in den 25 Jahren seit ihrem Erscheinen nichts von ihrer Menschlichkeit verloren. Die im afrikaansen Slang der Farbigen in der Ich-Form erzählte Lebensgeschichte von Poppie hat vielen Buren in den 70er Jahren erstmals die Augen darüber geöffnet, wieviel Unrecht in ihrem Land geschah.

Einen Qualitätssprung erlebt der Zuschauer in Stücken von Altmeister Athol Fugard (* 1932), an den nur wenige neue Dramatiker heranreichen. Eine leere Bühne, zwei alte Leute, *Boesman und Lena.* Zwischen Beckettschem Endspiel und Burleske changiert das alte Wanderarbeiterpaar in den dürren Weiten des Namaqualands. Ihre Monologe, ihr Zusammenspiel verdichten sich jenseits zeit- und lokalgeschichtlicher Einkleidungen zum Abbild der *condition humaine,* des leidenden Menschen in all seiner Hinfälligkeit, aber auch in seinem Lebensmut trotz allem. Die Unbehaustheit von Boesman und Lena wird zur Metapher ihres Menschsseins.

2007 hatte das neueste Stück Fugards Premiere. Der Einakter nimmt die Zuschauer von der ersten bis zur letzten Minute gefangen, auch weil das Thema Kriminalität keinen Südafrikaner unberührt lässt. Ein pensionierter weißer Lehrer in einem Karoostädtchen lebt nach dem Tod seiner Frau nur noch mit seinen Büchern. Eines Abends kommt er nach Hause und findet seine Schätze geschändet, aus den Regalen gerissen, besudelt. Zwischen ihm und dem Einbrecherduo – ein Mann, eine Frau – entspannt sich eine packende Beziehung mit intimen Momenten, denn die Frau ist die Tochter seiner verstorbenen, hochgeschätzten Hausangestellten. *Victory* heißt das Stück nach dem Namen des jungen Mädchens, aber siegen kann niemand. Der Junge wird Verbrecher in Kapstadt, der Lehrer ist schließlich tot, und das Mädchen wandert vermutlich ins Gefängnis. In einem Interview hat Fugard das Stück als »Epitaph auf die Präsenz der Weißen in

Südafrika« bezeichnet. Es hat einen autobiographischen Hintergrund, ist doch Fugard selbst in seinem geliebten Karooflecken New Bethesda im Verlauf von 18 Monaten dreimal beraubt worden. Einen langen Weg ist Fugard gegangen von seinen »Township Plays«, als er seine Stücke, die vom Leben in den Townships und vom Kampf um Menschenwürde in den Zeiten der Apartheid handelten, mit schwarzen Darstellern und Mitautoren entwickelte und mit einem Bein im Gefängnis stand, bis zu diesem resignierten Abgesang auf eine Verständigungsmöglichkeit zwischen Schwarz und Weiß. Zur selben Zeit wie Athol Fugards Alterswerk kommt *Things are bad – Ihumpile lendaba* von Thami Mbongi in den Townships Kayelitsha und Nyanga zur Aufführung. Es handelt von den Gangs, die sich in den Gefängnissen bilden. Sie werden *number gangs* genannt, weil nur ihre Gefängnisnummer und die Erfahrung aus dem Knast die Mitglieder verbinden. Mbongi sieht sein Stück als gesellschaftspolitischen Diskussionsbeitrag:

> »Was tut die Regierung gegen Verbrechen und Korruption? Ich dachte, es würde eine gute Idee sein, das alles in ein Stück zu packen, so dass das Stück die Diskussion mit allen Beteiligten anstoßen könnte und die sich fragen müssten, welche Rolle sie selbst spielen könnten, um den Verbrechen Einhalt zu gebieten.«[32]

Subtil und spielerisch gelöst gehen vor allem studentische Theatertruppen die gegenwärtigen gesellschaftlichen Verwerfungen an. So dröseln Studenten des Drama-Departments der Universität Kapstadt die Reise von Elise aus Kapstadt in den erschröcklichen Kongo auf der Suche nach ihrer wahren afrikanischen Identität in einem furiosen Wechsel von Puppen- und Schattenspiel, Körpertheater und Dialogen auf. *Elises Adventure's in Congoland* ist naives Theater mit Augenzwinkern. Die Reise in die Welt der Ängste und Stereotypen, in der die Logik außer Kraft gesetzt ist, führt ein Model an der Hand des kongolesischen Flüchtlings ins dunkle Herz des Kontinents, bis es schließlich wieder im heimischen Kapstadt landet. Elise hat ihre Furcht bezwungen und kann erlöst in ein Leben im Hier und Jetzt zurückkehren, so die Botschaft des Dramoletts.

Selten gelingt es, die großen zeitlosen europäischen Themen umzudeuten und daraus Funken zu schlagen oder afrikanische

Sujets so zu bearbeiten, dass sie Folklore hinter sich lassen und neue Einsichten vermitteln. Wenn es erreicht wird, können Sternstunden des gegenwärtigen südafrikanischen Theaters entstehen. Einer, der das in seinen besten Produktionen vermag, ist Brett Bailey mit seiner Truppe »Third World Bunfight« – »Dritte Welt Tea Party«. Er zog aus als der weiße Junge, der – in seinen eigenen Worten – »die Menschen erkunden wollte, die hinter dem Stacheldrahtzaun leben«. Das aber nicht mit den Mitteln des konventionellen Theaters, sondern mit einer höchst eigenwilligen Mischung aus postmoderner, oft poppiger Text- Musik- und Bewegungskollage und mythengespeistem Drama: »Die beiden Sphären, Showbiz und Ritual, können zusammenwirken.«[33]

Es ist ein mondheller Abend im Spätsommer. Etwa 30 Zuschauer begeben sich auf den Spuren von Frosch, einem gnomenhaften Schauspieler im Theaterfrack, durch die hügeligen Felder am Rande des Weinguts und Kulturzentrums Spier bei Stellenbosch. Über die Brücke und den kleinen Fluss, der den kultivierten Teil des Guts begrenzt, treten wir durch eine hoch aufgerichtete Pforte in den Hades ein. Wir sind auf einer Querfeldeinwanderung in die Unterwelt. *Orpheus und Eurydike* will uns Brett Bailey auf Afrikanisch neu erzählen. Im Jenseits führt ein schmaler Grasweg den Hügel hinunter an einen kleinen See und ein gemauertes Podest, die Hauptspielstätte davor. Am Ufer des Sees winden sich nackte, schlammbedeckte Gestalten, das von einem Despoten geknechtete Volk. In der Figur des Königs scheinen afrikanische Potentaten durch. Das Volk ist stumm, bis ihm Orpheus mit seiner Musik und seinem Gesang Leben, Liebe und Hoffnung bringt. In einer wunderbaren Verwandlungsszene windet sich Eurydike aus dem stumpfen, mehligen Grau einer dieser Gestalten hervor und wird zu der lebendigen, geliebten und liebenden jungen Frau von Orpheus, bis sie an der tödlichen, gewalttätigen Umarmung und dem Biss der personifizierten Schlange stirbt. Orpheus inspiriert das geknechtete Volk, sich gegen seinen Herrscher zu erheben. Die ersten Szenen sind von zwingender Unausweichlichkeit, choreographisch und schauspielerisch großartig. Die Vollmondnacht, die Felder, der Teich spielen mit. Unser von dramatischen und beklemmenden Szenen begleiteter Weg mündet in einen Platz voller Plunder. Von dort darf Orpheus Eurydike mit zurücknehmen, bis zum bekannten

Ende, in dessen Folge die grauen Gestalten in ihren Schlamm zurücksinken.

Langsam lassen wir Zuschauer uns über die Felder zum belebten Teil von Spier zurücktreiben, wie benommen von diesem machtvollen Theaterabend. Wenn europäische Mythen so in afrikanischen Kontext überführt werden, scheint wirklich etwas zusammenzuwachsen, das zusammengehören kann, beispielsweise wenn der Hades den afrikanischen Ahnenkult aufscheinen lässt. Im Restaurant- und Shoppingteil von Spier holt uns dann allerdings schnell wieder die plattere Version neuer Afrikanisierung ein. Das alte Wein bewachsene Jonkerhuis, das frühere Restaurant, ist zum Küchenanhang eines kitschigen Afrikaverschnitts in der Mitte des großen Platzes davor geworden. Unter spitzen Zelten sitzt man auf afrikanisch gemusterten Polstern und bekommt von afrikanisch verkleideten Kellnern im neuen Restaurant Moyo ein afrikanisches Dinner serviert. In der Speisekarte versäumt das Management nicht zu erwähnen, dass die Weinberge von Spier früher Jagdgrund der Buschmänner waren. Die rund 600 Jahre Geschichte danach kommen nicht vor. Der Weg führt direkt von den Steinzeitmenschen in die beliebige Afrofolklore des 21. Jahrhunderts.

Mit einer anderen Produktion lieferte Bailey einen szenischen Kommentar zur afrikanischen Zeitgeschichte. *Big Dada – Aufstieg und Fall von Idi Amin* bietet eine grellbunte, laute Groteske auf die Herrschaft dieses Diktators, bis zu einer Szene mit Kannibalismus. Die Bühne besteht aus einer langen Tafel, an der gefressen und gesoffen und von der aus regiert, geschossen und gefoltert wird. Dazwischen schmissige Tanz- und Musikszenen. Der Horror zum Totlachen.

In der Zeitung lese ich, dass einige Strafgefangene des Kapstädter Gefängnisses Pollsmoor im Zuge einer Rehabilitierungsmaßnahme Becketts *Warten auf Godot* aufführen werden, an einem der Abende auch vor externem Publikum. Als ich nachfrage, bedauert man sehr. Der zuständige Minister hat das Ganze kurzfristig abgeblasen, ohne sich auf eine Begründung einzulassen. Im Gefängnis ist man unglücklich über die Entscheidung, zumal die Beteiligten seit langem auf die Aufführung hingearbeitet haben. Ein Minister-Machtwort, das monatelange Mühen kurzerhand zunichte macht, wäre ohne sehr gute Gründe in Deutschland wohl nicht möglich gewesen. Vater Staat entscheidet in Südafrika oft recht eigenmächtig, was für seine Kinder gut ist. Vergeblich warten wir auf Godot.

Im Medium Film scheint es leichter zu fallen, der Gegenwart ohne Zeigefinger oder verzopfte Bild- und Dialogregie gerecht zu werden, als im Theater. Kaum ein südafrikanischer Film, den ich gesehen habe, hat mich unberührt gelassen. Das gilt etwa für »Drum«, Zola Masekos Film über die mutigen Journalisten des legendären Johannesburger Magazins aus den 50ern, im Mittelpunkt Duminsani Dlamini, der im Zusammenhang mit der Räumung von Sophiatown 1956 von Polizisten erschossen wurde. »Yesterday«, die Geschichte einer jungen aidskranken Frau und ihres Kindes aus einem Zuludorf, ist ein trauriges Märchen, das mit sanften Mitteln aufklären soll. Ein Film, der es sich mit der Aufarbeitung der Vergangenheit nicht leicht macht, ist »Forgiveness«. Eindringlich und differenziert wirkt die schwierige Suche eines ehemaligen Angehörigen der Polizei nach den Hinterbliebenen eines jungen Farbigen, den er bei einem Verhör getötet hat. Sein Bemühen, Vergebung zu erlangen, wird in der Umgebung eines armen Fischerdorfs an der Westküste überzeugend in Szene gesetzt. Die Story ist aus mehreren Fällen, die vor der Wahrheits- und Versöhnungskommission zur Sprache kamen, zusammengefügt worden.

»Roter Staub« und »Tsotsi« erlangten auch international Aufmerksamkeit. Im Mittelpunkt von »Roter Staub« steht eine Verhandlung der TRC in einem Karoostädtchen, zu der die meisten Beteiligten anreisen. Die aus dem Ort stammende junge Juristin kommt aus Amerika, der Zeuge, inzwischen im Parlament, aus Kapstadt. Nur der alte liberale Anwalt, der fast als Einziger in der Apartheidzeit dagegen gehalten hat, ist geblieben, was und wo er war. Das fast intime Täter-Opfer-Verhältnis zwischen dem Ex-Polizisten, der Amnestie beantragt, und dem Neu-Parlamentarier sowie die Entfremdung des politisch und wirtschaftlich erfolgreichen ehemaligen Untergrundkämpfers von seiner Herkunft heben den Film über bloße Wendezeitrhetorik hinaus.

»Tsotsi« heißen die jungen Kriminellen in der Sprache der Townships von Johannesburg. In dem 2006 mit einem Oscar preisgekrönten Film nach einem Roman von Athol Fugard stehen ein Straßenkind, das zum Tsotsi wird, und seine spätere Läuterung im Zentrum. Sechs Tage lang begleitet die Kamera Tsotsi durch sein Leben zwischen den Pappkartonhütten am Rand von Soweto. *Kwaito*-Musik dröhnt im Hintergrund. Seine Kinderzeit hat der Junge verdrängt, selbst seinen richtigen Namen. Er ist einfach Tsotsi, Gangster. Der jugendliche Bandenchef nimmt bei einem Überfall auf die Villa eines wohlhabenden Schwarzen aus Versehen das im Fonds des Fluchtautos schlafende Baby der beraubten Familie mit. Nun hat er das Kind am Hals und wächst in eine Verantwortung hinein, die ihm hilft, seinem Leben eine andere Richtung zu geben. Wenn das auch etwas zu schön ist, um ganz wahr sein zu können, so sind die Figur des Tsotsi und das Bandenmilieu doch glaubwürdig entwickelt. Der Film kommt ohne den Gegensatz zwischen Weißen und Schwarzen aus. Auch die Beraubten sind Schwarze, nur eben solche, die den Aufstieg inzwischen geschafft haben. Regisseur und Hauptdarsteller wurden nach der Oscarverleihung in Südafrika auf Händen getragen. Selbst der greise Nelson Mandela empfing sie und gestand, dass er als Junge ein Schwein gestohlen habe.

Im kleinen Provinzstädtchen Darling eine knappe Stunde nördlich von Kapstadt, das seinen Namen von demselben englischen Kolonialbeamten herleitet wie Darling Harbour in Sydney, hat am stillgelegten alten Bahnhof der Kabarettist Peter Dirk Uys, von seinen Fans nur PDU genannt, einen schrillen Kunsttempel errichtet. »Evita se Perron« steht nun auf dem Bahnhofsschild, und an der »Piazza Dolce Evita« ist alles schweinchenrosa und quietschgrün. Jedes Wochenende serviert PDU alias Tannie Evita Bezuidenhout einem begeisterten Publikum eine Kabarettschau der Extraklasse. Keine heilige Kuh seiner Afrikanerlandsleute, die er/sie nicht auf die Schippe nimmt. Auch die neuen Mächtigen bekommen ihr Fett weg. Die Burenmatrone, ehemalige Botschafterin des erfundenen Homelands Bapetikosweti und heutige Großmutter eines farbigen Enkelkinds, zieht sich selbst und alle ach so ernsten Kulturgüter und ewigen Werte des Afrikanertums durch den Kakao. Das kleine Theater ist voll gestopft mit Afrikanerkitsch. Wie sehr man die Mächtigen mit solchen schnöden Witzeleien irritieren kann, hat PDU in der Apartheidära erlebt und immer wieder mutig ausgereizt. Der Sohn einer jüdischen Berliner Klavierlehrerin, die nach Südafrika auswandern musste, und eines Afrikanervaters ist in Südafrika eine Institution. Da

Thabo Mbeki nichts gegen die Aids-Katastrophe unternahm, forderte PDU nicht nur den damaligen Präsidenten zum Rücktritt auf, er zog auch mit einem aufklärenden Kabarettprogramm durch Hunderte von Schulen. Ihm ist es ernst mit der jungen Demokratie, so ernst, dass er Witze macht, um sie an Mann und Frau zu bringen.

Ländliche Feste: früher zum Nagmaal, heute zum Kulturfestival

> »Es waren die de Groots. Sie kamen aus dem Nordosten und führten eine Rinderherde mit sich zum Nagmaal. Sie stimmten ihre Route mit derjenigen der van Doorns ab und bevor der Abend kam, hatten sie sich getroffen. Die Frauen küssten einander, die Männer schlugen sich auf die Schultern, und die Diener und Sklaven freuten sich über neue Freunde. Für die nächsten vier Tage fuhren die beiden Wagen miteinander. De Groot sagte mit Zuversicht: ›Morgen werden wir Spandau Kop sehen.‹«[34]

So leitet James Michener einen der Höhepunkte in seinem historischen Südafrikaroman *The Covenant – Verheißene Erde* ein. Ein- oder zweimal im Jahr, manchmal auch nur alle zwei Jahre, kamen die Bauern von weit her, um in der Kirche *Nagmaal,* das Abendmahl zu feiern. Das war ein großes mehrtägiges Fest für die Familie mit ihrem Gesinde. Kinder wurden bei dieser Gelegenheit getauft und Trauungen vollzogen. Menschen, die einander Jahre nicht gesehen hatten, trafen sich wieder. Wochenlang wurde die weite Reise vorbereitet und war Gegenstand freudiger Erwartung.

Am Verlatekloofpass auf dem Weg nach Sutherland inmitten der weiten Steppenlandschaft des Karoo steht ein kleines weißes Gebäude mit Strohdach, vor dem Schafe lagern. In dem alten Kirchlein, das noch eine Pedalorgel hat und von Treckbauern erbaut wurde, findet bis heute einmal jährlich im Frühling feierliches *Nagmaal* statt, wenn die Bauern von ihren Winterweiden im wärmeren Karoo für den Sommer ins kühlere Bergland ziehen.

Ansonsten ist das große Abendmahlfest in der Form, wie es Michener beschreibt, wohl ausgestorben. Weiterhin lieben es Südafrikaner aber, mit ihren großen Geländewagen, die das Ochsengespann abgelöst haben, mit Kind und Kegel zu ländlichen Festen zu fahren und sich dort zu Hunderten für ein paar Tage zu treffen. An die Stelle des *Nagmaal* ist, so scheint es, heute das Kulturprogramm getreten. Wer sich als Schauspieler, Theaterautor oder Musiker einen Namen machen will, muss auf einem der drei großen Festivals, in Grahamstown im Ostkap, im Karoostädchen Oudtshoorn oder in Potchefstroom in Nord West aufgetreten sein. Viele kleinere Feste ranken sich darum herum wie das Cederbergfees im Westküstenstädchen Clanwilliam oder das Voorkamerfees in Darling. Gar nicht zu reden von den vielen Festen, die dem wichtigsten Produkt der Gegend gewidmet sind. Da gibt es das Fleischfest, das Austernfest, das Kirschenfest und viele andere mehr.

Das Besondere und Reizvolle an den Kulturfestivals ist, dass sie mühelos alle Sparten bis zur bildenden Kunst und zur Dichterlesung abdecken und zugleich ein breites Publikum ansprechen. Sie sind gewissermaßen eine Melange aus Salzburg, Berliner Festwochen und Oktoberfest in der Beschaulichkeit eines Landstädtchens, das einmal im Jahr zu großer Form aufläuft. Niemand findet etwas dabei, eingehüllt von Schwaden gebratener boerewors einem Kammerkonzert zu lauschen oder sich vom Nachdenken über Wege zur Beseitigung der Arbeitslosigkeit, die ihm gerade in einer Podiumsdiskussion nahegebracht worden sind, auf dem obligatorischen Trödelmarkt zu erholen. Alle Feste werden von großen Unternehmen und Medienkonzernen gefördert. Auch der Staat gibt etwas dazu.

Jedes der ländlichen Kulturfestivals hat sein eigenes Gesicht. Das älteste ist das seit 20 Jahren bestehende National Arts Festival im englisch geprägten Grahamstown. Es versteht sich als kulturelle Avantgarde des neuen Südafrikas. Das Städtchen liegt in einem weiten Talkessel umgeben von kahlen Hügeln. Jetzt im südafrikanischen Winter blühen die rostroten Kandelaber der Aloen überall auf den Hängen. Grahamstown ist Sitz der Rhodes University, einer weitläufigen Campusanlage, und etlicher englischsprachiger Privatschulen. Die Festspielzentrale ist im Monument für die britischen Siedler untergebracht, einem großen bunkerartigen Betonkasten, dominant auf einem Hügel über der Stadt platziert und so etwas wie das englische Gegenstück zum burischen Voortrekkermonument in Pretoria. Eine Pressedame versichert, es gebe über 1000 Veranstaltungen, und schwärmt von den Jobs, die durch das Fest geschaffen würden, zumindest temporär. Der Ort ist tatsächlich seit langem ausgebucht. Ich muss mit einem Dachstübchen vorliebnehmen. Dennoch kriselt es wohl ein wenig. Der Hauptsponsor, eine große südafrikanische Geschäftsbank, hat in diesem Jahr etwas weniger tief in die Tasche gegriffen, und man bekommt auch die Konkurrenz der neueren Festivals zu spüren.

Im Monument gibt es auch die Kunstausstellung, die zu jedem Festival gehört: wenig wirklich Sehenswertes, viel Gutgemeintes. Wie bei den anderen Festen geht es vor allem um eine nationale Leistungsschau. Internationale Produktionen spielen kaum eine Rolle. Im großen Kunsthandwerksmarkt in einer Zeltstadt etwas außerhalb des Zentrums wogt das Festpublikum. Hier gibt es Kitsch und Kunst in Hülle und Fülle. Xhosa- und Zulu-Frauen verkaufen ihre malerischen Trachten und scheinen sich selbst dabei am besten zu amüsieren. Auch bei den Theater- und Musikstücken viele schwarze Gesichter, nicht nur auf der Bühne, ebenso im Publikum. In Grahamstown ist die Regenbogennation präsent.

Mein erstes Stück ist eine Pantomime und heißt *Hungry.* Hungrig sind die Unterdrückten dieser Erde, und der Westen ist an allem schuld. Die Botschaft ist zwar schlicht, die beiden jungen Darsteller bringen sie aber suggestiv und mit großem Körpereinsatz über die Bühne, die ein Rasenplatz vor der Aula der Universität ist. Mit gleicher Verve stürzen sich zwei schwarze Schauspielerinnen in ihre Performance in einer Schulaula. Ihr Sprech-, Sing- und Tanzstück heißt *Bead my Soul,* was man in etwa mit »Flicht meine Seele in die Glasperlenschnüre ein« umschreiben kann. Die Arbeit mit Glasperlen, einem wesentlichen Bestandteil afrikanischer Volkskunst, wird mit den Lebensgeschichten zweier Frauen verwoben. Der Höhepunkt meines Festspielbesuchs ist *Mooi Street Moves – Mooi Street-Bewegungen,* ein Stück des bekannten südafrikanischen Theaterautors Paul Slabolepszy von 1994. Das vertrackte Verhältnis zwischen dem rechtschaffenen, afrikaansen Naivling vom Lande und dem mit allen Wassern gewaschenen Bewohner des Johannesburger Dschungels, der dem Jüngelchen zeigt, wo es langgeht, steckt voller überraschender Wendungen und vermeidet allzu bequeme Eindeutigkeiten. Das Post-Apartheid-Duo vermittelt überzeugend, dass menschliche

Ausstrahlung und Witz allemal besser sind als Agitprop. Das gelingt auch mit Lara Foot Newtons Stück *Reach*. Der Titel klingt an die immer wieder erhobene Forderung an die Bürger zum Outreach an, dazu, sich den anderen aktiv zu öffnen. Die fragile Liebesgeschichte zwischen Marion, der älteren Weißen, und dem jungen Schwarzen Salomon kommt mit leisen Tönen daher. 2007 war das Stück auch in Deutschland zu sehen.

Abends trifft man sich an der Bar des kleinen Hotels Cockhouse. Der Wirt ist eine lokale Institution. Mir erzählt er von seinem Besuch in Hannover. Da hat er mit seiner Altherren-Hockeymannschaft die lüttje Lage probiert, eine nur mit Akrobatik zu bewältigende Kombination aus Bier und Korn. Ein älteres Paar spricht von seinen Kindern in Mexiko und England. Diese Geschichten höre ich immer wieder. Die Kinder in Australien oder London gehören zum Standardrepertoire des kleinen Gesprächs zwischen Fremden. Manchmal wundere ich mich angesichts der vielen Auswanderergeschichten, dass es noch rund 9 Prozent weiße Südafrikaner in Südafrika gibt. Auf eine Million schätzt man die südafrikanische Kolonie allein in London.

Das Klein Karoo Nasionale Kunstefees (KKNK) in Oudtshoorn ist die afrikaanse Antwort auf Grahamstown und kann aus dem Fundus der reichen Theaterproduktion in afrikaanser Sprache schöpfen. 1994, im Jahr der Wende, hat sich der Filmemacher Jans Rautenbach einen Traum erfüllt und in dem Karoo-Ort zusammen mit einem dortigen Geschäftsmann das KKNK gegründet. Es wird von der großen südafrikanischen Volksbank ABSA unterstützt und war von Anfang an ein Erfolg. Inzwischen genießt es auch staatlichen Geldsegen.

Mit der Unterbringung habe ich diesmal mehr Glück, obwohl Oudtshoorn mindestens so voll ist wie Grahamstown. Ich wohne bei Paul Dugmore in seiner ererbten Kolonialvilla. Einer seiner Vorväter betrieb die Zollstation am Swartbergpass, den man passieren muss, wenn man von der Küste in diesen Teil des Karoo fährt. Auf der Hinfahrt war ich an dem Häuschen inmitten einer majestätischen Gruppe alter Zedern vorbeigekommen. Es ist jetzt eine Wanderhütte. Oudtshoorn wirkt einnehmender und weniger ärmlich als Grahamstown. Vielleicht liegt es daran, dass es das Zentrum der Straußenzüchter ist. Mit den komischen Vögeln kann man auch heute noch gutes Geld verdienen, obwohl der

Hut mit Straußenfederpleureuse oder die Federboa einer vergangenen Epoche angehören. Aus dieser Zeit haben sich einige schmucke Villen von Straußenbaronen erhalten, mit all ihrer Gründerzeitüppigkeit in den südafrikanischen Outback verpflanzt. Stilgerecht wirbt das KKNK mit einem Plakat, auf dem Botticellis Primavera in einem Straußenei daherschwebt.

Das KKNK ist noch mehr als das National Arts Festival eine Mischung aus Kunst und Gaudi. Die breite Hauptstraße ist voller Verkaufsstände, Buden mit Gebratenem und Musikgruppen. Die Geländewagen sammeln sich wie früher die Ochsenwagen beim *Nagmaal* auf großen Plätzen am Ortsrand. In einem Zelt teilen freiwillige Helfer ein deftiges Innereiencurry, *afval* genannt, aus, dazu den etwas sauren Wein der lokalen Kooperative. Ein Bauer aus dem kleinen Nachbarort Calitzdorp, der Portweinhauptstadt Südafrikas, hält unsere Tischrunde mit seinem Port frei. In einem bayrischen Bierzelt könnte es nicht lebhafter zugehen. Ich sitze neben zwei smarten Johannesburgern, die jedes Jahr hierher kommen. Das Publikum ist deutlich weißer als in Grahamstown.

Der artist-in-residence hat seine Arbeiten in einer Tankstelle aufgebaut und ist eine Überraschung. Nach all der konventionellen Kunst weht hier ein frischer Wind. Jan van der Merwe macht Installationen aus rostigem Metall und Videoaufnahmen. Mir hat es besonders die Küche angetan. Hinter einem abgenutzten Vorhang tritt man vor eine Küchenspüle im Stil der 50er Jahre, in die ein Bildschirm eingelassen ist, auf dem zwei Hände immer wieder denselben Teller abwaschen. Blickt man nach oben, schaut man auf ein Fenster, an dem, per Video, unaufhörlich Regentropfen herunterlaufen. Eine suggestive Metapher auf das Verrinnen der Zeit. Van der Merwe kommt aus Pretoria und hat dort einen Brotberuf. Von künstlerischer Arbeit könne man in Südafrika kaum leben. Er wünscht sich eine Reise nach Europa oder Amerika für neue Anregungen. Südafrika sei klein. Später entdecke ich eine Skulptur von Hannalie Taute, einer ganz jungen Künstlerin, die gerade erst ihren Abschluss gemacht hat. Ich verliebe mich in die zarte, ja anmutige Figur einer Frau mit langem Rock aus gewachsten Lochplättchen und einem Vogelschädel als Kopf. In einem Zelt gibt es zum Frühstück Lesungen bekannter südafrikanischer Lyriker. Kulinarisches und Künstlerisches werden allenthalben unbefangen verbunden. Die Mischung ist anregend und frei von kultureller Weihestimmung.

Auch das jüngste afrikaanse Festival, das Aardklop Nasionale Kunstefees im Universitätsstädtchen Potchefstroom nicht weit von Johannesburg, wurde auf Anhieb ein Erfolg. Der Ruhm des KKNK ließ die Leute im Norden nicht ruhen. Vielleicht wollten sie auch das Image ihrer Stadt aufpolieren, und so kreierten sie 1998 ihre »Klopfzeichen«. Die Internetseite der zehnten Ausgabe von 2008 verkündet stolz, dass der Besucherstrom von 25 000 im ersten Jahr auf diesmal 160 000 angewachsen sei. Der Hauptsponsor ist hier eine Mediengruppe, die das afrikaanse Boulevardblatt *Beeld* herausgibt.

Das mit der Imageverbesserung habe ich erst verstanden, als ich in einer gemischten Kapstädter Runde verkündete, ich wolle dieses Jahr zum Aardklop. Betretenes Schweigen. Potchefstroom, klärte man mich schließlich auf, das ist die Doperstadt. Und das heißt tiefster Afrikaner-Konservativismus. Die *Doper* – das Wort hat etwas mit Taufen zu tun, meint aber inzwischen vernagelter, religiöser Fundamentalist – haben sich von der kalvinistischen Hauptkirche abgespalten und sich in der Apartheidzeit noch strikter von ihren schwarzen und farbigen Brüdern und Schwestern ferngehalten. Sittenstrenge und Familienwerte werden hochgehalten. Schon der Name Potchefstroom ist eine Afrikaner-Kuriosität. Weil Hendrik POTgieter, ein VoortrekkerCHEF hier am Flüsschen Mooirivier, dem STROOM also, mit den Seinen ein Lager aufgeschlagen hat, müssen nun alle mit diesem Namen leben, den sie liebevoll zu Potch verkürzt haben, bis er sicher eines nicht zu fernen Tages nach einem Tswanachief umbenannt werden wird.

Von alldem habe ich in Potch nichts gemerkt. Sollte die Imagekampagne gelungen sein? Wie Grahamstown hat auch Potch eine Universität, die hier aus einer Theologischen Fakultät hervorgegangen ist. Die meisten Veranstaltungen und das Pressezentrum sind in der Universität. Drumherum wieder Volksfest. Das Ganze ist, ähnlich wie Oudtshoorn, eine gelungene Mischung aus Theater, Tanz und Kunst mit viel afrikaanser Popmusik im Festzelt. Einige *boeremeisies* laufen zwar in alten Voortrekkerhauben herum, aber das scheint eher ein Jux als ernsthafte Traditionspflege zu sein.

Ich habe mir ein Programm quer durch alle Sparten zusammengestellt. Das Tanzstück *When the Outside Comes in* einer Gruppe aus Durban ist ein Projekt für arbeitslose Jugendliche. Es hat nichts von amateurhafter Rumhüpferei. Mir großer Präzision und Witz werden tanzend kleine Geschichten erzählt, so die von der Vorführung eines Gummistiefeltanzes für Touristen. Die *Drei Schwestern,* auf einen Hof im Karoo verlegt, büßen kaum etwas vom Raffinement Tschechows ein und gewinnen an Authentizität. Eine Premiere ist das Zwei-Personen-Stück »Boesman, my seun« – »Bosman, mein Sohn« des Theaterautors Deon Oppermann, eine Vater-Sohn-Beziehungskiste voller böser Worte und überraschender Volten, von den beiden Darstellern mit einigen Umzugskartons als einzigen Requisiten geschickt vom allzu wortlastigen Lesedrama weggerückt.

Bei der Podiumsdiskussion »Werden wir reicher oder ärmer werden?« ist volles Haus. Viele Zuhörer sehen wie gestandene Farmer, Handwerker und Geschäftsleute aus. Sie scheuen sich nicht, den Vortragenden kritische Fragen zu stellen. Auf dem Podium nehmen mit Frederik van Zyl Slabbert, dem afrikaansen Oppositionspolitiker aus der Zeit der alten Regierung, und Sampie Terrblanche, einem sozial engagierten Wirtschaftswissenschaftler, zwei Schwergewichte der südafrikanischen Szene teil. Die Reihe wird von der Konrad-Adenauer-Stiftung gefördert. Sampie Terrblanche beklagt mir gegenüber später, dass der deutsche Weg der sozialen Marktwirtschaft hier zu wenig bekannt sei und man nur auf den Manchester-Kapitalismus starre.

Unfreiwillig schließe ich mit einem Possenspiel ab. Beim Poetry-Slam mit dem hübschen Namen *Bekgefeg – Schnabelgefecht* werde ich vom Kampfrichter bei einem Schlagabtausch mit dem Publikum zur allgemeinen Erheiterung auf die Bühne getragen. Die von drei jungen Poeten zu den Stichwörtern Hintergedanke und Erinnerung improvisierten Gedichte sind witzig und gekonnt. Die *Doper* müssen sich in diesen Tagen freigenommen haben. Für das erzkonservative Burenstädtchen bedeutet der jährliche Zustrom von Künstlervolk und Festbesuchern aus allen Teilen des Landes eine Lockerungsübung.

Das KKNK und Aardklop wären ohne das große Reservoir afrikaanser Literatur kaum so erfolgreich. Afrikaans ist als Literatursprache im Ausland zwar eher ein Geheimtipp, in Südafrika aber erstaunlich lebendig. John Coetzee, der seine Bücher alle auf Englisch schrieb, aber aus einer gemischt englisch-afrikaansen Familie stammt, bekennt in seinen Kindheitserinnerungen:

> »Afrikaans ist wie ein Zaubermantel. der ihn [den Jungen] überall hin begleitet, in den er sich einhüllen und sich in eine andere Person verwandeln kann, auf einem Weg, der einfacher, heiterer und heller ist.«[35]

Das Bild des Menschen

Durch ganz Afrika zogen die »kleinen Menschen«, wie sich die Buschmänner selbst zuweilen nennen. Ihre Spuren sind heute in ihren Bildern abzulesen. Der afrikanische Mensch dieser frühen Zeit ist ein schlanker, behänder Jäger, ein wenig den Figuren von Mykene ähnlich. Er ist eine Silhouette, auf Felsen gemalt oder eingeritzt. Ihr Alter wird auf 2000 bis 6000 Jahre geschätzt. Jünger ist das plastische Bantugesicht mit Kraushaar, Schmucknarben und fülligen Lippen, bezwingend in seiner Archaik, das den Betrachter aus einem der bedeutendsten Kunstwerke des frühgeschichtlichen Südafrikas anblickt. Um 500 n. Chr. entstand im Osttransvaal der Tonkopf von Lydenburg. Wenig wissen wir vom Selbstbild der Südafrikaner in den folgenden Jahrhunderten.

Schließlich begann mit der Ankunft der Europäer die Zeit, in der sich die Weißen ein Bild von den Menschen machten, die sie in dem neu entdeckten Land vorfanden. Zuvorkommend grüßt Autshumato Jan van Riebeeck. Fromm sitzen die Kinder Gottes im Kreis um den Missionar in Genadendal. Stolz pflanzt Shaka Zulu seinen Schild auf. Verträumt schweift der Blick von Buschmann A!kunta im Garten von Wilhelm Bleeks Haus in die Ferne. Ernst sehen die Abgesandten des ANC in London in ihren feierlichen Bratenröcken aus. Füllig, fröhlich und farbenfroh leuchten uns die schwarzen Madonnen des malenden Paters Claerhout entgegen.

Oft sind die Abgebildeten eher typisiert als individuell. Ironisch hat der junge Kapstädter Künstler John Murray diese Typisierung in seinen plakativen Bildern von Politikern, Richtern und anderen Würdenträgern aufgegriffen. Der aus Deutschland eingewanderte Bildhauer Peter Schütz – 2008 verstorben – greift koloniale

Stereotypen wie den schwarzen stummen Diener auf und lässt sie in dekorativer Pose erstarren, von Pfeilen durchbohrt. Ins Leere blicken die statuarischen Holzfiguren von Claudette Schreuders. Die Typisierung entspricht durchaus der Tradition afrikanischer Kunst und ihrem Kulturverständnis, das die Gruppe wichtiger nimmt als den Einzelnen, ausgenommen den Anführer.

Heute prägen immer mehr schwarze Künstler selbst das Bild des Menschen in seiner südafrikanischen Variante. Emblematisch für das Leiden der schwarzen Nation wurde die Darstellung des toten Steve Biko in der Haltung eines vom Kreuz abgenommenen Christus von Sam Nlengethwa. Ein Polizist guckt unbeteiligt von oben aus einem Bild auf der Mauer. »Es lässt ihn kalt«, so der Titel. Jane Alexander lässt einen Mann mit zusammengebundenen Füßen kopfüber an der Wand hängen. Sein Kopf ruht auf einem Heiligenschein. Zu einer Ikone südafrikanischer Gegenwartskunst wurden die »Butcher Boys«, eine andere Skulptur von Jane Alexander, erstmals 2003 auf der Documenta in Kassel zu sehen. Drei nackte junge Männer sitzen mit Tiermasken vor dem Gesicht nebeneinander auf einer Brüstung, ein beklemmendes Tryptichon.

Der namenlose, ausgebeutete Arbeiter findet zeitlose Gestalt in der Bronzefigur »Bag Carrier« von Durant Sihlali. In einem Land, in dem die Arbeitskraft häufig immer noch billiger ist als Maschinen, sieht man sie auch heute noch, die gebückten Gestalten, den schweren Sack auf dem Rücken schleppend.

Einen Teil dieses Bildprogramms, vom Lydenburgkopf bis zu Steve Bikos Tod, konnte man in der großen Gedenkausstellung »Democracy X« sehen. 2004 wurde sie in Kapstadt und Johannesburg zur Feier von zehn Jahren Demokratie gezeigt.[36] Neuere Arbeiten bot die große Sammelschau »Africa Remix«, die zwischen 2005 und 2007 von Düsseldorf aus durch die Welt tourte. In diesem künstlerischen Porträt eines Kontinents war Südafrika mit zehn Künstlern prominent vertreten.[37] In Erinnerung bleiben Marlene Dumas' beklemmende Zeichnungen von mit Augenbinde oder *wet bag* verbundenen Köpfen, Zwelethu Mthethwas Fotos von Landarbeitern, der Biedermeierschrank mit Reihen schwarzer, eingegitterter Köpfe von Andries Botha und das Foto eines Weges mit Panzerspur, aus dem sich ein verrotteter Stahlhelm auf einem Pfeiler erhebt, von Santu Mofokeng.

In Südafrika sei alles politisch, klagte ein Funktionär der Vereinten Nationen in einem Gespräch über die fragwürdige Aidspolitik der Regierung Mbeki. Das trifft auch für die Kunst zu. Dennoch kommen dabei durchaus gelungene Bildfindungen jenseits von politischer Propaganda zustande. Die erwähnten Tagesstrichlisten der Gefangenen von Willem Boshoff sind überzeugend, ebenso seine überklebte Wahlurne oder die abmontierten Straßenschilder mit Namen aus der Kolonialzeit. Mit dem Überraschungseffekt, den die Umkehrung der bisherigen Herrschaftsverhältnisse bedeutet, spielt eine Comicserie von Brett Murray: Da hält Petrus einen weißen älteren Mann mit schütterem Haarkranz an der Himmelstür fest und ordnet an: »Sag ›Ich will in den Himmel‹ auf Zulu.« Diane Victor lässt in altmeisterlicher Manier eine dienstbare Weiße der schwarzen Schönheit den Spiegel hinhalten.[38] Die beliebte Comicserie »Madam & Eve« von Stephen Francis und Rico Schacherl gewinnt die witzigen Effekte dagegen gerade aus der bisher noch weitgehend üblichen Konstellation. Madame ist weiß und Eve, das Hausmädchen, schwarz, aber wahrhaftig nicht auf den Mund gefallen.

Wenn Cyril Coetzee Bilder von Adamastor, dem mythischen Bezwinger des stürmischen Kaps der Guten Hoffnung, und von Nelson Mandela in seine ironische Collage von Versatzstücken der südafrikanischen Geschichte montiert und das Ergebnis »T'kama Adamastor. Repainting the past« nennt, schließt sich auch bildnerisch ein Kreis, der 1652 begonnen und 1994 sein vorläufiges Ende gefunden hat.

Scheinbar zeitlos ist das südafrikanische Kunsthandwerk. Anknüpfend an die Tradition der Stickerei und des Schmucks aus Glasperlen fertigen Frauen in allen Provinzen phantasievolle Ketten, Ohrringe und Armbänder aus den Farben sprühenden Perlen. Die Vorratshaltung in Tonkrügen und Flechtkörben scheint einer vergangenen Zeit anzugehören, aber die Fertigkeit ist geblieben. So entstehen hinreißende Gefäße in allen Größen und Formen. Neueren Datums ist das Kunsthandwerk aus recycelten Materialien. Das Chamäleon aus geflochtenem Draht läuft an meiner Hauswand hoch, mit den echten Minidrachen um die Wette, das Huhn mit seinen Federn aus Plastiktüten pickt im Garten herum. Alles Mitbringsel von kleinen Gemeindemärkten und Selbsthilfezentren in meiner Nachbarschaft.

Viele südafrikanische Künstler schöpfen aus dem reichen Reservoir des traditionellen Kunsthandwerks und gewinnen ihm ganz neue Seiten ab. Esther Mahlangus bemalter BMW steht in der Sammlung künstlerisch gestalteter Autos von BMW in München neben Arbeiten von Künstlern wie Roy Lichtenstein und Andy Warhol. Die überkommene Technik der Ndebelefrauen aus dem Norden Südafrikas, ihr Haus mit Ornamenten in kräftigen Farben zu verzieren, hat Mahlangu von der ursprünglichen Funktion gelöst und daraus ihr künstlerisches Markenzeichen entwickelt. Noria Mabasas Skulpturen aus den Harthölzern ihrer subtropischen Heimatprovinz Limpopo sind gesuchte Objekte und finden sich in Banken und Büros von Johannesburg wieder. Willie Bester aus dem Westkap arbeitet seine bitterbösen Figurengruppen, so den Uniformierten mit Dogge, ganz aus recycelten Metallteilen. Der junge Siphiwe Zulu aus Durban malt in einer Technik, die an Glasperlenarbeiten geschult ist, Motive des heutigen Südafrikas: Eine Frau holt Wasser vom Gemeinschaftsbrunnen und gießt es durch einen Filter in den mitgebrachten Blecheimer. Auf sanfte Weise entsteht soziale Anklage. Näher dem Kunsthandwerk bleiben die Holzfiguren von Julius Mfethe aus der Transkei. Die Reiter und Hirten mit ihren langhornigen Ngunirindern, das Xhosa-Paar aus schön gemaserten einheimischen Hölzern, ausgestellt beim Kulturfestival von Grahamstown, sind sich selbst genug.

Schwarzer Rhythmus

Im November 2008 ging das Leben einer legendären Künstlerin zu Ende. Miriam Makeba starb, wie sie gelebt hat, im vollen Einsatz auf einer Tournee durch Europa. 1963 ging sie ins amerikanische Exil, sagte vor der UN gegen das Apartheidregime aus und machte ihre Lieder zu einem Instrument des Befreiungskampfes, aber einem, das nicht indoktrinierte, sondern mitriss. Vor vollem Haus sang sie 1966 in New York in ihrem heimischen Xhosa von den Polizeikommandos im Township: »Kawuzela, Mama, kawuzela!« »Beeil dich, Mama, lass dich nicht fangen!«, riefen die Kinder ihren Müttern zu, wenn sie die Polizeiautos kommen sahen. Als ich Miriam Makeba bei ihrem Abschiedskonzert 2006 in Kapstadt hörte, hatte die inzwischen über 70-Jährige nichts von ihrer Ausstrahlung verloren.

Man muss nicht bange sein, dass es nach dem Tod von *Mama Afrika* Südafrika nun an aufregenden Frauenstimmen fehlen werde. 2005 gewann Pauline Malefane für ihre überzeugende Verkörperung der Carmen als Xhosa-Vamp im Tonwship Kayelitsha den Goldenen Bären bei den Berliner Filmfestspielen. Auch Sibongile Khumalo, die Princess Magogo aus der Zulu-Oper, und Judith Sephuma lassen sich nicht aufs Opernfach festlegen und brillieren mit Afro-Jazz und -Pop. Mit der Rockröhre Karen Zoid und dem jungen Opern- und Kabaretttalent Zanne Stapelberg tragen die afrikaanssprachigen Südafrikaner kräftig zu dem Reichtum an besonderen Stimmen bei. Karen Zoid, die 2008 den South African Music Award gewann – sozusagen den regionalen Grammy – und ihre Songs selbst schreibt, genießt bei der (weißen) Jugend Kultstatus.

Die meisten Opernsänger und einige Orchestermusiker versuchen es schon deshalb mit Populärmusik, weil man in Südafrika mit klassischer Musik nicht reich werden kann, seit Opernhäuser und Orchester nicht mehr öffentlich gefördert werden. Man steckt die knappen Mittel lieber in weniger europäisch dominierte Musikproduktionen. »Die Gage ist zu klein, um davon leben zu können«, seufzt Sophie, die junge Altistin aus Deutschland, die ich auf einer Carmen-Matinee im Kapstädter Castle kennenlerne. Ihren Vertrag will sie trotzdem verlängern. »Das Leben ist hier so leicht.« Vor der Probe am Nachmittag kann sie am Blaubergstrand surfen gehen. »In welcher Stadt gibt es etwas Ähnliches?« Auch das kollegiale Arbeitsklima gefällt ihr.

Eine andere südafrikanische Musiklegende ist noch sehr lebendig. Der soignierte ältere Herr, der bei einem Konzert im Kapstädter Artscape gemächlich auf die Bühne schlendert, vom Beifall, der ihm entgegenbraust anscheinend unbeeindruckt, hat äußerlich nichts mehr mit dem Jungen gemein, der einen riesigen Luftsprung macht, seine Zunge rausstreckt und triumphierend seine neue Trompete schwenkt, wie man es in der Ausstellung »Democracy X« sehen kann. Damals 14-jährig hatte Hugh Masekela die Trompete vom anglikanischen Erzbischof Trevor Huddleston, dem engagierten Antiapartheidkämpfer, geschenkt bekommen.

Jazztrompeter Hugh Masekela, ebenso berühmt wie Miriam

Makeba, mit der er eine Zeitlang verheiratet war und in den USA gemeinsam aufgetreten ist, hat wie sie lange im Exil gelebt. Auch seine Musik hatte den Bonus politisch motivierter Aufmerksamkeit nicht nötig. Sie spricht für sich. Mit dem Jazzpianisten Dollar Brand, aus dem nach seiner Konversion zum Islam Abdullah Ibrahim wurde, und anderen gründete Masekela in seinen frühen Jahren die erste afrikanische Jazzband, die eine Langspielplatte aufnahm, die »Jazz Epistles«. Ich hatte das Glück, auch Abdullah Ibrahim bei einem Konzert in Kapstadt zu erleben – zusammen mit der NDR-Bigband. Die Deutsche Kulturwoche, die es jedes Jahr im Oktober gibt, machte es möglich.

Als ich bei einem Deutschlandbesuch durch ein Kaufhaus streifte, kam mir die Hintergrundmusik irgendwie vertraut vor. Es war tatsächlich »Freshly Ground«, die angesagte Band aus Kapstadt, die ich dort live auf dem Suidoosterfees gehört hatte. Mit ihrer Leadsängerin Zolani Mahola hat sich die erst 2002 gegründete Gruppe weltweit durchgesetzt. Sie bezeichnet selbst ihren beschwingten, manchmal romantischen, sehr tanzbaren Stil als Afro-Fusion. Damit spricht sie ein junges Publikum an, das politisch aufgeladener Musik überdrüssig geworden ist. Es geht um Liebesleid und -lust und nicht mehr um Unterdrückung und Kampf. Der war noch in den Anfängen von *Kwaito* spürbar, Südafrikas ureigenem Beitrag zur Weltmusik, der aus den Townships und ihren Shebeens, den Kneipen und Tanzschuppen, kommt. *Kwaito* leitet sich vom afrikaansen Wort *kwaai* her, was zugleich wütend und cool bedeuten kann. Die Texte mischen Zulu und Xhosa mit Englisch und dem Slang der Townships. »Don't call me kaffir« war einer der frühen Hits. Die bekannteste *Kwaito*-Stimme, Brenda Fassie, ist 2004 verstummt. Mandela nahm den Tod der erst 40-Jährigen zum Anlass, einmal mehr eindringlich vor Drogenmissbrauch zu warnen. Zola, nach dem Ghetto in Soweto, in dem er aufwuchs, nennt sich ein anderer *Kwaito*-Star. »Ibutho« – »Krieger« heißt sein letztes Album mit viel Sprechgesang in Tsotsitaal, der Sprache des schwarzen Untergrunds. Heute ist *Kwaito* einfach eine fetzige, rhythmusbetonte Tanzmusik, Südafrikas Antwort auf den Hip Hop. *Kwaito* ist ein Lebensstil des jungen städtischen Publikums. Er umfasst die Art, wie man sich anzieht, wie man spricht und wie man tanzt. Und er ist für den anglophonen Teil des Kontinents stilbildend.

Nur in Kapstadt gibt es eine Musiktradition, die bis in die Zeit der Holländer zurückreicht: die Chöre der Kapmalaiien und die »Kaapse Klopse«. Um Neujahr herum ziehen die »Klopse« in ihren bunten Satinanzügen, die Kreissäge auf dem Kopf, den Sonnenschirm in der Hand, durch die Straßen. Mit ihren Clownsgesichtern trommeln, pfeifen und singen sie, was das Zeug hält. Karneval auf südafrikanisch. Der Coon Carneval führt sich auf die Kostüme und Gesänge der Schwarzen auf den Baumwollfeldern des amerikanischen Südens zurück. Die Lieder der *Klopse* speisen sich aus vielen Quellen. Coon-Songs, alte holländische Volkslieder, afrikaanse Spottlieder, malaiische Klänge und Neukompositionen gehen eine bunte Mischung ein. Fast das ganze Jahr über bereiten sich die einzelnen Bands vor. Die ganze Familie macht mit. Sie nähen neue Kostüme, üben die alten Lieder und komponieren neue dazu, alles für den großen Auftritt und den Wettbewerb um den Preis des besten Chors Anfang Januar im Athlone Stadion.

Südafrikanische Musik wird in alle Nachbarländer exportiert, und Südafrika prägt das Bild von afrikanischer Musik und Tanz. Noch im fernen Ezulwinital in Swasiland konnte ich im Musik- und Theater-Klub »House on Fire« Thandiswa Mazwai, eine andere südafrikanische Afro-Pop-Queen, hören. Die Rhythmen von *Kwela-Jive,* der jazzigen Straßenmusik aus den 50ern, in der die *Kwela,* die Metallblockflöte der Parademusik, eine Hauptrolle spielt, von *Kwaito,* Afro-Jazz und Afro-Pop machen Südafrikas Musikkultur zu einer der vielfältigsten und mitreißendsten in Afrika. Die ganz Erfolgreichen gehen gleich an den Broadway, noch bevor sie in Südafrika debütieren. »Serafina!« hat es vorgemacht, und Zindzi Mandela, jüngste Tochter der südafrikanischen Ikone, bringt ihr eigenes Leben in einem Musical 2010 in den USA heraus. Broadway-Partner hat sie schon. Der Mandela-Clan hat noch ein weiteres Musiktalent hervorgebracht. In Kapstadt trat Enkelin Tandile mit ihrem Jugendorchester Amabalengwe auf und bot traditionelle afrikanische Musik mit Gesang in Xhosa, Zulu und Sotho.

Die Schöne und die Reiche – Kapstadt und Johannesburg

Altes und Neues in der »Mother City« – Im Township – Insel am Kap – Stadt des Goldes – Afrikanische Metropole – Schlüsselerlebnisse

Altes und Neues in der »Mother City«

Johannesburg ist amerikanisch, Durban afrikanisch-asiatisch und Kapstadt europäisch, heißt es. In der »Mother City« ist das niederländische Erbe in den kapholländischen Häusern mit ihren blendend weißen Fassaden, geschwungenen Giebeln und den dunkelgrünen Türen und Fensterläden noch heute sichtbar. Auch Straßennamen wie Dorp- oder Burgstraat bewahren die Erinnerung. Am Green Market Square könnte der Kontrast nicht größer sein. Im kapholländischen Alten Stadthaus aus dem 18. Jahrhundert herrschen vornehme Stille und Kühle. Die Alten Meister an den Wänden über den dunklen Holzpaneelen leuchten aus dem Halbdunkel heraus, denn das Licht dringt nur gefiltert durch die geschlossenen halbhohen Läden vor den hohen Schiebefenstern. Fast ist es, als sei man in einem alten Haus in Amsterdam, wären nicht die gleißende Helligkeit und das fröhliche Tohuwabohu des afrikanischen Markts auf dem Platz davor.

An einem Mittag im Sommer hat das Koopmans-de-Wet-Haus offene Tür. Ein Quartett von Musikstudenten gibt dort ein Lunchkonzert. Das alte Kaufmannshaus erwacht für kurze Zeit zum Leben. Es ist das einzige typische Wohn- und Geschäftshaus aus der holländischen Zeit, das auch innen noch vollständig erhalten ist, und liegt mitten in der Altstadt an der Strand Street. Als es erbaut wurde, ging die Straße am Meer entlang, und die Bewohner konnten die Schiffe einlaufen sehen. In der Nähe des Hauses war früher der Fischmarkt. Wir Zuhörer sitzen im Voorhuis, der Empfangshalle an der Straßenseite, die man über den *stoep,* die offene, erhöhte Terrasse vor dem Hauseingang, erreicht, ohne die kein kapholländisches Haus auskam. In seiner aktiven Zeit war das Haus wie andere Kapstädter Bürgerhäuser auch eine Wirtschaftseinheit. In seiner Anlage erinnert es an die alten Häuser in unseren Hansestädten. Es bot Platz für die Familie, das Gesinde – bis in die Mitte des 19. Jahrhunderts Sklaven – für Warenhaltung, Geschäft und Handwerk, für Kutsche und Pferde. Das Erdgeschoss mit seinen Nebengebäuden rund um den Innenhof gehörte den Wirtschaftstätigkeiten. In der oberen Etage wohnte die Familie. Wirtschaftlich ruhte das Ganze auf der Arbeit der Sklaven aus den holländischen Kolonien Südostasiens. 1840 gehörten 26 Sklaven zum Nachlass der Witwe Margareta de Wet, die das Haus 1806 gekauft hatte. Ihre Enkelin Marie widmete sich später ganz dem Erhalt des Hauses. Sie war zu ihrer Zeit eine gesellschaftliche Institution. Im Burenkrieg trat sie für die afrikaansen Frauen und Kinder in den englischen Konzentrationslagern ein. Zusammen mit ihrer Freundin, der bekannten Schriftstellerin Olive Schreiner, war Marie Urheberin einer Eingabe von mehr als 16000 Südafrikanern an Königin Victoria, sie möge die Lage der Internierten verbessern.

Keine altholländische Stadt wäre vollständig ohne die Groote Kerk, die kalvinistische Hauptkirche. Das Innere ist würdevoll, aber schmucklos. Selbst eine lutherische Kirche wirkt reich verziert gegen diese Strenge. Aller Schmuck war den Kalvinisten als papistisch verdächtig. So gibt es weder Kreuz noch Altar. Nur auf das Wort kommt es an. Im Zentrum steht die Kanzel, eine der Hauptarbeiten des deutschstämmigen Bildhauers Anton Anreith. Außen gleicht der Bau einem griechischen Tempel, denn später wurde die Groote Kerk klassizistisch umgebaut – von Heinrich Schütte, einem anderen deutschen Einwanderer. Die Kirche ist groß, die Gemeinde klein. Weniger als 800 Mitglieder zählt sie heute. Afrikaans hört man in der Innenstadt inzwischen selten.

Das ähnlich von Säulen umstandene Parlament, die neugotische St. Georges Cathedral und die City Hall im Gründerzeitpomp markieren das englische Jahrhundert Kapstadts. »Very British« sind auch viele der traditionellen Europäerwohnviertel, von Gardens und Oranjezicht in Citynähe bis Rondebosch, Claremont und Kenilworth weiter südlich. So manche mediterran umblühte viktorianische Villa findet sich in den alten Badeorten an der False Bay, in Muizenberg und Simon's Town, das die Briten im 19. Jahrhundert zum Marinehafen ausbauten. Die Falsche Bucht am Indischen Ozean im Südosten der Stadt hielt man lange Zeit für die einzige am Tafelberg. Später entdeckte man die richtige Table Bay nördlich des Berges am Atlantik, wo sich heute Hafen und Victoria & Albert Waterfront, die Einkaufs- und Amüsiermeile von Kapstadt, befinden.

Wenn ich mit Freund Edward, dessen Familie aus England stammt, durch die Stadt fahre, gibt es kaum ein altes Haus, das er nicht kennt. In Oranjezicht in einer alten Villa hat er die Kindertage bei den Großeltern, die schon eingesessene Capetonians waren, verbracht. An der Loop Street in der City war das Kontor seines Vaters, und in einem alten Backsteinkasten neben dem Rugbyfeld von Rondebosch tagt einer seiner Klubs, »The Owls« – »Die Eulen«. Dort hört man sich geistreiche Vorträge an und pflegt die Geselligkeit unter Gleichgesinnten. Die Eulen sind eher Pinguine. Sie lassen es sich nicht nehmen, zu jedem Treffen den *black tie*, den Smoking, anzulegen. Ich weiß es nur vom Hörensagen, denn Damen sind als Mitglieder nicht zugelassen. Sie werden nur einmal alle 50 Jahre zu einem Galadinner eingeladen. Man kann sich ausrechnen, wie oft das seit dem Gründungsjahr 1879 der Fall war.

Oberhalb der Universität an der Bergflanke trumpft das Rhodes Memorial in imperialer Geste mit Säulentempel über breiter, von Löwen flankierter Freitreppe auf. Mit dem Namen von Cecil Rhodes verbindet sich wie mit keinem anderen die Zeit der britischen Herrschaft im südlichen Afrika. In seinem Gedenktempel blickt Cecil Rhodes, den Kopf auf den Arm gestützt, über Kapstadt und die Bucht nach Norden. Nicht ganz bis Kairo, aber weit in die Mitte Afrikas hinein hat er den Kontinent für die britische Krone erobert. Ich bewege mich auf meinen Reisen in die Nachbarländer fast immer in britischen Ex-Kolonien. Nur in Namibia und Tansania gab es ein kurzes deutsches Zwischenspiel, und in Mosambik und Angola herrschten die Portugiesen.

Architektonische Kraftakte anderer Art flankieren die breiten Straßen und Plätze von Foreshore, dem Stadtgebiet zwischen Hafen und Altstadt, das erst im frühen 20. Jahrhundert aufgeschüttet wurde, um Siedlungsraum zu gewinnen. Betongewordene Zeugnisse des Afrikanernationalismus aus den 60er und 70er Jahren sind die Klötze des Civic Centre, der heutigen Stadtverwaltung, von Artscape, dem Mehrzwecktheaterbau, und dem Einkaufszentrum Golden Acre, gigantomanisch und unwirtlich. Der Weg vom alten kapholländischen Stadthaus mit seinen angenehmen Proportionen im menschlichen Maß über die Gründerzeit-Sahnetorte der City Hall, heute Konzertsaal, zum krude modernistischen Klotz des Civic Centre stimmt nostalgisch. Wie leicht und wohlproportioniert dagegen die neueste Architektur: Das aus Glas und hellem Holz gebaute Schiff des Cape Town International Convention Centre ging 2003 am Eingang zur Stadt gegenüber einer surreal abgebrochenen Autobahn und dem Yachthafen vor Anker. Die »Mother City« gibt sich Mühe, international zu werden. Im Konferenzzentrum finden die internationalen Messen und Kongresse statt, seit ein paar Jahren auch die Cape Town Book Fair, ein erfolgreicher Ableger der Frankfurter Buchmesse.

Im Township

Eine Fahrt in die Cape Flats, die ausgedehnten Wohngebiete im nordöstlichen Flachland, bedeutet einen Schritt von der Ersten in die Dritte Welt. Ein Rapper singt beim Cape Town City Festival von denen jenseits der M5. An der Stadtautobahn M5 liegen am Hang des Tafelbergs die südlichen Vororte für die Betuchten aufgereiht, je näher am Berg, desto teurer. Dahinter beginnt das Niemandsland, in das weder die Touristen noch die meisten Kapstädter einen Fuß zu setzen wagen. Die Townships Kayelitsha, Langa, Nyanga und Gugulethu drängen sich dicht aneinander. In den Dünen am Indischen Ozean folgen die Siedlungen der Farbigen, Mitchell Plains, Bonteheuwel, Lavender Hill.

Mit Pumzile streife ich in meinem kleinen grauen Toyota Tazz durch Kayelitsha. Das Auto ist unauffällig genug und gehört sowieso ins Township, hatte mich doch ein Verkäufer vom Supermarkt, als ich ihn bat, ein paar Blumentöpfe in eben diesem Kleinwagen zu verstauen, ungläubig gefragt, ob ich den grauen »Kayelitsha Tazz« meinte. Das Auto ist in Südafrika vielleicht noch mehr Statussymbol als anderswo. Auch meine Nachbarn belächeln mein leistungsfähiges, aber zu klein geratenes Autolein als exzentrische Marotte einer Ausländerin. Obwohl es zweifellos nicht ungefährlich ist, im Township unterwegs zu sein, nimmt die Furcht vor dem Anderen bei vielen Weißen und auch bei so manchem arrivierten Schwarzen zuweilen irrationale Formen an. Auf dem Weg vom Flughafen in die Stadt sieht man entlang der Autobahn N2 vor allem die unsäglich ärmlichen Bretterbuden der *informal settlements,* der wilden Siedlungen am Rande der Townships. Erst wenn man weiter hinein fährt, gar Besuche macht, einkauft oder sich in der Oliver Tambo Hall, dem großen Gemeindezentrum von Kayelitsha, eine Show ansieht, entdeckt man das normale Leben eines weitgehend geordneten Gemeinwesens. In Langa und Mitchell Plains hat in kommunalen Nachwahlen von Ende 2008 die damalige Bürgermeisterin Helen Zille mit ihrer als zu weiß verschrienen DA erstmals eine nennenswerte Anzahl von Wählerstimmen schwarzer und farbiger Townshipbewohner gewinnen können. Auch das ist ein Hoffnungszeichen, dass die Rassenschranken nicht für ewig zementiert sind.

Insel am Kap

Kapstadts Verhältnis zum Rest des Landes ist nicht ohne wechselseitige Animositäten, schon wegen der geographischen Randlage der Stadt. In Kapstadt tagt das Parlament, aber die Regierung sitzt im rund 1500 Kilometer entfernten Pretoria. Dass Kapstadt seit 2005 von einer Koalition aus Oppositionsparteien unter Führung einer weißen Bürgermeisterin regiert wurde, trägt vorerst nicht zur Entspannung bei. Johannesburg ist von Kapstadt ebenso weit entfernt wie Pretoria. Die Goldstadt ist das wirtschaftliche Kraftzentrum Südafrikas und Traumziel so vieler Glückssucher vom afrikanischen Kontinent. In den anderen afrikanischen Ländern wurde ich immer nach Johannesburg gefragt, von Kapstadt war kaum die Rede.

Durban am Indischen Ozean sieht sich ebenso wie die »Mother City« als Hafenstadt und steht nach Größe und Potential zu Kapstadt in Konkurrenz. Auf Zulu heißt es denn auch *eThekwini,* der Ort, an dem sich Erde und Meer treffen. Mit ihrem quirligen Mix aus Orient und Afrika bietet die Stadt mit der größten Zahl indischer Einwanderer ein Kontrastprogramm zum europäisch geprägten Kapstadt.

Schwarze Besucher aus Johannesburg klagen zuweilen, sie fühlten sich in Kapstadt wie Touristen im eigenen Land. Die Stadt ist ihnen zu weiß. Das hindert sie nicht, in allen südafrikanischen Ferien ans Kap zu strömen. Autos mit dem Kennzeichen Gauteng, der Provinz, in der Johannesburg und Pretoria liegen, gehören dann zum Straßenbild. Kapstadt ist ein Touristenmagnet, nicht nur für Ausländer. Berg und Bucht, Strände, Wein und Spitzengastronomie locken und nicht zuletzt das europäische Flair einer historisch gewachsenen Stadt. Tatsächlich ist das Westkap kein traditionelles Siedlungsgebiet der Schwarzen. Im Westkap lebten vor allem Weiße und Farbige, die Nachkommen von eingeborenen Khoikhoi, importierten Sklaven und Weißen. Erst mit der Aufhebung der Homelands, den für Schwarze reservierten Landesteilen, strömten seit 1994 vor allem Xhosa aus dem Ostkap nach Kapstadt. Böse Zungen behaupten, der ANC habe den Zuzug gefördert, um die Machtverhältnisse in Kapstadt zu seinen Gunsten zu verändern. Die neue Stadtregierung wehrt sich gegen die ungezügelte Zuwanderung und versucht darauf einzuwirken, dass die Lebensverhältnisse in den ländlichen Regionen des Ostkaps verbessert werden, um zum Bleiben zu ermutigen. Das ist aber mangels vorhandener Infrastruktur und bei geringen Erwerbsmöglichkeiten außerhalb der Landwirtschaft schwierig. So wächst der Ring der Townships um die Innenstadt. Heute ist Kayelitsha in Kapstadt nach Soweto in Johannesburg das größte Township Südafrikas.

Eine Einwandererstadt ist Kapstadt eigentlich für alle. Nur die Khoikhoi waren schon da, als es noch gar keine Stadt gab. In der Anthologie *A city imagined – Eine vorgestellte Stadt* klingt immer wieder das Gefühl an, in einer Durchgangsstation zu leben.[39] Das Inselgefühl vieler Kapstädter kommt spielerisch in einem Gedicht derselben Anthologie zum Ausdruck:

»Die Republik vom Tafelberg
war eine Idee […] eines nachts […]
nach einer Fahrt über die Halbinsel
[…] wo wir für eine Weile
die Einzigen waren
während wir dort
auf die glitzernde Stadt hinuntersahen
und es ging irgendwie so:

Man könnte
die Trennlinie markieren
von Blaubergstrand
über die Cape Flats
bis False Bay
Dann könnten
23 000 Windsurfer
bei Mozartmusik aus Walkmans
sie (die Stadt) wegziehen […]«[40]

Kapstadt als Insel? Vielleicht gefiele der Stadt diese Vorstellung. Sie ist eine eitle Schöne, die oft und ausgiebig in den Spiegel schaut und die Schneewittchenfrage stellt. Wäre ich der Prinz, das Urteil fiele mir schwer. Die Stadt ist schön gelegen, ganz ohne Zweifel, aber ist sie die vibrierende Metropole, die sie gerne sein möchte? Mit Besuchern gehe ich in der blauen Stunde in die Hemisphere Bar hoch oben im 18. Stockwerk eines Bankhochhauses. Der Blick durch die Panoramafenster auf Stadt, Bucht und Berg verfehlt seine Wirkung nie. Schaut man allerdings auf die Straßen direkt unterhalb des Hochhauses, so kann man auf diesen Hauptstraßen des Zentrums einer Dreimillionenstadt die Autos an fast jedem Abend des Jahres zählen, und Fußgänger gibt es kaum. Wenn die Büros und Geschäfte schließen, macht auch ein großer Teil der Innenstadt zu, im Winter häufig schon am Tage. Im Sommer sind es vor allem Touristen, die das Zentrum beleben. Was fehlt? In dieser immerhin mehr als 350 Jahre alten Stadt hat der Aufbruch des 19. Jahrhunderts mit seinen Boulevards und kompakten Häuserzeilen, wie sie große Städte nicht nur in Europa, auch in der Neuen Welt auszeichnen, nicht stattgefunden. Eine koloniale Provinzstadt des 18. Jahrhunderts mit dem Charme der kleinteiligen Bauweise jener Zeit scheint in einem Anzug des 20. Jahrhunderts zu stecken, den sie erst noch ausfüllen muss. Im Central Business District, der eigentlichen Innenstadt, wohnten 2008 nur 850 Menschen ständig. Die hohe Einwohnerzahl von Großkapstadt kommt hauptsächlich durch die Townships mit ihren winzigen, überfüllten Häuschen und Hütten zustande. Eine Ahnung von Stadtbevölkerung, die Kapstadt mit Leben erfüllen könnte, entsteht am ehesten in den Geschäften, Kinos und Cafés der Victoria & Albert Waterfront, dort wo vor 350 Jahren die ersten Europäer gelandet waren. Früher maß sich die Schöne mit Europa. London ist immer noch ein besonderer Bezugspunkt. Heute weiß sie nicht so recht, ob sie übers Meer oder nach Afrika schauen soll.

Stadt des Goldes

Kapstädter haben zum zentralen Ballungsraum Südafrikas ein zwiespältiges Verhältnis. In Johannesburg verdient man zwar das Geld, aber nur in Kapstadt kann man das Leben genießen, sind sie überzeugt. Doch die Konzentration von Geld und Macht im Minengürtel des Nordens fasziniert mich. Ich nähere mich diesmal von Pretoria, das sich jetzt im Oktober mit seinen Alleen blühender Jakarandas von seiner besten Seite zeigt. Bevor ich mich in den geliebten und gehassten Moloch Johannesburg, über dessen Vorzüge und Fehler Südafrikaner stundenlang debattieren können, einfädeln kann, gilt es die meistbefahrene Strecke des Landes zu passieren. Von Pretoria nach Johannesburg ist auf der vierspurigen Autobahn Nummer 1 zähflüssiger Verkehr wie immer. 2010 soll eine Schnellzugverbindung Abhilfe schaffen. Alle Pendler auf den weitgehend zugebauten 50 Kilometern zwischen den beiden Ballungszentren hoffen darauf.

Johannesburg ist die heimliche Hauptstadt Schwarzafrikas. Nur Nairobi kann da noch mithalten. Jo'burg oder Jozi ist das Mekka so vieler Afrikaner, die hier ihr Glück suchen, ein Big Apple für Afrika. Der Apfel ist vergoldet, denn der Goldsuche verdankt diese junge Stadt ihre Existenz. Goldminen, daneben Platin und Diamanten, sind auch heute noch die Haupteinnahmequelle des Landes. Am Witwatersrand ruht immer noch fast die

Hälfte der weltweiten Goldreserven im Gestein. Die Minengesellschaft Anglo Gold Ashanti ist der zweitgrößte Goldförderer der Welt. Im Wirtschaftsteil der Zeitungen nimmt die Goldpreisnotierung eine prominente Position ein. William Kentridge, gegenwärtig wohl der bekannteste südafrikanische Künstler und eingefleischter Johannesburger, lässt seinen Protagonisten, den Unternehmer Soho Eckstein, in einem Zeichentrickfilm direkt von seinem Bett aus in seine Mine im Untergrund hineinregieren. Mit dem Griff, mit dem er den Filter in der Kaffeekanne herunterdrückt, bedient Eckstein gleichzeitig die Bohrmaschine unten im Schacht. Seine Tischglocke wird zur Minensirene. In den Minen, in denen Südafrikaner aus allen Landesteilen und Afrikaner aus vielen Nachbarländern arbeiten, hat sich eine eigene Mischsprache aus Zulu, Xhosa, Englisch und Afrikaans mit einigen Wörtern Portugiesisch entwickelt, das Funagalore/Fanagalo. Ein paar Brocken Funagalore oder Zulu muss man wenigstens verstehen, wenn man in Jozi mit dem Taxi fahren will. Natürlich kann es auch passieren, dass der Fahrer höchst erstaunt fragt: »Kanjan wena khaluma Fanagalo, wena phumela lapa Mgodeni eAfrica?«, »Was, Sie sprechen Funagalore, Sie kommen wohl aus dem Untergrund von Afrika?«

Afrikanische Metropole

Khalo Matabane hat sich in seinem Film »Unterhaltungen an einem Sonntagnachmittag« mit einem Mikrophon in die weniger im Scheinwerferlicht stehenden Viertel Johannesburgs begeben und lässt eine breite Palette von Immigranten erzählen, warum sie hier sind. Auf Englisch, Französisch oder Suaheli ist es immer wieder die gleiche Geschichte von Not und Krieg im Heimatland und der großen Hoffnung Südafrika. Auch aus dem südafrikanischen Hinterland gibt es einen ständigen Strom von Wanderarbeitern, die, so gut sie können, ihren Kontakt zum Heimatdorf zu bewahren versuchen. Nicht immer hält die große Stadt, was sie zu versprechen schien. Aber wenigstens sonntags ist man wer. Da zieht man sich einen besonders feinen Anzug an, spaziert damit herum und lässt sich von den Freunden bewundern. So ist eine ganze Bruderschaft entstanden, die *Swenkas,* deren alleiniger Zweck es ist, einmal im Monat einen Wettbewerb zu veranstalten, wer das raffinierteste Outfit anhat. Nadelstreifen-Zweireiher und Lackschuhe, für deren Erwerb der Lohn lange gespart werden musste, sind Standard. Eine skurrile Flucht aus dem Alltag.

Die Sprache der Geschäftswelt und all der smarten, oft im Vergleich zu Europa sehr jungen Büroangestellten, die Einkaufszentren und Restaurants füllen, ist Englisch. Afrikaans hört man wenig in Johannesburg. Da, wo das Geld verdient wird und die neue schwarze Elite zu Hause ist, scheint die Regenbogennation schon weiter zu sein als in Kapstadt. Man sieht viel mehr gemischte Paare. Die Trennung zwischen Arm und Reich könnte auch hier nicht schärfer sein, aber sie verläuft nicht mehr allein an Rassengrenzen. Wenn Film-Gangster Tsotsi das behütete Kind einer schwarzen Familie der Oberschicht kidnappt, ist das ganz zeitgemäß.

Wer aus dem beschaulichen Kapstadt kommt, fühlt sich in eine andere Welt versetzt. Johannesburg ist ein Kraftfeld von Energie, leider auch von krimineller. Überall in anderen afrikanischen Ländern fragt man mich danach, wenn ich sage, ich komme aus Südafrika. Selbst ein Kenianer aus Nairobi, das wahrlich kein sicherer Hafen ist, hatte, so bekennt er auf einer Internetseite, die für Johannesburg werben soll, Angst vor der Kriminalität in der »Verbrechenshauptstadt der Welt«, bevor er herkam. Natürlich findet er nun alles gar nicht mehr so schlimm, denn er soll ja für Jozi 2010 Stimmung machen. Allerdings sind auch alteingesessene Johannesburger wieder etwas optimistischer geworden. Noleen, Managerin von zwei Gästehäusern, sieht einen Lichtstreif am Horizont. Die Lofts in den ersten sanierten Häusern der Innenstadt, die einige Jahre lang praktisch dem Vergammeln überlassen worden waren, gingen weg wie warme Semmeln. Sogar Südafrikaner, die ins Ausland ausgewichen waren, kauften sich hier wieder ein. Jetzt müsse man zugreifen.

Die Musik spielt gegenwärtig jedoch immer noch in Sandton, einem völlig neuen Stadtviertel im Norden, in das sich Banken, Büros, Geschäfte, Hotels und Restaurants zurückgezogen haben, als ihnen das Pflaster downtown zu heiß wurde. Mit seinen Glaspalästen, Shopping Centres und smarten Restaurants könnte Sandton auch in Los Angeles oder Sydney stehen. An Südafrika erinnert die überlebensgroße und recht geschmacklose Statue Nelson Mandelas auf dem zentralen Platz der größten Mall. Der Daumen dieses Heiligen Südafrikas ist blankgewetzt von denen, die seinen spirituellen Beistand suchen. Vor wenigen Jahren war noch das etwas näher zur Innenstadt gelegene Rosebank das In-Viertel. Vorbei! Neuer, größer, schöner und weiter draußen wird nun gebaut. *Mail & Guardian*-Kolumnist John Matshikiza sieht in einem Stadtportrait »Jozi im Zustand ständigen Wandels.«[41] Widersprüchlich, gefährlich und sehr vital. So erleben es auch die vier Komponisten, die, vom Siemens Arts Program nach Johannesburg geschickt, die dissonante Symphonie der afrikanischen Metropole in ihren Kompositionen eingefangen haben. Im März 2009 waren die Klänge Johannesburgs im Berliner Konzerthaus und in der Alten Oper Frankfurt zu hören.[42]

Schlüsselerlebnisse

Eine Rundfahrt im Township Soweto ist eigentlich ein Muss für jeden Besucher Johannesburgs. Ich mag aber nicht mit einer Gruppe herumfahren und besichtigen, zumal ich in einem Township Kapstadts Freunde habe und dort nicht als Tourist auftreten muss. So beschränke ich mich in Soweto auf das Apartheidmuseum. Es ist ein beklemmendes Gesamtkunstwerk neuester Museumstechnik. Am Eingang bekommt man eine weiße oder schwarze Plastikkarte als Billet, je nachdem, ob man weiß oder schwarz ist, und geht nach Farben getrennt hinein. Drinnen kann sich wohl keiner den von Redemitschnitten Verwoerds und Mandelas begleiteten Großfotos und Kameraaufnahmen von Protest- und Polizeiaktionen entziehen. In einem Käfig sind Folterwerkzeuge aufgehäuft. Von der Decke baumeln 121 Schlingen, eine für jeden der erhängten politischen Gefangenen. Die Inszenierung ist fast zu gut. Die wirklichen Zellen auf Robben Island und das Gespräch mit einem ehemaligen Insassen dort haben mich in anderer Weise berührt. Jemand drückt mir eine Karte in die Hand. Eine Visitenkarte, denke ich, von einem Reiseführer, aber es steht kein Name drauf. »Sind Sie mit der Bitte um Vergebung hergekommen?«, lese ich. Soweto ist heute nicht mehr nur das schwarze Ghetto, in dem nichts als Elend und Unterdrückung herrschen.

Im September 2007 öffnete der größte Konsumtempel Südafrikas seine Pforten just hier. Der greise Altpräsident Nelson Mandela ließ es sich nicht nehmen, dieses Symbol des Erfolgs einer neuen schwarzen Mittelklasse einzuweihen. 200 Geschäfte bieten auf 65 000 Quadratmetern ihre Waren an. »Heute verwirkliche ich einen Traum, den ich 28 Jahre lang gehegt habe«, sagte der Besitzer der Betreibergesellschaft, Richard Maponya. Der 82-jährige hatte in den 50er Jahren in Soweto mit einem kleinen Laden begonnen.

Ich wohne im Stadtteil Mellville, der zwar nicht weit von der Innenstadt entfernt, aber ein Kiez für sich ist. Viktorianische Häuschen mit schmiedeeisernen Veranden weisen auf die Entstehungszeit um 1900. In den beiden Hauptstraßen gibt es eine Fülle kleiner Läden, auch ein gut sortiertes Antiquariat. Als ich ein paar deutsche Bücher in die Hand nehme, spricht mich Buchhändler Wolf Weinek an. Der Österreicher ist vor ein paar Jahrzehnten aus Namibia hierher gekommen. Auf der Galerie hat er eine Sammlung alter Kochbücher aus aller Welt. Mellville lädt zum Stöbern ein und sogar zum Stadtbummel zu Fuß, eine höchst angenehme Abwechslung in dem vom Auto dominierten Land. Die Restaurants sind minimalistisch eingerichtet, die Küche setzt auf *fusion*, ein sicheres Zeichen dafür, dass Mellville keinen Dornröschenschlaf mehr schläft. Es ist arriviert, und das ist auch das junge, urbane Publikum, ob Yuppie oder Buppy, Black Urban Professional. Selbst im friedlich-freundlich wirkenden Mellville gibt es kein Haus ohne vielfache Sicherung. Jeder lebt in einer Festung. Der begeisterte Johannesburger Stadtindianer und Schriftsteller Ivan Vladislavic beschreibt das in seinen Johannesburg-Miniaturen *Porträt mit Schlüsseln* so:

»›Macht es Ihnen etwas aus, wenn ich ein Foto von den Schlüsseln mache?‹ fragt die Journalistin aus Schweden. ›So eine große Schlüsselsammlung! Ich habe noch nie etwas Derartiges gesehen. In Schweden würde das nur ein Wachmann brauchen.‹ […] Sie fächert sie mit ihrem Zeigefinger auf, gleitet über den Blockierungshebel für das Auto, macht mehrere Fotos.

›Sie beschämen mich, jetzt liegen sie da wie Schlüssel zu meiner Psyche, ein Messinstrument für jede Unsicherheit.‹

›Wie halten Sie die alle auseinander?‹

›Das Hauptprinzip der Schlüsselorganisation ist, Zusammengehörende an separaten Ringen zu haben. Rein und raus durch die Haustür: Straßentürsicherheitsschlüssel, Zylindersteckschlüssel, Schlüssel für Sicherheitsgitter (draußen), Sicherheitsschlüssel für die Eingangstür, zweiter Zylindersteckschlüssel. Rein und raus durch den Hintereingang: Schlüssel für Vorhängeschloss am hinteren Tor, Sicherheitsschlüssel für hintere Tür, Zylindersteckschlüssel (hinten), Schlüssel für Sicherheitsgitter (innen). Rein und raus mit dem Auto: Schlüssel für Garagentor, Autotür, Lenkradschloss, Wegfahrsperre, Zündung. Übrige: Fensterschlüssel, Kellerschlüssel, Briefkastenschlüssel. Ich habe sie auf die Ringe mit dem Bart in dieselbe Richtung gesteckt, wie eine Parade Soldaten. Ihr Profil ist meinen Fingern vertraut. Ich kann den Richtigen auch im Dunkeln finden. Nur siebzehn, übrigens.‹«[43]

Weg will er trotzdem nicht. Auch der Künstler William Kentridge nicht. »Johannesburg ist eine Stadt der Arbeit«, sagt er, »das inspiriert mich.« Auch Jaco Botha, afrikaanser Romanautor und Kolumnist, der in Stellenbosch studiert hat, bekennt bei einer Lesung in der idyllischen Universitätsstadt am Kap: »In Johannesburg ist alles möglich. Da ist das neue Südafrika, das man in Stellenbosch noch nicht sehen kann. Mein Herz ist in Johannesburg, mein Kopf in Stellenbosch.«[44]

Alltägliches Südafrika – Vom Wohnen, Arbeiten, Reisen und Genießen

Das Schauhaus der Woche – 'N boer maak 'n plan – Vom lieben Geld – Learning by doing – Gesundheit! – »Cape Doctor« und andere Wetterlagen – Viele Köche – An den Feuern des *braai* – Wein oder Whisky? – Staatsaffäre Sport – Mein Gott, dein Gott – Shop till you drop – Im Yuppieland – Stop and go – Weihnachten steht vor der Tür

Das Schauhaus der Woche

Mein Abenteuer Südafrika begann mit der Haussuche. Das konnte in einem Land mit viel mehr Platz, milderem Klima und niedrigeren Preisen als in Deutschland nicht schwer sein. Frohgemut zog ich los. Einen kleinen Dämpfer bekam meine Vorfreude, als ich, an einem Wochenende unterwegs, die vielen Schilder der Makler sah. Nahezu an jeder Ecke des Wohnviertels meiner Wahl zeigte ein Wald von Hinweistafeln in jede erdenkliche Straße und pries die zweifellos allerbesten Objekte an. Ich hatte schon läuten gehört, dass viele Südafrikaner angesichts der Welle von Gewaltverbrechen und der Unsicherheit über die politische Zukunft auswandern. War es denn schon so weit gekommen, dass sie alle ihre Häuser auf einem übersättigten Markt wie saures Bier anboten und verzweifelt ausländische Käufer oder Mieter suchten? Mitnichten! Erleichtert erfuhr ich, dass Südafrikaner gerne umziehen.

Die durchschnittliche Verweildauer eines Südafrikaners in seinem Wohnhaus unterschreitet sieben Jahre, beruhigte mich eine Maklerin. Der Gründe gibt es viele. Man verdient mehr und kann sich nun ein größeres Haus oder ein besseres Viertel leisten. Schon zieht man um. Die Kinder kommen in die Schule. Der Platz in Haus und Garten reicht nicht mehr, der Pool fehlt, die Schulen sind fern. Ein weiterer Umzug ist fällig. Man will sich beruflich verbessern und zieht in eine andere Stadt. Neuer Umzug. Der Arbeitsplatz ist wegrationalisiert oder im Rahmen von Affirmative

Action an einen Schwarzen vergeben worden. So macht man ein kleines Geschäft zu Hause auf. Eine Werkstatt und ein »home office« müssen her. Wieder ein Grund zum Umziehen. Die Häuserpreise steigen. Man spekuliert ein wenig, kauft sich ein Haus, renoviert es, wohnt es trocken und verkauft es mit Gewinn. Umzug. Die Kinder sind aus dem Haus. Es wird Zeit zum »scaling down«, zur Verkleinerung. Warum lebt man eigentlich noch in der Stadt? Auf dem Lande ist es ruhiger und billiger. Ein neuer Umzug bietet sich an. Auch viele Schwarzen sind im neuen Südafrika mobil. Ihr Motiv zum Umziehen ist der soziale Aufstieg. Wenn auch das Township die Heimat bleibt und die Eltern noch dort wohnen, Buppies wollen mehr erreichen. Wer es sich leisten kann, zieht aus, zuerst in ein einfaches, gemischtrassisches Wohngebiet. Wenn der berufliche Aufstieg klappt, ist der Weg für den Umzug in ein besseres, früher Weißen vorbehaltenes Viertel angesagt. In der Maklersprache heißen diese begehrten Wohnlagen »up market«, was so viel wie gehobenes Niveau bedeutet. In Johannesburg ist die räumliche und soziale Mobilität der neuen schwarzen Mittelschicht schon weiter gediehen als in Kapstadt.

Erleichtert wird das viele Umziehen durch einen elaborierten Immobilienmarkt, eine gewisse Standardisierung der Ausstattung und die gut funktionierende Abwicklung der Transaktionen. Das Angebot in den »suburbs«, den ausgedehnten, grünen Wohnvierteln rund um die Stadtzentren, ist groß und vielfältig. Wie ein Engländer, Amerikaner oder Australier wohnt ein Südafrikaner in der Regel im eigenen Haus. Mieten ist nicht üblich. Man kauft. Wohnungen in innerstädtischen Lagen gibt es, vor allem in Kapstadt, hauptsächlich für die kleine Gruppe jüngerer, betuchter Singles, die gerne stadtnah leben wollen. In vielen anderen Städten sind die Zentren unattraktiv und von Kriminalität noch mehr geplagt als die Randgebiete.

Wer aus Deutschland kommt, kann sich freuen. Der Standard der Häuser ist hoch. Vielleicht werden nicht alle DIN-Normen hinsichtlich solider Bauweise erfüllt, was in dem milden Klima auch keine so große Rolle spielt, aber von Ausstattung und Größe der Häuser und Grundstücke kann ein deutscher Eigenheimbesitzer nur träumen. Zwei Wohnzimmer, das eine die mehr formale Lounge, das andere der *family room* fürs Fernsehen und Ausspannen, drei Schlafzimmer und zwei Bäder sind Standard. Die Bäder sind oft »en suite«, also vom Schlafzimmer aus zugänglich, zumindest beim *master bedroom,* dem Hauptschlafzimmer. Ebenso selbstverständlich sind Einbauschränke in den Schlafzimmern, in Inseraten gerne mit dem Kürzel »bic«, build in cupboard, bezeichnet. Oft gibt es dazu noch einen Wäscheschrank in irgendeiner Ecke der Diele. Eine vollständige, eingebaute Küche ist ein Muss. Die deutsche Unsitte, all diese Dinge mitzunehmen, ist in Südafrika unbekannt. Bei verschiedenen Maklern habe ich mich als Ausländerin geoutet, weil ich nicht sofort in die Küche gestürzt bin. Südafrikanerinnen, so wurde mir versichert, ist eine geräumige, super ausgestattete Küche das Wichtigste. Die Kochkünste entsprechen dem nicht immer, dachte ich bei mir ketzerisch. Der Mann besichtigt am liebsten Garage und, so vorhanden, Werkstatt. Bevor ich mich in ein Schauhaus wagte, hatte ich schon zahllose Anzeigen in den üppigen Immobilienbeilagen der Zeitungen studiert. Etwas verwirrt war ich von den großen Garagen, hinter denen das Haus, das mich viel mehr interessierte, auf den schönen Farbfotos fast verschwand. Auch in Wirklichkeit ist das oft so. Über nur eine Garage zu verfügen, ist Substandard, zwei müssen es schon sein, drei sind besser. Uns Deutschen wird gerne nachgesagt, wir seien ins Auto verliebt. Die Südafrikaner schlagen uns darin um Längen. Ein Nachbar hat extra seine Garage umbauen lassen, weil sie für den neuen BMW-Geländewagen zu klein war, was er aber erst merkte, nachdem er das silbern glänzende Gefährt gekauft hatte. Allerdings braucht auch jeder von 18 bis 80 ein Auto, denn ein öffentliches Verkehrsnetz ist praktisch nicht vorhanden.

Zu vielen Häusern gehört immer noch ein kleines Kämmerchen hinter der Küche mit einem Miniduschbad. Dort wohnte früher die Hausangestellte, die in den alten Tagen fast ein Stück Inventar war. Das hat sich in der Zeit von Mindestlohn und geregelten Arbeitsstunden zwar geändert, aber die Hausangestellte ist weiterhin obligatorisch. Ich habe keinen südafrikanischen Haushalt ohne diese Perle erlebt. Wenn kleine Kinder zu versorgen sind, wohnt sie weiterhin im Haus. Die Zahl der Hausangestellten und Gartenhilfen, die in privaten Haushalten arbeiten, geht in die Hunderttausende. Dieses Erbe der Kolonialzeit wird wohl noch lange bestehen, denn auch arrivierte schwarze Haushalte verfügen selbstverständlich über dienstbare Geister.

Mindestens einen Beitrag hat Südafrika zur Welttechnologie geleistet: die Erfindung des Poolstaubsaugers. Wer in seinem Schwimmbecken badet, hat immer einen treuen Gesellen neben sich, je nach Fabrikat den »creepy crawly« oder den »barracuda«. Dieser Gehilfe, eine Saugvorrichtung mit großem, rundem Gummikragen und langem Schlauch, tuckert unermüdlich durch den Pool und hält ihn sauber, ohne Mindestlohn und 40-Stunden-Woche. Wenn man den Burschen nicht gut behandelt, rächt er sich zuweilen und krabbelt mit lautem Geschlürfe und Getuckere über den Wasserspiegel hinaus am Beckenrand hoch. Also aufgepasst mit dem kleinen Poolroboter, damit er nicht zu eigenmächtig wird und die Kinder erschreckt!

All die Herrlichkeiten besichtige ich gemächlich an einem Sonntagvormittag in mehreren Schauhäusern. Diese segensreiche Einrichtung erlaubt es dem Interessenten, unbefangen im Haus herumzustiefeln und sich eine ganze Reihe von Angeboten im bevorzugten Viertel an einem Tag anzusehen. Der Makler sitzt im Schauhaus, hat die wichtigsten Daten in einem Prospekt zur Hand und steht Rede und Antwort. Häuserangucken hat sich zu einem beliebten Sonntagsvergnügen entwickelt. Die Eigentümer überlassen ihr Haus dem Makler und machen derweil einen Besuch bei der Schwiegermutter.

Ein wichtiger Teil der Ausstattung sind die Sicherheitsanlagen. Auch das bescheidenste Häuschen verfügt über »burglar bars«. Die Fenstervergitterung ist nur der Anfang. Hinzukommen je nach Preis des Objekts elektronische Bewegungsmelder und Alarmknöpfe in jedem Raum des Hauses, die mit einem Sicherheitsdienst verbunden sind, Gittertüren vor dem Schlaftrakt, Videokameras, die zeigen, wer am Gartentor steht, Gegensprechanlagen, automatische Toröffner, Bewegungsmelder ums Haus herum und Elektro- oder Stacheldraht auf dem Zaun oder der Mauer. Nicht zum Inventar gehört der Wachhund, über den viele Haushalte verfügen. Wenn man in den Straßen seines Wohnviertels spazieren geht, folgt einem das Gebell all der Bulldoggen, Schäferhunde, Dobermänner und Schnauzer in den Gärten. An kaum einem Haus fehlt außerdem das möglichst deutlich angebrachte Schild, dass dieses Anwesen von ADT, Chubb oder einer der anderen Sicherheitsfirmen bewacht wird und dem Einbrecher *armed response*, bewaffnete Reaktion, drohe. Am meisten wird das Sicherheitspersonal allerdings von den vielen Fehlalarmen in Atem gehalten, die von den Bewohnern selbst unfreiwillig auslöst werden.

In den letzten Jahren ist es Mode geworden, in eine bewachte Wohnanlage zu ziehen. Diese *security complexes,* auch *gated communities* genannt, schießen um alle großen Städte herum wie Pilze aus dem Boden. Sie tragen gerne phantasievolle Namen wie »Bella Vista« oder »Green Acres«. Zusätzlich zum gewohnten Wohnluxus vermitteln sie das Gefühl, beschützt und unter seinesgleichen zu sein. Die Kosten für Objekte in den Wohnkomplexen übersteigen die Preise freistehender Häuser deutlich.

Der Immobilienmarkt ist eine Frauendomäne. Die Maklerin verdient mit vier bis acht Prozent des Kaufpreises gut an jedem Abschluss. Sie ist aber auch viel aktiver als ihre Kollegen zum Beispiel in Deutschland. Rund um die Uhr ist sie für ihre Kunden zu sprechen und regelt alles bis zum Abschluss beim Notar. Das höchst effektive und durchrationalisierte Prozedere hilft dabei. Alles ist genau festgelegt: Angebot, Gegengebot, Vorvertrag, Anzahlung, Bescheinigungen fürs Dach und für die elektrischen Anlagen, Freigaben von Stadtverwaltung und Steuerbehörde bis zum Grundbucheintrag. In Südafrika eine Immobilie zu erwerben gehört zu den leichteren Übungen.

'N boer maak 'n plan

Ein Bauer macht einen Plan, heißt es scherzhaft, wenn man nicht so recht weiter weiß. Die Redewendung schließt auch das ein, was man zum Beispiel in Spanien »mañana« nennen würde. Morgen ist auch noch ein Tag. Warum so eilig, so dringlich? Es ist ja viel Zeit. Für Behördengänge sollte man einen halben Tag einplanen und nicht damit rechnen, dass die Angelegenheit mit einem Besuch erledigt ist. Oft sind die Angestellten von Home Affairs, wo Pass- und Aufenthaltssachen behandelt werden, oder vom Traffic Department, wo man sein Auto anmeldet, jung und unerfahren. Ein lautes, ärgerliches Wort fällt trotzdem nie. Südafrikaner gehen miteinander in fast allen Lebenslagen freundlich um und erwarten das selbstverständlich auch vom »expat«, vom Ausländer, der sich in ihrem schönen Land längere Zeit aufhalten oder niederlassen will. Diszipliniertes Schlangestehen gehört zur Etikette.

Selten führt Ungeduld zum Ziel. Dagegen sollte man Reinette, Farida oder Sipho immer fragen, wie es ihr oder ihm heute geht, und ein kleines Gespräch über das Wetter anknüpfen. Man redet einander gemeinhin mit dem Vornamen an, und persönlicher Kontakt ist wichtiger als Rechthaben, was besonders für uns eher sachorientierte Deutsche gewöhnungsbedürftig ist.

Wenn der Handwerker oder Gärtner nicht kommt, obwohl er versichert hat, um Punkt neun Uhr vor der Tür zu stehen, ist das kein Grund zur Aufregung. Er kommt bestimmt, vielleicht am Nachmittag, vielleicht am nächsten Tag. Er war besten Willens, aber ag, ach, die Schicksalsmächte waren gegen ihn. Nun ist er da und will loslegen, warum noch lange über gestern reden? Die Hausantenne soll verlegt werden. Kein Problem. Flugs bohrt er quer durch die Außenwand, wirft ein Kabel übers Dach und befestigt es außen an der anderen Hausseite. Wird diese kühne Konstruktion noch in ein paar Jahren standhalten? Wen kümmert das! Jetzt funktioniert sie, und darauf kommt es doch an, oder?

Das Talent der Südafrikaner im Hier und Heute zu leben, hilft ihnen in vielen Lebenslagen. Improvisieren zu können, sich ohne großes Aufhebens veränderten Verhältnissen anzupassen, gehört zu ihren Stärken. Vielleicht suchen sie nicht immer die beste Lösung, sicher aber die jetzt mögliche. Das schließt eine sympathische Toleranz für alles Menschliche ein. Auf den Schwächen des anderen hackt man ungern herum. Sind wir nicht alle hinfällig und bedürfen gelegentlich der Schonung? Besonders Kapstadt gilt als »laid back«. Wohlwollend betrachtet heißt das so viel wie entspannt. Es bedeutet aber auch langsam und etwas verschlafen. In Johannesburg ist das Tempo höher, die Zuverlässigkeit nicht immer.

Vom lieben Geld

Eine harte Prüfung für die Geduld des »expat« bedeutet so mancher Gang zur Bank. Die Kehrseite der allgemeinen Lässigkeit und Freundlichkeit ist eine gewisse Scheu davor, Verantwortung, selbst im kleinsten Detail, zu übernehmen. Immer muss noch ein Vorgesetzter eingeschaltet werden, gibt es eine Fülle von Papieren auszufüllen, deren Sinn sich oft nicht leicht erschließt. Der entspringt wohl eher einem von alters her überkommenen Kontrollbedürfnis. Vater Staat mischt sich gerne in alles ein und traut seinen Kindern offenbar nicht viel eigene Entscheidungsfähigkeit zu. Stellvertretend für den Staat scheint bei den großen Unternehmen und Banken die gleiche Einstellung zu herrschen.

Ich habe es leichter gefunden, in Dar es Salam oder Mombasa Devisen zu tauschen als in Südafrika. Auch ein eigenes Konto bei einer südafrikanischen Bank nützt nicht viel, es sei denn man verfügt über ein ID-Book, einen südafrikanischen Personalausweis. Dann ist aber die Tauschmenge begrenzt oder man muss Rechnungen von einem ausländischen Geschäftspartner vorweisen. Zeigt man nur einen Pass vor, selbst mit mehrjährigem Aufenthaltsstempel, wird es schwierig. Allerlei Bestätigungen, dass man wirklich dort lebt, müssen beigebracht werden, und alles zieht sich erheblich in die Länge. Mehrere Sachbearbeiter sind mit dem Vorgang beschäftigt, es wird eifrig in Formulare geschrieben und ausgiebig gestempelt. Selbst große Banken bitten, doch vorher die Devisenmenge, die man braucht, anzumelden, wenn es sich um so ausgefallene Währungen wie US-Dollar und um gigantische Beträge von etwa 1000 Dollar handelt. So viel habe man nicht vorrätig.

Allerlei Merkwürdigkeiten können dem »expat« passieren, wenn er sein Konto bei einer der großen Banken eröffnet hat und nun in von zu Hause gewohnter Weise damit arbeiten will. Zunächst ist nicht der normale Bankschalter, sondern die Abteilung »Forex« – Foreign Exchange Service für ihn zuständig. Dem nicht genug. In meinen ersten Jahren dort fragte mich meine Sachbearbeiterin jedes Mal, wenn ich von meinem eigenen Konto Geld abheben wollte, wofür ich es denn brauchte. Die Antwort gab sie einem Oberzuständigen in der regionalen Zentrale in der City von Kapstadt weiter, und der nickte wohl zustimmend mit dem Kopf, dass ich einen Staubsauger kaufen dürfe. Ich war mehrmals versucht zu antworten, ich benötigte das Geld für Drogen und Waffen. Vielleicht bin ich aber nur einem Scherz auf den Leim gegangen und den Entscheidungsgewaltigen gab es gar nicht in Fleisch und Blut? Eines Tages enthüllte die Sachbearbeiterin den Namen des großen Unbekannten in der Zentrale: Er hieß Charlie Brown. Die Peanuts waren am Werk! Jedenfalls verschwand dieser Brauch nach geraumer Zeit. Dennoch blieb es unmöglich, eine Überweisung zu tätigen, selbst zwischen zwei eigenen Konten. Der Betrag musste vom einem Konto bar abgehoben und auf das andere bar eingezahlt werden. Bei höheren Beträgen – ab 1000 Rand (unter 100 Euro) – wurde in der obersten Zentrale in Johannesburg rückgefragt, und ich musste wieder Erklärungen abgeben. Sicher liegt das alles daran, dass ich wie eine typische Geldwäscherin aussehe, mit allen Wassern gewaschen und ausgekocht. Jedes Mal verfertigte man eine Kopie meines Passes. Vermutlich quillt die Ablage meiner Bankfiliale über, bewahrt man dort doch allein Hunderte von Kopien meines Passes auf. Der Zugang zum Internetbanking erfordert wiederum die Vorlage eines ID-Books, das nur per Daueraufenthaltsgenehmigung zu erlangen ist.

Wenig ratsam ist es, seine Bankgeschäfte an einem Freitag zu erledigen. Dann stehen lange Schlangen vor den Schaltern, denn die Arbeitgeber heben für die wöchentliche Lohnzahlung ab und die Entlohnten zahlen ein. Viele Südafrikaner besitzen noch kein eigenes Bankkonto. So ist die Lohntüte, an die sich bei uns nur die Ältesten erinnern können, hier noch gang und gäbe. Dafür hat man am Freitag die Chance, den Betrag, den man abheben möchte, in etwas größeren Scheinen – 200 Rand, was etwa 18 Euro entspricht, ist der Wert der höchsten Banknote – ausgezahlt zu bekommen. An anderen Tagen muss man mit verräterisch großen Geldscheinbündeln die Bank verlassen und sie vorher gut verstauen, denn Räuber folgen den Bankkunden gerne nach Hause.

Gezahlt wird bar oder per Scheck. Überweisungen sind nicht üblich. Die Zahlungsmoral sei zu schlecht, bedeutete mir ein Handwerker, den ich darauf ansprach. Für kleinere Zahlungen empfiehlt es sich, kleine Scheine oder Münzen parat zu haben. Hartgeld ist Mangelware. Es verschwindet wohl im Sparstrumpf.

Learning by doing

Als Ausländer in Südafrika zu arbeiten ist kein Problem. Wenn man keinem Einheimischen die Arbeit wegnimmt, was der zukünftige Arbeitgeber vorher prüfen und bestätigen muss, oder wenn man selbst Arbeitsplätze schafft und im Land investiert, bekommt man Aufenthalts- und Arbeitserlaubnis. Pensionäre müssen ein geregeltes Einkommen nachweisen und Studenten einen Studien- oder Praktikumsplatz. Alles ist klar geregelt. Die *temporary residence* wird für vier Jahre erteilt und ist verlängerbar. Erst die *permanent residence,* die Daueraufenthaltsgenehmigung, verschafft allerdings den Zugang zu einem ID-Book, dem südafrikanischen Pendant unseres Personalausweises, das man bei Behörden und Banken vorlegen muss.

Weil es ein duales Ausbildungssystem wie in Deutschland nicht gibt, macht man viele Tätigkeiten, die bei uns eine Lehre oder andere Ausbildung erfordern, in Südafrika als Ungelernter. »Training on the job« ist oft die Devise. Am Arbeitsplatz lernt man erst die nötigen Fertigkeiten. Dieses »learning by doing« hat Vor- und Nachteile. Eine deutschstämmige Freundin, im damaligen Südwestafrika geboren und später nach Johannesburg umgezogen, trug sich mit dem Gedanken, nach Deutschland zurückzukehren und sah sich versuchsweise in Berlin um. Schnell gab sie diesen Plan auf, obwohl sie über einen deutschen Pass verfügt und von daher keine Schwierigkeiten zu befürchten hatte. In Berlin hätte sie, die in Südafrika den Ein- und Verkauf eines kleineren Betriebs geleitet hatte, nur als einfache Bürokraft unterkommen können. Die Ausbildungszeugnisse fehlten. Die hatte sie in Südafrika nie gebraucht. Sie konnte ihre Arbeit ja. Das genügte.

Viele Pensionäre fangen in einem Alter, in dem man in Deutschland schon die Hände in den Schoß legt, noch eine neue Arbeit an. Sie restaurieren Möbel, führen einem Kleinunternehmer die Bücher oder werden Bread & Breakfast-Wirt. Nicht nur weil die Renten niedrig sind, sondern weil man auch noch nicht zum alten Eisen gehören möchte. Niemand fragt, ob man die Tätigkeit, die man anbietet, gelernt habe. Einem anderen Freund gefiel es in seiner Firma nicht mehr. Er machte sich selbständig und arbeitet nun zu Hause. Er passt Patienten Hörhilfen an und vertreibt die Hörgeräte mit wachsendem Erfolg. Studiert hat er Pharmazie. So mancher weiße Südafrikaner macht sich selbständig, weil seine Arbeitskraft im öffentlichen Dienst nicht mehr gefragt ist. Der ehemalige Lehrer verkauft Versicherungspolicen, die Buchhalterin eröffnet einen Geschenkladen. Der Mut zum Risiko, die Unbefangenheit, mit der viele Südafrikaner eine neue Aufgabe angehen, ist bewundernswert. Nicht alle Kleinunternehmer sind erfolgreich. Oft mangelt es an Startkapital oder an Marktkenntnis. Schnell beginnt man etwas Neues. Den Pioniergeist aus der Einwanderungszeit hat sich Südafrika bewahrt. Das ist eine seiner großen Stärken.

Die mangelnde Ausbildung führt auf der anderen Seite zu viel Inkompetenz. Es ist keine Seltenheit, der Buchhändlerin den Namen der südafrikanischen Literaturnobelpreisträgerin Nadine Gordimer buchstabieren zu müssen, damit sie das gesuchte Buch findet. Alle Kassen zeigen das Wechselgeld an, weil kaum eine Kassiererin sonst wüsste, was sie herausgeben muss. Das Arbeitstempo ist oft langsam und der Arbeitsumfang, den der einzelne Beschäftigte überblicken und bewältigen muss, gering. Das gilt keineswegs nur für »vormals Benachteiligte«, so der politisch korrekte Ausdruck für schwarze Arbeitskräfte. In jedem Restaurant, in jedem Laden arbeiten mindestens doppelt so viele Bedienungen oder Verkäufer wie in Deutschland. In einem Land, in dem Arbeitslosigkeit eine der großen sozialen Plagen darstellt, ist das allerdings auch ein Schutz gegen noch mehr Unterbeschäftigung.

Kaum jemand geniert sich, etwas nicht zu wissen oder dem Kunden eine inkompetente Antwort zu geben. Bei aller Freundlichkeit des Umgangstons fällt dem Zugereisten doch oft auf, wie wenig dem Mann oder der Frau hinter dem Schalter oder dem Verkaufstresen eigenes Ungenügen bewusst zu sein scheint. Ein Mitarbeiter der staatlichen regionalen Wirtschaftsförderungsgesellschaft bestätigte meinen Eindruck auch auf der Ebene der Entwicklungsförderung. »In Südafrika nimmt man nicht gerne Rat an«, lautet sein etwas resigniertes Fazit.

Oft mangelt es aber auch an der Bereitschaft, Kenntnisse und Fertigkeiten weiterzugeben. Jeder Handwerker hat einen meist farbigen oder schwarzen Handlanger, der ihm die Tasche trägt oder den Hammer reicht. Lernen wird der Gehilfe bei dieser Tätigkeit kaum etwas. Immer wieder stellt sich die unzureichende Investition in Erziehung und Ausbildung, im Kleinen und im Großen, als Schlüsselproblem für die zukünftige Entwicklung dar.

Gesundheit!

Verbesserungsbedürftig ist auch die Gesundheitsversorgung. Zwar hat jeder Südafrikaner grundsätzlich Zugang zu ambulanter und stationärer ärztlicher Hilfe. Für die Armen sind die Kosten für medizinische Dienste gering. Der Zustand vieler staatlicher Gesundheitseinrichtungen ist aber mangelhaft, in manchen Gegenden sogar katastrophal. »Institutionen unter Druck, hilfloses Management« überschrieb die Forschergruppe des Human Science Research Council (HSRC) in ihrem gut 500 Seiten starken Jahresbericht über den Zustand der Nation 2007 den Abschnitt zu staatlichen Krankenhäusern. Im Bericht 2008 konnte nicht viel Besseres gesagt werden.[44] Erschwerend kommt hinzu, dass laut HSRC fast die Hälfte aller Krankenhauspatienten wegen Aids eingeliefert wird, was diese ohnehin unterfinanzierten Einrichtungen zusätzlich belastet. Für die in Südafrika vorhandene Meinungsfreiheit spricht es, dass es die Forschungsinstitution, die per Parlamentsbeschluss gegründet wurde, und ihre ungeschminkten Lageberichte überhaupt gibt. Wenn meine Haushaltshilfe Nomsa zum Arzt muss, kann sie den ganzen Tag nicht zur Arbeit gehen. Stundenlanges Warten beim Arzt, selbst wenn man sich schon im Morgengrauen anstellt, ist in den Townships normal. Terminabsprachen sind so gut wie unmöglich. Im Film »Yesterday« geht eine junge Mutter in halber Nacht mit ihrem kleinen Kind an der Hand von ihrem Dorf los, um Stunden später in der nächsten Stadt beim Hospital anzukommen. Dennoch war es nicht früh genug. Nach weiteren Stunden Wartezeit in langer Schlange bei brütender Hitze wird sie wieder nach Hause geschickt und muss denselben Weg noch einmal antreten, nur um sich untersuchen zu lassen. Danach hat sie die traurige Gewissheit: Es ist Aids.

Die Ärztedichte auf dem Lande ist viel geringer als in der Stadt. Alle jungen Ärzte zieht es in die Städte. Der Staat versucht, mit Boni für Landärzte gegenzusteuern. Nomsas Sohn Themba ist Augenarzt, der Erste in der Familie, der es so weit gebracht hat, und der ganze Stolz seiner Mutter. Er praktiziert in Lusikisiki in der Transkei. Für jeden Patienten hat er ungefähr zehn Minuten Zeit, und der Strom reißt nie ab. »Abends falle ich wie tot ins Bett«, seufzt der 30-Jährige. Kapstadt und seine Annehmlichkeiten vermisst er, aber ein paar Jahre will er dort noch weitermachen, schon weil er gut verdient und etwas Geld beiseite legen kann. Viele weiße, aber auch eine ganze Reihe schwarzer Ärzte wandern aus, weil sie mit den Arbeitsbedingungen und den Verdienstmöglichkeiten in Südafrika unzufrieden sind. Das bedeutet einen Braindrain, bei dem Südafrika auf der Verliererseite ist, schon weil die Ausbildungsinvestitionen verloren sind.

In den Townships und den ländlichen Gebieten haben die Ärzte einen Kollegen besonderer Art, den Medizinmann. Viele Patienten frequentieren beide. Man kann ja nie sicher sein, ob die Krankheit nicht durch den bösen Blick des Nachbarn verursacht wurde oder ob man die Ahnen verärgert hat. Sicherer ist es, nicht nur die Pillen zu schlucken, die der Doktor verschrieben hat, sondern auch noch den Rat des *traditional healer* einzuholen und sich mit dessen Wunderpraktiken und Kräutern vom Übel befreien zu lassen.

Die Volkskrankheiten unserer Zeit sind neben Aids auch in Südafrika Fettleibigkeit und Zucker. Die gute Nachricht dabei ist, dass trotz großer Armut niemand verhungert, die schlechte, dass Fehlernährung gepaart mit traditionellen Vorstellungen die Südafrikaner immer schwergewichtiger werden lässt. Dick ist schön. Wer dick ist, ist reich. Davon sind viele überzeugt. In kaum einem Land habe ich im öffentlichen Leben so viele füllige Gestalten gesehen. Ein paar Pfund mehr auf die Waage zu bringen steht der Karriere nicht im Weg. Das hat in allen Bevölkerungsgruppen Tradition. Auch die Burenmatrone sorgte mit reichlichem, möglichst schwerem Essen für schlechtere Zeiten vor. Ein bodenständiges Mittagessen besteht auch heute noch, neben der üppigen Fleischportion, aus viel Nahrhaftem. Reis, Kartoffeln und Kürbispüree lassen den Teller überquellen.

Die Renommierkrankenhäuser in den großen Städten sind besser ausgestattet. Wer vom Flughafen Kapstadt in die Stadt fährt, kommt dicht an der Autobahn an einem großen Baukomplex nahe dem Universitätsgelände vorbei. »Groote Schuur«, das staatliche Universitätskrankenhaus, hat Geschichte gemacht, als Christiaan Barnard dort 1967 die erste Transplantation eines menschlichen Herzens weltweit gelang. Seitdem war der Burenjunge aus dem kleinen Karoostädtchen Beaufort West, in dem es heute ein Barnard-Museum gibt, ein Star. Der attraktive Arzt mit den begnadeten Händen verpflanzte nicht nur Herzen, er brach sie auch reihenweise. Jahrzehntelang kamen die Regenbogenillustrierten nicht ohne eine Barnard-Story aus, besonders in Deutschland. Dafür sorgten Barnards zweite Ehe mit der deutschstämmigen Johannesburger Millionärstochter Barbara Zöllner und die dritte mit dem Model Karin Setzkorn. Seine Söhne haben nicht nur das gute Aussehen des Papas, sie haben auch dessen Sinn für Publicity und die Freude am süßen Leben geerbt. So schmücken sie, braungebrannt und weißgekleidet, immer einmal wieder die Gesellschaftsnachrichten der Kapstädter Blätter. Wer es sich irgend leisten kann, geht, wenn es ernst wird, in eine private Klinik. Hier entspricht der Standard dem der Ersten Welt bei niedrigeren Preisen. Deshalb gibt es in diesem Segment einen beachtlichen Gesundheitstourismus.

Ganz ohne Starallüren kommt mein Hausarzt in der Nachbarschaft aus. Er macht meist selbst die Tür auf, hat in seinem schlichten Behandlungszimmer keine Assistentin, die ihm jeden Griff abnimmt, und ist überhaupt sehr zugänglich. Bei meinem Zahnarzt im nahen Stellenbosch ist es nicht anders. Die meisten Ärzte sind hier keine Halbgötter in Weiß und legen keinerlei Obrigkeitsgebaren an den Tag. Man geht mit dem Patienten freundlich-offen und auf gleicher Augenhöhe um. Auch bedienen die wenigsten eine ganze Konsultationsfabrik mit mehreren Behandlungsräumen nebeneinander. Manche ihrer deutschen Kollegen könnten sich etwas abgucken.

»Cape Doctor« und andere Wetterlagen

Noch einen Helfer gibt es am Kap, der Krankheiten einfach wegbläst. Das ist die feste Überzeugung aller Capetonians. Es ist der Wind, der besonders in den Sommermonaten stetig und heftig vom Indischen Ozean her aus Südosten weht und Kapstadt das angenehme Sommerwetter ohne Schwüle beschert. Er hat sich den Namen »Cape Doctor« verdient. Für die Seeleute früherer Zeiten war er weniger angenehm. Kap der Stürme nannten sie das spätere Kap der Guten Hoffnung. Vor der Küste liegt so manches Schiffswrack. 2003 hat das Stadtmagazin *Cape etc.* junge Werbegraphiker zu einem Wettbewerb aufgerufen, den »Cape Doctor« touristisch zu vermarkten. Dabei ist allerlei Witziges herausgekommen. Den ersten Preis bekam ein Plakat, auf dem eine farbige Stadtstreicherin in Marilyn-Monroe-Perücke und -Pose über dem berühmten Entlüftungsschacht steht und ihren weißen Plisseerock festhält.

Das milde, mediterrane Klima mit seinen trockenen Sommern, frischen Frühjahrs- und Herbstmonaten und regenreichen Wintern macht Kapstadt auch vom Wetter her attraktiv. Etwas anders erleben es oft die Bewohner der »Cape Flats«. Im Tiefland hinter der »False Bay«, dem am dichtesten besiedelten Gebiet Kapstadts, kommt es im Winter immer wieder zu Überschwemmungen. Im Sommer schmoren die Bewohner unter der sengenden Sonne in ihren kleinen, mit Wellblech gedeckten Häuschen. Im Sommer sind auch Brände häufig, meistens durch die in jeder Hütte stehenden Paraffinkocher verursacht. Kaum jemand kann sich einen Elektroherd leisten. Den Strom für Fernseher und Ghettoblaster holt man sich illegal aus den Oberleitungen, wie an dem Gewirr von Fangleitungen abzulesen ist. Ohnedies bricht die Stromversorgung im ganzen Stadtgebiet wegen veralteter Anlagen und Überlastung durch ständigen Neuzuzug schon jetzt häufig zusammen.

Die Provinz Westkap mit der touristisch attraktiven Garden Route und das Ostkap teilen mit Kapstadt das überwiegend ausgeglichene Klima. Auch im Hochland um Johannesburg lässt es sich gut aushalten. Hier sind die Winter klar und sonnig, morgens und abends kann es aber empfindlich kühl werden. In den Augen vieler Johannesburger ist Kapstadt ein Regenloch, was Capetonians empört von sich weisen. Nirgendwo aber ist der nächtliche Sternenhimmel so herrlich wie im Karoo. In Prinz Albert und in Calitzdorp schienen mir die Sterne zum Greifen nahe. Die Milchstraße war nicht nur ein dunstiger Schleier, sie löste sich in unzählige Leuchtpunkte auf. Nicht von ungefähr steht SALT, eines der größten Teleskope der Erde, im Karoostädtchen Sutherland, das sich gleichzeitig rühmt, der kälteste Ort Südafrikas zu sein. Wahrscheinlich wären Tiffindell und Rhodes damit nicht einverstanden. In diesen Bergorten am Südhang der Drakensberge gibt es im Winter manchmal eine in Südafrika seltene Kostbarkeit: Es fällt Schnee. Tiffindell hat sogar ein wenig Skitourismus.

Am meisten zu kämpfen hat die Landwirtschaft in Südafrika mit Trockenheit. Weite Landstriche wie das Karoo, das Namaqualand und der Nordwesten sind semiaride Steppen oder Halbwüsten. Schon die Treckbauern zogen nicht nur der bösen Engländer wegen weiter, sondern häufig, weil der Weidegrund erschöpft war und das Getreide mangels Wasser einging. Bedeutende Flussläufe gibt es kaum. Viele auf der Karte eingezeichnete Flüsse sind den größten Teil des Jahres ohne Wasser. Selbst der ehemals politisch umkämpfte Oranje und der Vaal, der einem ganzen Landesteil seinen Namen gab, sind streckenweise recht unscheinbare Wasserläufe. Regenreicher und im Sommer schwül sind nur die subtropischen Gebiete im Süd- und Nordosten: Teile von KwaZulu-Natal, das Tiefland von Mpumalanga und die Nordprovinz Limpopo. Hier, bei den Vendas, ist das Reich der Regenkönigin. Wenn ihr Thron im heiligen Hain der uralten Brotfruchtbäume auch gerade verwaist ist, weil die letzte Königin unerwartet in jungen Jahren starb, das Geheimnis des Regenzaubers wird an ihrem Hof bewahrt. Limpopo ist der Obstgarten von Johannesburg, und im Südosten von KwaZulu-Natal fährt man durch das wogend grüne Meer der Zuckerrohrfelder.

Insgesamt erfreut Südafrika sich im Verhältnis zu seinen Nachbarn eines ausgeglichenen Klimas. Es gibt keine katastrophalen Überschwemmungen wie in Mosambik, weniger Dürre als in Botswana und Namibia, nicht so viele kalte Bergregionen wie in Lesotho und keine tropischen Wirbelstürme wie auf Mauritius. Die Vielfalt der Klimata erlaubt eine diversifizierte Landwirtschaft, die von Wein-, Getreide- und Zuckerrohranbau über Weidewirtschaft mit Rind und Schaf bis zu Südfrüchten reicht.

Viele Köche

Vom Reichtum der landwirtschaftlichen Produkte profitiert die südafrikanische Küche. Viele Kochtraditionen fließen zusammen, holländische, portugiesische, englische, malaiische, indische und afrikanische. Auch die deutsche Küche hat etwas hinzugefügt. Die *boerewors*, eine schmackhafte Bratwurst, mit Kardamom leicht orientalisch verfremdet, die auf keiner Grillparty fehlen darf, gilt als deutscher Beitrag. East meets West, aus dieser Begegnung hat vor allem die kapmalaiische Küche kulinarische Schmankerln entwickelt.

Die Holländer hatten lange das Sagen am Kap, aber in ihren Küchen regierten ihre malaiischen Sklavinnen. Mit den Gewürzen ihrer Heimat, die sich mit dem profitablen Gewürzhandel der ostindischen Handelskompanie verbreiteten, verfeinerten sie die schlichte holländische Küche und fügten ihr die köstlichen Currys, Fleischspieße *(sosaties)* und gefüllten Teigtaschen *(samoosas)* zu. Das alles rundeten sie mit würzigen Soßen und pikant abgeschmeckten Gemüsen, den *ajars, sambals* und *blatjangs* oder Chutneys ab.

Bald ist »Eid u fikr«, das große Fest zum Ende des Ramadan, und ich habe das Glück, Fatima bei der Vorbereitung des Festmahls über die Schulter sehen zu dürfen. In ihrem Häuschen im Bo-Kaap wird die Küche bald zu klein für all die Köstlichkeiten. Im Innenhof legt Fatima im lichten Schatten eines Zitronenbäumchens die fertigen Gerichte aus. Zum Fest erwartet sie die ganze, große Familie, und auch Nachbarn sind willkommen. Sohn Achmat schaut kurz herein, verschwindet aber bald wieder. Kochen ist schließlich Frauensache und Naschen heute verboten. Mir hat es besonders die Zubereitung von *boeber,* der dicken, süßen Milchsuppe, angetan, die es nur an Festtagen gibt. In Java, wo das Rezept herkommt, macht man sie mit Kokosmilch. Fatima nimmt eine Mischung aus frischer Milch und Kondensmilch. Zuerst brät sie *vermicelli,* die dünnen, kleinen Nudeln, in Butter an, dann kommt die Milch hinzu. In die kochende Milch arbeitet Fatima Gewürze und Essenzen ein, schließlich Zucker und Sago. Zimt, Kardamom und Sternanis sind immer dabei, Vanille kann, Rosenwasser muss sein. Die fertige, zartrosa dicke Milch schöpft Fatima in eine große Glasschüssel. »Dis ryk«, versichert sie mir, nahrhaft! Ich zweifle nicht daran. *Boeber* ist wahrlich kein Schlankmacher, aber smullekker, superlecker.

An einem heißen Hochsommertag schlendere ich über den fliegenden Markt, der sich aus Anlass des Südoster-Kulturfestivals rund um Kapstadts Kulturtempel Artscape für ein paar Tage niedergelassen hat. Es duftet nach gebratenen *sosaties* und in Fett ausgebackenen *samoosas.* In großen Töpfen brodelt *denningvleis,* der mit Tamarinde leicht gesäuerte Lammeintopf, eines der ältesten Gerichte des Kaps. Überall gibt es *boboetie.* Der orientalisch gewürzte Hackfleischauflauf ist wohl das beliebteste Gericht der kapmalaiischen Küche. An einem Stand sehe ich eine milchig trübe Flüssigkeit, in großen Flaschen. »Kom en probeer«, animiert mich die Verkäuferin. Ich koste. Herrlich erfrischend! *Gemmerbier* darf auf keinem ländlichen Fest rund ums Kap fehlen. Das Ingwerbier aus Wasser mit Zucker, Ingwer und Rosinen wird ein paar Tage vor Verbrauch mit Hefe angesetzt und stehengelassen, bis es leicht vergoren ist. Ingwer gibt es in jedem Supermarkt für ein paar Rand. Es ist ein Grundbestandteil der kapmalaiischen Küche. Im Winter, wenn es für *Gemmerbier* zu kalt ist, wärme ich mich mit *Gemmerkluitjes,* kleinen mit Ingwerstücken versetzten Mehlklößen, auf.

Zur *boerekos,* dem typischen kapholländischen Essen, gehören neben den malaiischen Gerichten vor allem die vielen Eintöpfe, die *bredies* mit portugiesischen Einflüssen und die *poitjes.* Sie werden gerne in schweren eisernen Töpfen serviert, eben solchen, wie sie die Frau des Treckbauern beim Kochen über dem offenen Feuer benutzt haben mag. Der *waterblommetjiebredie* ist darunter der Ungewöhnlichste. Aus den Knospen einer Wasserpflanze und Lammfleisch mit Sauerampfer entsteht nach stundenlangem Köcheln ein säuerlicher, pikanter Fleisch-Gemüse-Eintopf. Etwas gewöhnungsbedürftig ist der *poitje* aus *afval,* ein Curry aus Gedärm und anderen Innereien.

Am liebsten essen die Südafrikaner Fleisch, obwohl es herrlichen Fisch gibt: Yellowtail vom Indischen Ozean, Lachsforelle aus den Fischteichen um Kapstadt oder den Bächen des Hochlands um Johannesburg und Barracuda, am besten geräuchert, von der Atlantikküste. Dort kann man in einigen einfachen Restaurants direkt am Strand stundenlang in einer Speisenfolge von Fisch, Muscheln und anderen Schalentieren schwelgen. Ein wahrer Krieg ist an der Südküste zwischen Küstenwacht und Wilderern um die große Muschel Abalone oder *perlemoen* ausgebrochen, weil sie in Asien als Aphrodisiakum gilt und sehr hoch gehandelt wird. Bis in die Antarktis verfolgte ein südafrikanisches Marineschiff eine Bande von Abalone-Räubern. So ist die delikate Muschel in Südafrika kaum noch zu bekommen und sündhaft teuer.

Der englische Beitrag zur südafrikanischen Küche ist weniger deutlich. Am ehesten macht er sich in den vielen Süßspeisen bemerkbar, den *flans* und *lemon curds,* in Marmeladen und *pickles* und in der Teemahlzeit mit *scones,* Butter und Marmelade. Sie ergänzen die holländischen *melktarts* und die zuckersüßen Blätterteigschleifen mit dem hübschen Namen *koeksister.*

Der eigentlich aus Südamerika stammende Mais wurde zum Grundbestandteil der afrikanischen Küche. *Miliepap* gibt es mit *amazi,* der sauren Milch, versetzt zum Frühstück und mit Fleisch oder Bratensoße zum Abendessen. In seiner nur grob zerkleinerten Form und mit Fett angereichert, wird er zum *samp.* Dazu gibt es Bohnen und fertig ist das *umngqusho,* Nelson Mandelas Lieblingsgericht. *Isonka* ist das beste Brot, meint Nomsa und bringt mir manchmal ein paar Scheiben von ihrem selbstgebackenen Maisbrot mit.

An den Feuern des *braai*

Alle Pionierländer vereint die geradezu kultische Verehrung des über offenem Feuer gegrillten Fleischs. Was den Amerikanern und Australiern das Barbecue ist und den Argentiniern das *asado,* das ist den Südafrikanern ihr *braai:* ein nationales Kulturgut.

Es ist ein geselliges Ereignis. Ungewohnt war für mich, wie deutlich Männlein und Weiblein sich beim *braai* trennen. Die verantwortungsvolle Aufgabe, das Holzkohlenfeuer anzulegen und das Fleisch zu garen, ist Männersache. Dabei fließt reichlich Bier, denn wer im Rauch steht, muss seine Kehle benetzen. Die Frauen dürfen Beilagen und Salate beisteuern. Auch hinterher mischt sich nicht leicht, was doch eigentlich zusammengehören sollte. Wie zu Zeiten meiner Großmutter, als sich die Männer nach dem Essen in das Herrenzimmer zurückzogen, sammeln sie sich hier um das Feuer, währen die Frauen am Pool sitzen, den Teller auf den Knien balancierend. Vielleicht trägt dazu auch bei, dass in Südafrika die schulische Koedukation keineswegs selbstverständlich ist. Gerade die besseren Privatschulen halten die Geschlechter säuberlich getrennt. So fehlt wohl die Übung im zwanglosen Austausch über den tiefen Graben zwischen Mars und Venus hinweg.

Kaum je zuvor habe ich so gutes Fleisch gegessen wie die Rindersteaks oder Lammkeulen vom *braai.* Das Allerköstlichste sind aber die Stücke vom Wild. Springbock, Kudu und Eland schmecken anders als unser Reh- oder Hirschbraten. Sie haben keinen so strengen Wildgeschmack, sind aber nicht minder lecker. Im Karoo werden Strauße gezüchtet. So liegt auf dem *braai* auch öfter ein Stück Strauß. Mir sind Straußenei und Straußenleder lieber. Das Fleisch ist recht trocken und eher fade. Nicht zu verachten sind aber die kleineren Näschereien auf dem Holzkohlengrill, die *sosaties* und die *boerewors*. Dazu gibt es Reis, Süßkartoffeln, *butternut,* den goldgelben kleinen Flaschenkürbis, und allerlei würzige Soßen.

Mein liebstes Mitbringsel für die Daheimgebliebenen war *biltong*. Für eine Tüte mit Stücken des gewürzten Trockenfleischs vom Rind oder Wild lassen Südafrikaner alle anderen Snacks links liegen. Als ich einer aus Südafrika stammenden Freundin in die Toskana, wo sie, mit einem Italiener verheiratet, seit Jahrzehnten lebt, eine Tüte *biltong* mitbrachte, hatte ich ins Schwarze getroffen. Sie, die Zauberin der italienischen feinen Küche, dankte mir fast mit Tränen in den Augen, und niemand bekam auch nur das kleinste Stück ihrer heimischen Kostbarkeit ab. Dabei entstand *biltong* eher aus der Not. Wie sollten die Burenfrauen auf dem Treck oder auf den primitiven Farmen im langen heißen Sommer das Fleisch konservieren, als an Eisblöcke oder gar Kühlschränke noch nicht zu denken war? Eine alte Freundin, die auf einer Farm in Namibia aufgewachsen ist, hat es mir beschrieben: Bei ihr zu Hause schnitten ihre Mutter und sie gemeinsam mit ihrer Küchenhilfe tagelang Fleisch in feine Streifen, bestreuten es mit grobem Salz, tauchten es kurz in Essig, streuten dann grob gemahlenen Pfeffer und Koriander darüber und hängten die Streifen schließlich in einem mit Maschendraht geschützten offenen Holzschrank zum Trocknen auf. Nach ungefähr einer Woche war das *biltong* fertig.

Wein oder Whisky?

In Kapstadt trinkt man Wein und in Johannesburg Whisky, heißt es. Und überall wird Bier getrunken, besonders gerne beim *braai*. Südafrikas Bierbrauern gehört seit kurzem die weltweit zweitgrößte Bierfirma. Das hätte sich Frederick Mead, der britische Matrose, wohl nicht träumen lassen, als er Ende des 19. Jahrhunderts mit Natal Brewery die Vorläuferin von SABMiller gründete, um den wachsenden Durst der Arbeiter in Südafrikas Goldminen zu löschen. Bald konnten er und seine Geschäftspartner die älteste Brauerei Südafrikas, die in Kapstadt schon 1658 begründet wurde und gerade von zwei Schweden erweitert worden war, dazukaufen, und 1895 entstand SAB. 2002 fusionierte der südafrikanische Biergigant South African Breweries (SAB) mit der Miller Brewing Company aus Milwaukee zu SABMiller und hat nun nur noch Anheuser-Busch InBev als Größten auf dem Biermarkt vor sich. Das beste Pils kommt allerdings aus Namibia vom Familienunternehmen List. Das Windhoek Lager nimmt es mit den südafrikanischen Produkten auf.

Der in Johannesburg bevorzugte Whisky ist auch ein Bekenntnis zu anglophilen Umgangsformen in der Kapitale des südafrikanischen *big business*. Thabo Mbeki liebte ihn besonders, den rauchigen Hochlandtrank, manche behaupten zu sehr. In den schicken Bars von Jozi treffen sich die smarten *business people* gern after hour zu einem Glas Whisky, bevor sie sich in ihre gesicherten Wohnburgen zurückziehen.

Im Kapland dagegen ist von alters her der Wein zu Hause. Schon mit Jan van Riebeeck kamen die ersten Weinstöcke. Im Februar 1659 konnte er in seinem Tagebuch notieren: »Heute, Gott sei Lob und Dank, wurde zum ersten Mal Wein aus Kaptrauben gekeltert«[45], aber der Wein war sauer. Bald danach kam mit den hugenottischen Einwanderern auch die Kunst des Weinanbaus. Viele Weingüter mit ihren jahrhundertealten kapholländischen Herrenhäusern in weitläufigen Parks datieren sich auf die erste Zeit europäischer Besiedlung Südafrikas.

Das Weinland ist synonym für Lebensart geworden und wird gerne als ein südafrikanisches Kulturprodukt vermarktet. Ein Wochenende in einem Weingut, ein festliches Lunch auf einem schattigen, Wein überwachsenen *stoep* ist ein Höhepunkt, nicht nur für ausländische Touristen. Am liebsten feiern Südafrikaner dort Hochzeit. Viele Weingüter haben ein kleine Hochzeitskapelle und bieten ein spezielles Paket an für den schönsten Tag im Leben einer Frau, zumindest einer südafrikanischen.

Die Weingüter sind nicht nur selbst zum Kulturgut geworden, die größeren verstehen sich auch als Kulturträger. Im Sommer ist die Zeit der Kulturfestivals von Spier und Oude Libertas, der Konzerte von Paul Kluver, um nur die Wichtigsten zu nennen.

Einen Sommerabend mit einem Picknickkorb auf der Wiese von Oude Libertas in Stellenbosch oberhalb des kleinen, weiß leuchtenden Amphitheaters zu verbringen, gehört zum angenehmsten Zeitvertreib, den das Kulturleben Kapstadts zu bieten hat. In heiterer, entspannter Atmosphäre packen wir unsere mitgebrachten Körbe mit *biltong*, kaltem Huhn und Kapwein aus, schmausen und plaudern in Erwartung der Vorstellung.

Mehr als 90 Weingüter gibt es nach Angaben der Regierung des Westkaps und über 500 kommerzielle Weinkellereien. Die größte ist KWV in Paarl. Die Koöperatieve Wijnbouwersvereniging mit 500 genossenschaftlichen Mitgliedern und einer 90-jährigen Tradition wurde 2004 der erste BBBEE-Betrieb der Weinindustrie und verkaufte 25,1 Prozent der Anteile an ein Konsortium schwarzer Geschäftsleute. Die zwei weiteren Bs, vor dem BEE für Black Economic Empowerment, stehen für Broad Based: Das Konsortium ist ein Sammelbecken kleinerer Anleger. Die Weingüter und Kellereien sind für die Provinz ein bedeutender Wirtschaftsfaktor, sowohl mit ihrem Primärprodukt als auch mit der dazugehörigen Gastronomie und Hotellerie. Knapp 10 Prozent trägt die Weinindustrie zum Bruttosozialprodukt des Westkaps bei und beschäftigt 257000 Arbeitskräfte.[46] Nicht nur Franschhoek mit seinem von alten und nicht ganz so alten Weingütern geprägten Ambiente lebt fast ganz vom Tourismus. Das »Cape Wineland« ist ein touristisches Markenzeichen. In jeder deutschen Weinhandlung, in fast jedem Supermarktregal findet sich heute eine Auswahl südafrikanischer Weine. Als Weinproduzent steht Südafrika an neunter Stelle der Weltrangliste. Besonders die schweren, tanninreichen Rotweine sind beliebt. Eine genuin südafrikanische Rebe ergibt einen eher leichten Rotwein, die Pinotage, die 1925 aus den Sorten Hermitage und Pinot Noir am Kap gekreuzt wurde.

Auf dem Weg von Kapstadt ins Karoo kommt man bald durch eines der schönsten Täler des Weinlands. Im Herbst leuchten die Weingärten in dem langen, von zwei Bergketten eingefassten Tal in allen Schattierungen von blassgelb, goldgelb und rot unter einem strahlend blauen Himmel. An der Straße verkaufen Jungen ganze Kartons mit Trauben. Das Hex River Valley ist ein Hauptanbaugebiet von Tafeltrauben. In meiner Kindheit waren die dunkelblauen Kaptrauben, jede einzelne Rebe sorgfältig in Seidenpapier verpackt, immer etwas Besonderes, das es nur an Festtagen gab. Auch Rosinen werden in Südafrika hergestellt. Im heißen Nordkap, in dem schmalen fruchtbaren Streifen am Oranje, liegen die Weinbeeren in der Saison zum Trocknen aus.

Staatsaffäre Sport

Der Sportboykott in der Apartheidära hätte jedes Land getroffen, aber die Südafrikaner fühlten sich geradezu gedemütigt. Sport ist ihnen eine Herzensangelegenheit. Das gilt vor allem für die von den Engländern übernommenen Sportarten Rugby und Cricket, die viele schon als Schüler in den englisch geprägten Internaten praktizieren. Auch die Afrikaansen haben sich in diese Sporttradition erfolgreich eingereiht. In seinem zweiten Antiapartheidroman *Too late the Phalarope* konnte Alan Paton die Fallhöhe eines rechtschaffenen Buren, der sich mit einer Schwarzen eingelassen und damit die Apartheidgesetze verletzt hatte, an der Sportkarriere seines Helden deutlich machen. Polizeileutnant Pieter van Vlaanderen hatte sich gesellschaftlich und sportlich so ausgezeichnet, dass er für die Springboks, die nationale Rugbymannschaft, nominiert wurde. Mit seiner Kompromittierung war dieser Traum ausgeträumt. Er fiel in den Abgrund und riss seine Familie mit. Der ebenfalls Rugby spielende Dominee, der kalvinistische Pfarrer, würde Pieters Schwester nun nicht heiraten.

Rugby kann auch heute noch leicht zum Politikum werden. Wenn es um eine nationale Prestigeangelegenheit wie Cricket oder Rugby geht, versteht auch die neue Regierung keinen Spaß. Die Zusammensetzung der Springboks ist fast so wichtig wie die der Regierung. Und die Mannschaft ist immer noch zu weiß, denn Cricket und Rugby waren die bevorzugten Sportarten der Weißen, während die Schwarzen Fußball spielten. 2007 ließ sich der Vorsitzende des Sportausschusses im Parlament vernehmen, wenn die Springbok-Oberen nicht mehr Proporz in die Mannschaftszusammenstellung brächten, könne man den weißen Spielern vor internationalen Wettbewerben die Pässe entziehen. Das Innenministerium hielt zwar flugs dagegen, aber ein unangenehmer Nachgeschmack blieb, zumal der Sportminister weiterhin die rassisch korrekte Zusammensetzung des Teams einforderte. Gleichzeitig ließ es sich der damalige Präsident Thabo Mbeki allerdings nicht nehmen, die Boks beim Endspiel um die Weltmeisterschaft im Herbst 2007 in Frankreich mit seiner Anwesenheit zu beehren.

Cricket löst besonders bei den Englischstämmigen Begeisterung aus. Ende des 19. Jahrhunderts brachten die englischen Kolonialherren den weißen Sport, dessen komplizierte Regeln und gemächlicher Ablauf auf gepflegten Rasenplätzen ihn lange Zeit zu einem Elitesport machten, nach Südafrika. Man maß sich mit den englischen, indischen, australischen und neuseeländischen Teams in den Commonwealth-Spielen. Nach den Boykottjahren war es für Südafrika eine Ehre, 2003 die Weltmeisterschaften ausrichten zu dürfen. Mittlerweile sieht man bei den Proteas, wie sich die Nationalmannschaft nennt, die ersten schwarzen Gesichter. Als ich zur Zeit eines Cricket-Worldcups bei Freunden in ihrem Wochenendhaus am Meer zu Gast war, sah ich vom Hausherren wenig. Der klebte vor dem Fernsehgerät und fieberte mit dem südafrikanischen Team. Sein Einsatz lohnte sich. Die Proteas brachten es bis zum Halbfinale. Wenn Meisterschaften in Cricket oder Rugby anstehen, hat kein Foto von irgendeinem internationalen Konfliktherd, mag er noch so brennend aktuell sein, Chancen, auf die Titelseite einer südafrikanischen Zeitung zu kommen. Dahin gehören die Sportfotos.

Wie überall ist Sport auch in Südafrika ein Riesengeschäft. Ehemalige Rugby-Nationalspieler kaufen sich gerne in Weinfarmen ein, und die Weinbetriebe machen kräftig Marketing mit diesen zugkräftigen Namen. So war Jan Coetzee eine Zeitlang Partner bei Kanonkop, dem Weingut, das einstmals J.W. Sauer gekauft hatte, und in die Farm Welbedacht hat Ex-Rugby-Größe Schalk Burger investiert.

Ein Sport für – fast – jedermann ist Golf geworden. In der unmittelbaren Umgebung meines Vororts zähle ich zwei Golfplätze mit 18 Löchern, einen mit neun, zwei Übungsplätze und eine Golfschule. Rund um Kapstadt gibt es 13 voll ausgestattete Plätze, die kleinen Nachbarschaftsanlagen nicht mitgerechnet. Weitere Golfzentren befinden sich im Weinland, an der Garden Route und in KwaZulu-Natal. Golfreisende stellen einen erklecklichen Teil des Touristenaufkommens. Wenn wieder einmal ein neuer Platz gebaut wird, sind die Zeitungen voll von Berichten über die bekannten Namen, die man für den Entwurf der neuen Anlage gewinnen konnte, allen voran Südafrikas Golfstar und Platzdesigner Ernie Els. Eines besonderen Prestiges erfreut sich Ferncourt an der Garden Route, der edle Golfplatz mit Hotelbetrieb, den SAP-Miteigentümer Hasso Plattner seiner Frau schenkte. Hier hatte der bekannteste Ex-Golfer und Platzgestalter Südafrikas, Gary Player, mit seiner Company Black Knight die Designhand im Spiel. Auf 163 Turniere aus seiner aktiven Zeit und 220 Platzentwürfe weltweit blickt der Golfveteran zurück. Angesichts zunehmenden Umweltbewusstseins und Wasserknappheit geraten die Golfplatzbetreiber unter Druck. So müssen sie nachweisen, dass sie für die Dauerberieselung ihrer ausgedehnten Rasenflächen kein Wasser verwenden, das den übrigen Nutzern, ob Privathaushalten oder Landwirtschaftsbetrieben, verloren geht. Der Golfplatz, an den meine Straße grenzt, hatte ein wenig gemogelt und musste eine heftige Buße zahlen.

Nicht nur Jungopernstar Sophie schätzt Kapstadt wegen seiner Wassersportmöglichkeiten. Auf dem Rückflug von Deutschland nach Kapstadt sitze ich neben Kai. Der kommt von der Waterkant und kennt fast alle Strände für Windsurfer rund um den Globus. An Kapstadts Atlantikküste gefällt es ihm am besten. An der Gepäckausgabe bin ich von den großen Blonden mit den langen Taschen umringt, die sich ihr Sportsondergepäck abholen. Die besten Backpacker- und Klub-Adressen werden ausgetauscht. Wer länger bleiben will, macht ein Praktikum bei einer der vielen Sporteinrichtungen. Nina, angehende Kulturmanagerin aus Feiburg, hat das große Los gezogen. Sie hat einen Praktikumsplatz beim Royal Cape Yacht Club ergattert. Der feine Segelklub an Kapstadts Foreshore richtet die jährliche »South Atlantic Race« aus, die Südatlantikregatta, und das seit 1971. »Cape to Rio« hieß es bis vor kurzem, in den letzten Jahren steuert man Salvador de Bahia an. Nina wohnt ein paar Tage bei mir und nimmt mich mit zum Auftakt. Geblendet schauen wir beide auf das beeindruckende Meer von strahlend weiß gewienerten Yachten. Der »Cape Doctor« sorgt für einen furiosen Start. »Summerlove«, »Voortrekker«, »Gray Lady«, wer wird dieses Jahr das Rennen machen und als Erster in Brasilien über die Ziellinie segeln? Eine unsichtbare Linie hat 2005 die »Shosholoza« durchbrochen. Auf ihr nahm eine Crew von Jugendlichen aus einem

Segelprogramm für benachteiligte Schwarze erstmals an der Regatta teil und qualifizierte sich für den America's Cup im Folgejahr. »Sie haben das Image des Segelns als einen Sport des weißen Mannes zerstört«, freuten sich die Verantwortlichen des Förderprogramms.

Einen Steinwurf vom Klub in Foreshore entfernt kann man sich mit dem nötigen Kleingeld in die neuen Apartmenthäuser an der Waterfront einkaufen und sich sein Segelboot vor die Haustür legen. So mancher Neuzuwanderer macht sein Hobby zum Broterwerb mit einer Surfschule oder einem Sportreiseservice.

Meine Schweizer Freunde hatten anderes im Sinn, als sie sich in der Nähe von Kapstadt niederließen. Sie schauen von ihren Fenstern aus nicht nur auf die eindrucksvolle Kette der Hottentott-Holland-Berge. Mit ihrem Wanderklub sind sie auch fast jedes Wochenende unterwegs. Das Bergwandern heißt hier Trekking und ist eine ernste Angelegenheit. Zumindest machen das die vielen auf Trekking und Camping spezialisierten Läden glauben.

Mein Gott, dein Gott

Nicht ganz so eine gute Presse wie der Sport hat der liebe Gott, aber er ist ebenso allgegenwärtig. In so manchem Bed & Breakfast (B&B) fand ich einen Bibelspruch auf meinem Kopfkissen oder neben dem Frühstücksteller. Mir sollte es am immateriellen Beistand nicht mangeln. Lange war ja die Bibel in vielen Haushalten das einzige Buch gewesen, das man las. Um mein Seelenheil ist auch der Straßenprediger besorgt, der öfter am Parkplatz meines Supermarkts steht und predigt. Nomsas Grüße und gute Wünsche sind meistens mit der Anrufung Gottes und seines Segens verbunden. Kein Zweifel, Südafrikaner sind religiös. Dazu mögen die Missionsgesellschaften beigetragen haben, die lange für Erziehung und Kulturleben verantwortlich waren. Viele Privatschulen sind weiterhin kirchliche Einrichtungen.

Zusammen mit den Nats hat die NG-Kirche, die Nederduitse Gereformeerde Kerk, ihre Monopolstellung verloren. Gott ist nicht mehr allein mit den Buren im Bund. Welche Bedeutung sie einmal hatte, kann man noch an den großen Kirchenbauten ablesen, die in jedem *dorpie* stehen und heute oft überdimensioniert wirken. Steil und spitz ragt ihr schmaler Turm in den Himmel. Ihr auftrumpfender Gestus scheint im neuen Südafrika ins Leere zu gehen. Wie die afrikaanse Sprache ist auch die NG-Kirche aus der Apartheidzeit bemakelt, hat sie doch nicht nur stillgehalten, sondern häufig noch den kirchlichen Begründungsrahmen geliefert. Doch gab es in jeder der großen Kirchengemeinschaften Südafrikas mindestens den einen Aufrechten: Christiaan Beyers Naudé bei den Kalvinisten, Trevor Huddleston bei den Anglikanern und Denis Hurley bei den Katholiken.

Die katholische Kirche, in der Ära der Nationalpartei als »römische Gefahr« kritisch beäugt, war in Südafrika nie eine Kraft, die im gesellschaftspolitischen Rampenlicht stand. Sie spielt vor allem im pädagogischen und sozialen Bereich eine Rolle. In der immer noch so ungleichen südafrikanischen Gesellschaft, in der sich der Staat zwar gerne in alles einmischt, aber oft nur unzureichende Leistungen gewährleistet, erbringen Missionsstationen wie Mariannhill und Maria Ratschitz in KwaZulu-Natal oder Pella im Nordkap in aller Stille einen unverzichtbaren Dienst.

Allen Amtskirchen macht die Konkurrenz der Erweckungskirchen zu schaffen. In diesen religiösen Gemeinschaften fühlen sich vor allem Schwarze besser aufgehoben. Mit Laienpredigten und viel Einsatz von Gesängen und Körpersprache sind sie näher an den Menschen. Tage vor Ostern bereitet sich Nomsa auf das große Fest des Wunders der Auferstehung vor. Das spezielle Gericht aus süßsauer eingelegtem Fisch muss vorbereitet werden, und für die Betreuung ihrer alten Mutter muss sie Ersatz finden, denn sie selbst wird die ganze Karfreitagsnacht und den größten Teil des folgenden Tages in der Kirche verbringen. Ihr Bischof erwartet das von seinen Gemeindekindern. Sie wird die blau-weiße Tracht anlegen, die sie einmal extra mitgebracht hat, um sich mit uns in ihrem Festgewand fotografieren zu lassen. Manchmal, wenn die Mutter Oberin aus dem Freistaat kommt und predigt, ist Nomsas Hilfe besonders gefragt. Sie übersetzt dann aus ihrem heimischen Sotho ins hiesige Xhosa. Ihr Bischof ist mit seinen Hilfspredigern auch für die geistliche Begleitung der vielen Beerdigungen zuständig. So verbindet ihre Kirche den christlichen Ritus zwanglos mit den Erfordernissen der Ahnenverehrung, die bei jeder Beerdigung zu beachten sind.

Eine geschlossene Gemeinschaft bilden die kleineren Religionsgruppen der Malaien im Westkap und der Inder in KwaZulu-Natal. Während die Malaien durchweg Moslems sind, teilen sich die Inder in Moslems und Hindus. Weil unter den Hindus die meisten Nachkommen von in der englischen Kolonialzeit herbeigeschafften Kontraktarbeitern anzutreffen sind, gibt es in dieser Gruppe viele Arme. Die wohlhabenderen indischen Händler der Städte sind meistens Moslems.

Einen relativ großen Einfluss in Wirtschaft und Gesellschaft, besonders in Johannesburg, haben die jüdischen Einwanderer, mit 0,2 Prozent Anteil an der Bevölkerung die kleinste Gruppe. Die Familiendynastie der Oppenheimers, der bedeutendsten südafrikanischen Minenmagnaten, ist das prominenteste Beispiel. Viele Juden, besonders aus Osteuropa, kamen zwar um die Wende zum 20. Jahrhundert mit leeren Händen an, waren aber meistens so gut ausgebildet, dass sie schnell Fuß fassen und vorankommen konnten. Wie die Inder legten sie größten Wert auf eine gute Erziehung und Ausbildung ihrer Kinder und pflegten ihre internationalen Kontakte, was ihnen beim weiteren Aufstieg zugutekam. Unter den südafrikanischen Juden sind die Orthodoxen in der Minderzahl.

Shop till you drop

»Landmarks« nennt man bemerkenswerte Gebäude. Zu den »landmarks«, die in Südafrika jeder kennt, gehören die großen Einkaufzentren, allen voran die Victoria & Albert Waterfront am Kapstädter Hafen. Auch Century City im Norden von Kapstadt und selbst Tygervalley Centre in meinem Wohngebiet sind bis Johannesburg und noch bis nach Namibia bekannt. Das konnte ich immer wieder feststellen, wenn ich versuchte, zu beschreiben, wo ich wohne. Auch Johannesburg hat gleich mehrere Malls, von denen Sandton City Mall die aktuell angesagte ist. Ein Triumph schwarzer Kaufkraft ist die brandneue Mapoyana Mall in Soweto. »Diese Mall macht uns stolz, in Soweto zu leben. Es beutet für uns eine neue Zukunft«, sagte eine Passantin zu einer deutschen Journalistin.[47] Die Konsumtempel sind gesellschaftliche Einrichtungen. Dort verabredet man sich, geht ins Kino, zum Schaufenster- und Leuteangucken oder ins Restaurant. Die Zentren veranstalten Gesangs- und Schönheitswettbewerbe, übertreffen sich gegenseitig in Weihnachtsdekoration oder in der Ausstattung spezieller Themenwochen, wie etwa der weißen Woche, in der es um Hochzeit und alles, was dazu gehört, geht. Schon ihre schiere Größe inmitten riesiger Parkplätze machen sie zu »landmarks«. Um die Malls sind die Wohnlagen besonders begehrt. Immobilienmakler werben mit der Nähe zur V&A Waterfront oder zu Century City. Oft entstehen ganze Siedlungen neu, sobald eine Mall da ist.

Die Innendekoration borgt phantasievoll von allen Stilrichtungen, Hauptsache pompös. In Century City sind die Decken mit farbigen Fresken bemalt. Die Kuppeln und Türme inmitten einer Kunstlandschaft mit Kanälen und gepflegten Gartenanlagen suggerieren eine Traumwelt zwischen Venedig und Tausendundeiner Nacht. Wer nachts an dieser strahlenden Einkaufsstadt dicht an der Autobahn N1 vorbeifährt, ahnt nicht, dass Kapstadt Schwierigkeiten mit der Energieversorgung haben könnte. Die Kathedralen des Konsums ersetzten in dem Pionierland die europäischen Schlösser und Dome. Darin ist Südafrika den USA ähnlich. Diese Städte in der Stadt erlauben das Einkaufen und Flanieren in relativer Sicherheit. Dafür sorgt ein Heer von Sicherheitsleuten. Die Malls sind sauber und klimatisiert, und man findet immer einen bewachten Parkplatz. Der Parkwächter weist ein, sucht den Blickkontakt mit seinem Kunden und erwartet hinterher ein kleines Trinkgeld. Ein freundliches, je nach Gegend englisches oder afrikaanses »Good morning. How are you today?« oder »Goeiemôre. Hoe gaan dit met you?« sollte nie fehlen. Wer gar auf Xhosa »Molo! Kunjani?« sagen kann, hat schon gewonnen. Autodiebstahl, auch von Parkplätzen an Malls, ist ein beliebter Sport. Es lohnt sich schon deshalb, sich mit dem Parkwächter gutzustellen.

Die bescheidenere Schwester der Mall ist der Supermarkt. Auch die Supermärkte sind weitläufig und erfreuen die Kundschaft je nach Saison mit riesigem Weihnachtsbaum und einem Santa Claus für die Kleinen oder mit künstlichen Blütenbäumen. Man bekommt dort alles, vom Kühlschrank bis zur Babywindel. Die Abteilungen, nach »food« und »non food«, Lebensmitteln und anderem, getrennt, sind so ausgedehnt, dass Einkaufen eine tagesfüllende Beschäftigung sein kann. Mehr als ein Dutzend Kassen sind keine Seltenheit. Im gartenverrückten Südafrika gibt es in jedem größeren Supermarkt eine Gartenabteilung, wo man von Samentüten über Topfpflanzen bis zu Rasenmähern, Poolstaubsaugern und Braaigeräten alles Erdenkliche fürs glückliche Gartenleben bekommen kann. Im Supermarkt kann man auch Mobiltelefonkarten kaufen und seine monatliche Strom-, Wasser- oder Telefonrechnung bar bezahlen. Der Kunde wird umworben. »Danke, dass wir Teil ihres Tages sein durften«, so verabschiedet sich mein lokaler Supermarkt von mir auf einem Schriftband über dem Ausgang.

Es ist keine Seltenheit, selbst junge Frauen mit ihrer *domestic* im Schlepptau einkaufen zu sehen. Die Hausangestellte nimmt die Ware entgegen und legt sie in den Korb, sie hilft ihrer Lady, die Sachen an der Kasse aufs Band zu legen und sie später im Auto zu verstauen. Wer das schwierige Geschäft des Einkaufens ohne Haushilfe erledigen muss, braucht nicht zu verzweifeln. An allen Supermarktkassen gibt es Angestellte, die für den Kunden die Ware einpacken. Das machen sie methodisch und routiniert. Nie würde eine Packerin das Steak in dieselbe Tüte legen wie das Waschpulver. Hat man vergessen, die Mangos wiegen zu lassen, hilft sie auch dabei. Alles geht zwar nicht übermäßig schnell, aber mit größter Freundlichkeit vonstatten. Draußen kommt der Parkwächter herbei und hilft beim Verstauen. Das neokoloniale Leben pur.

Eine für Umweltbewusste erfreuliche Neuerung gibt es seit ein paar Jahren. Lange war der sorglose Umgang mit Plastiktüten ein Ärgernis. Beim noch so kleinen Einkauf wurde die Ware in einer Plastiktüte verpackt. Im Supermarkt lagen sie in Stapeln herum. Die Tüten flogen durch die Straßen und verfingen sich in Zäunen und Bäumen. Witzbolde nannten die Plastiktüte Südafrikas Nationalblume. Das beleidigte nicht nur die Protea, die wirkliche Nationalblume, es war auch hässlich. Seit 2006 muss für die Tüten ein kleiner Obolus bezahlt werden. Trotz anfänglicher Proteste hat sich die Regelung durchgesetzt. Man sieht die »Nationalblume« seitdem viel seltener.

Um das Privileg, die teuersten Quadratkilometer Südafrikas anzubieten, konkurrieren Sandton in Johannesburg und die V&A Waterfront sowie Bantry Bay, Clifton und Camps Bay an Kapstadts Atlantikküste. An der westlichen Flanke des Tafelbergs folgt eine malerische Bucht der anderen, mit den weißen Würfeln millionenschwerer Häuser an den Hängen und immer neuen Ausblicken auf »das große Blau«, das leuchtend blaue Wasser des Atlantiks. Südafrika gibt sich hier mediterran. Das mag auch den Russen angezogen haben, der ein paar Millionen Rand hinblätterte und für seine Schwiegermutter in Camps Bay ein Haus kaufte, das er nur im Internet gesehen hatte.

Camps Bay prunkt mit den Berggipfeln der »Zwölf Apostel« im Hintergrund, einem von Felsen eingerahmten breiten Strand und der palmengesäumten Uferstraße, die den Corniches der französischen Riviera nacheifert. Wo heute die Jeunesse dorée vorbeiflaniert, erstreckte sich im 18. Jahrhundert die Farm Rabenstein des aus Königsberg zugewanderten Seemanns Ernst Friedrich von Kamptz. Aus Kamptz wurde Camps, und die Farm erlebte immer neue Zellteilungen, bis sie zum teuersten Baugrund rund um Kapstadt avancierte.

Am späten Vormittag trifft man sich zu einem Glas Champagner oder einem Cabernet Sauvignon südafrikanischer Provenienz auf der Terrasse des Summerville. Danach ist ein wenig Baden im benachbarten Clifton am »beach four« angesagt, für die Sportlichen Drachenfliegen von den Hängen der Zwölf Apostel. In den Abendstunden, wenn über dem Meer die Sonne untergeht und der Himmel in allen Schattierungen von Gelb, Orange und Rot leuchtet, bis er in ein durchsichtiges Hellgrün übergeht, zeigt man sich flanierend. Den frischen Fang des Tages, ob *monk fish, cod* oder *yellowtail,* sucht man sich später am riesigen Fisch- und Schalentiertresen des »Codfather« aus. Auch an Klubs für das Abtanzen danach mit dem weiblichen oder männlichen Fang des Tages ist kein Mangel.

Die Anbeter des süßen Lebens von Camps Bay sind jung, bevorzugt blond, mit sparsam eingesprenkeltem Schwarz. Gelegentlich sieht man die junge Schöne mit dem älteren, schwergewichtigen Herrn, der sicher nicht ihr Vater ist. Ein junger Australier, den ich zu Besuch hatte, konnte – obwohl selbst aus wohlhabender Familie – nicht genug darüber staunen, wie viele ganz junge Südafrikaner in Camps Bay für teuren Luxus selbstverständlich die Kreditkarte zücken. Das ist meistens Daddys Geld, höre ich von Freunden. Südafrikanische Jugendliche wachsen behütet auf. Sie lösen sich viel später von der Familie als deutsche Heranwachsende, offenbar auch von Vaters oder Mutters Geldbeutel.

Stop and go

Auf der Corniche von Camps Bay kann man auch gut seinen offenen BMW oder den 4 x 4 von Mercedes spazieren fahren, auf der Suche nach einem Parkplatz oder einfach so. An nahezu jeder Straße gibt es die meist selbsternannten Parkwächter, die hierzulande häufig die Parkuhren ersetzen. Man zieht sich eine knallgelbe Weste an, und schon ist man Parkwächter. Das ist eine der wenigen halblegalen Einnahmequellen für Arbeitslose. Für den Parkwächter ist der Kunde wie in alten Zeiten »Boss« oder »Baas« beziehungsweise »Ma'am«. Er scheut sich aber nicht, Zahlungsunwillige recht rüde um ein paar Rand anzugehen. Weil es viel zu viele Parkwächter gibt, entstehen oft Rangeleien zwischen den Aufpassern auf Kundenfang. Ganz auf ihre Hilfe zu verzichten, ist nicht ratsam. Es könnte ja ein Fenster nicht ganz geschlossen sein oder das Schloss nicht so gut funktionieren, und »da möchten Sie doch nichts riskieren, nicht wahr, Baas?«

Das Pendant des Parkwächters ist der fliegende Händler. An allen großen Kreuzungen werden Zeitungen, Snacks, Blumen, frisches Obst und allerlei mehr oder minder nützliche Dinge verkauft. Kaum regnet es ein paar Tropfen, schon steht die Phalanx der Regenschirmverkäufer Spalier an den Mittelstreifen. Vor den Wagenfenstern lassen andere ein Jo-Jo baumeln, einen Löwen aus recycelten Plastiktüten seine Mähne aufplustern oder drücken einen Strauß allerschönster weißer Callas an die Scheibe. Es empfiehlt sich, immer ein wenig Kleingeld griffbereit zu haben, damit man nicht das Portemonnaie zücken und seine Barschaft allzu deutlich vorzeigen muss.

Im innerstädtischen Verkehr kommt man im Allgemeinen gut zurecht. An den Linksverkehr und die etwas unkonventionelle

Fahrweise vieler Südafrikaner, das ständige Spurwechseln und beidseitige Überholen, habe ich mich bald gewöhnt. Dafür sind sie meistens viel gelassener und flexibler als deutsche Autofahrer. An vielen Kreuzungen gibt es keine Vorfahrtregelung per Verkehrsschild. Wer zuerst da war, hat Vorfahrt. Das ist nicht immer eindeutig. So verständigt man sich per Blickkontakt oder Handzeichen, was prächtig funktioniert. Eine defensive Fahrweise empfiehlt sich schon deshalb, weil es in Südafrika keinen TÜV und keine Pflichtversicherung gibt. Ist bei einem Unfall der andere Fahrer versichert, so regelt sich alles mühelos und unbürokratischer als in Deutschland. Ist er es nicht, wird es schwierig.

Während Südafrikas Straßen meistens vorzüglich sind, ist es die Sicherheitslage weit weniger. Der Ratschlag, in größeren Städten an unbelebten Kreuzungen oder in der Dunkelheit die Türen von innen zu verschließen und notfalls auch bei Rot über die Kreuzung zu fahren, ist durchaus ernst zu nehmen. Wer über Land fährt, kann sich über die schnurgeraden Straßen und den meist dünnen Verkehr freuen. Anzuhalten, wenn jemand mitgenommen werden möchte, eine Panne oder sonst ein Anliegen hat, ist leider nicht ohne Risiko. Die Hijacking-Statistiken sprechen dagegen. Die allgemeine, nicht ganz unbegründete Furcht, einem Hinterhalt zum Opfer zu fallen, lässt oft jeden spontanen Impuls zur Hilfsbereitschaft im Keim ersticken.

Nicht nur Autofahrer leben gefährlich. Das normale Verkehrsmittel in Südafrikas Städten ist für das Gros der Bevölkerung das Sammeltaxi. Vollgestopft bis zur Schmerzgrenze, mit stinkendem Auspuff, oft nahezu schrottreif, schlingern die Kleinbusse durch die Straßen von Townships, Innenstadt und Suburbia. Fünf Rand kostet eine Fahrt. Nomsa muss dreimal umsteigen, bis sie aus Gugulethu in meinen Vorort gelangt. Oft bleiben die Fahrzeuge liegen, weil sie schadhaft oder die Fahrer übermüdet sind. Gelegentlich kommt es zu Schießereien zwischen rivalisierenden Kleinbusunternehmen, denn die Lizenzen für den lukrativen Taxibetrieb sind umkämpft.

Ein verlässliches öffentliches Verkehrsnetz gibt es nur in Ansätzen. Zwischen den nördlichen Vorstädten und Kapstadts Zentrum verkehrt zwar eine S-Bahn, die Metrorail. Sie ist aber so unsicher, dass es immer wieder zu Protesten kommt. Ansonsten wird das riesige Land mit Bussen und per Flugzeug erschlossen.

Kapstadt und Johannesburg verbindet auch eine Fernbahn, sogar mit Schlafwagen und Autoreisezug. Die Fahrzeit ist allerdings lang.

Weihnachten steht vor der Tür

Um Weihnachten und Neujahr herum müssen die verwöhnten südafrikanischen Hausfrauen, »expats« eingeschlossen, ohne ihre dienstbaren Geister auskommen. Seit Wochen sind die Überlandbusse ausgebucht. Hoch türmen sich die Bündel, Kartons und Pakete auf den Dachgepäckträgern. Es ist Zeit für einen Familienbesuch in der Transkei. Da will man nicht mit leeren Händen dastehen. Seit langem warten die Verwandten schon auf die Kapstädter und den reichen Geschenkesegen. So manche junge Mutter sieht ihre Kinder nach vielen Monaten zum ersten Mal wieder. Die Großmutter im heimischen Dorf hütet die Kleinen, weil die Mutter in Kapstadt in Stellung ist und sich nicht um sie kümmern kann oder weil sie fürchtet, im Township könnten sie unter die Räder geraten. Nomsa besucht ihren Sohn in Lusikisiki und freut sich schon auf den kleinen Enkel. In diesem Jahr fliegt sie zum ersten Mal in ihrem Leben. Ihr Sohn hat ihr das Ticket geschickt. Nun muss sie sich nicht für die lange Fahrt in den überfüllten Bus zwängen. Auch Nathi, der Gärtner, fährt nach Hause. Seine Frau und die jüngeren seiner sechs Kinder leben in der Transkei. Diesmal steht die Initiation des Jüngsten an. Zur Feier seiner Mannbarkeit muss ein Hammel geschlachtet werden. Das kann nur der Vater machen. Auf Nomsas Mutter passen inzwischen ihre Schwägerin und ihre Nichte Ntombi auf. Die Nichte ist noch ein Schulmädchen, aber seit Anfang Dezember hat sie frei. Die langen sommerlichen Schulferien haben begonnen. Vorher galt es, in allen Fächern Tests für den Jahresabschluss zu bestehen. Erst Ende Januar des nächsten Jahres muss Ntombi wieder in die Schule.

Im Dezember und Januar legt das ohnehin gemächliche Leben in Kapstadt den Schongang ein. Einen Handwerker sollte man in dieser Zeit besser nicht brauchen. »Weihnachten steht vor der Tür« ist die Ausrede für alles und jedes. Frisch mit Weihnachtsgeld versorgt fährt alle Welt in die Ferien, egal ob ins Xhosa-

Dorf in der Transkei oder in die Ferienwohnung an der Garden Route. Der Rest des Landes ist ebenso auf den Beinen. Die meerfernen Johannesburger zieht es an die Strände um Durban und Kapstadt. Auch das Weinland braucht nicht allein auf ausländische Touristen zu warten. Die glänzenden Geländewagen mit dem Kennzeichen aus Gauteng füllen die Parkplätze rund um Stellenbosch, Franschhoek und Paarl. Seit der Rand eine Schwachwährung geworden ist, bleiben die meisten lieber im Lande. So findet in der Hauptferiensaison des Jahres eine wahre Völkerwanderung innerhalb Südafrikas statt.

Wer sich schon auf einen stimmungsvollen Weihnachtsgottesdienst in der Kirche seiner Wahl gefreut hat, sollte sich beeilen. In der NG-Kerk meines Viertels findet der weihnachtliche Festgottesdienst schon Ende November statt, weil man zu der Zeit noch mit einer vollen Kirche rechnen kann. Vielleicht hat auch der Dominee ein Ferienhaus am Meer, das schon auf ihn wartet?

Für Daheimgebliebene gibt es in Kapstadt zu Silvester ein besonderes Schmankerl. Kirstenbosch, der herrliche Botanische Garten, lädt zur Silvesterparty ein. Ein paar tausend Menschen strömen auf die große Wiese am Abhang des Tafelbergs, breiten ihre Decken aus und entnehmen ihren Picknickkörben allerlei Köstlichkeiten. Obwohl man dicht an dicht lagert, geht alles in größter Ruhe und Gelassenheit vonstatten. Ganze Familien von Teenager bis Großmutter versammeln sich um ihr Picknick. Die Stimmung ist heiter-entspannt. Vorne in der Orchestermuschel spielt das Kapstädter Sinfonieorchester Beschwingtes von Léhar bis Tschaikowsky, und Popgröße Yvonne Chaka Chaka singt *Kwaito,* ein europäisch-afrikanisches Potpourri. Der Blick auf die erleuchtete Stadt und die Tafelbucht mit Feuerwerk unter dem südlichen Sternenhimmel ist atemberaubend. Um Mitternacht stimmen alle »Auld lang syne« an. Danach geht man bald auseinander. Unten in der Stadt wartet ein besonderer Abschluss. Die »Kaapse Klopse« sind unterwegs. Trommelnd, singend und tanzend ziehen sie durch die Innenstadt. Der Coon Carneval beginnt.

Eine Hauptrolle der Natur

The Great Outdoors – Wirtschaftsfaktor Tourismus – Rind oder Büffel? – Naturparks ohne Grenzen

The Great Outdoors

In bester Pioniertradition lieben Südafrikaner alles, was mit Natur zu tun hat. Hört man sie von den *great outdoors* schwärmen, von der freien Natur, so könnte man meinen, sie lebten in den ungeliebten Städten nur zum Geldverdienen. Wenn das auch nicht ganz der Realität entspricht, die Naturbegeisterung ist echt. Die großartigen, vielfach noch unberührten Landschaften, über die Südafrika in Fülle verfügt, sind das beste Stimulans. Viele Südafrikaner sind noch auf Farmen aufgewachsen oder haben Verwandte auf dem Lande. *Up country* bedeutet für sie die Erinnerung an eine unbeschwerte, verklärte Kindheit, an lange Sommertage im Freien und Familienfeste rund um den *braai.* Auch die Farmer selbst betrachten ihr Land nicht nur als Einnahmequelle. Sie lieben das *veld,* den Busch, aus dem viele Farmen jenseits des intensiv genutzten Geländes bestehen, mit großer Anhänglichkeit.

Gerne kombiniert man die Naturbegeisterung mit Freiluftbetätigung. Eine ganze Industrie von DIY, Do-it-yourself-Angeboten und Gartenprodukten sorgt dafür, dass man auch daheim so viel Zeit wie möglich im Freien verbringen kann. Kaum ein Morgen vergeht, an dem nicht ein ganzer Trupp von Joggern an meinem Haus vorbei läuft und mindestens einmal den gegenüberliegenden Golfplatz umrundet. Zu der Zeit sind auch die Sportler hinter dem Zaun schon auf den Beinen. Stadtnah befriedigt vor allem das Golfspiel das Bedürfnis der Frischluftenthusiasten.

Viele tragen ihre Golftasche inzwischen selbst und verzichten auf den früher üblichen schwarzen Caddy. In den ausgedehnten Fischzuchtanlagen von Franschhoek kommen Sportangler auf ihre Kosten. Wer es sich leisten kann, fährt fürs Angeln in die Drakensberge, ins Anglermekka Dullstroom im Hochland von Mpumalanga oder zum Lake Jozini in KwaZulu-Natal. Für Kapstädter liegen die Cederberge fürs Trekking fast vor der Tür, und weiter im Osten hat man von mehreren Provinzen aus die Drakensberge nahe.

Ein Ferienhäuschen in der weiten Stille des Karoo oder am Meer ist ein Traumziel, für das man gerne spart. Es soll möglichst rustikal sein, am besten aus Naturstein, und nur über eine Grundausstattung verfügen. Auf dem Weg dorthin kann man alles, was man braucht, in einem der vielen Verkaufsstände der Farmen längs der Autobahnen und größeren Landstraßen erwerben. Diese ländlichen Kramläden setzen ganz auf selbstgemachte Naturprodukte, von den getrockneten Ananasscheiben über die eingelegten Auberginen bis zum *biltong* nach Art des Hauses. In der Saison sitzen die *Ouma* der Farmersfamilie oder ein Farmarbeiter in einem Büdchen an der Straße und verkaufen die Orangen, Aprikosen oder Weintrauben der Gegend. Wer kein eigenes Ferienrefugium hat, macht im Bed & Breakfast einer Farm Station. Diese höchst komfortablen Feriendomizile auf dem Bauernhof gibt es über das ganze Land verteilt. Das Essen dort ist herzhaft und kommt aus dem Gemüsegarten der Hausfrau und der eigenen Rinder- oder Straußenzucht. Ein wenig Fachsimpeln über die Freuden und Nöte des Landwirts gehört dazu.

Einer meiner Freunde ist *birder,* eine Spezies des Naturbegeisterten, die mir bis dato unbekannt war. Für ihn ist es das höchste Glück auf Erden, mit seinem Geländewagen in möglichst abgelegene Gegenden zu fahren und dort die Vögel zu beobachten. Ein Vogelbestimmungsbuch und ein Fernglas liegen immer griffbereit neben dem Fahrersitz. So kann er mir auch relativ nahe an der städtischen Zivilisation Kapstadts im Vorbeifahren den auffliegenden Schwarm von Pelikanen zeigen und in der Nähe seines Ferienhauses in Hermanus die Fischreiher. Als in meinem Garten ein Pärchen Dikkops, der eleganten braun gesprenkelten Laufvögel, nistet, ist er häufiger Gast. Von ihm lerne ich über den Schwarm Hadidas, der allabendlich laut kreischend auf der großen Pinie landet. Überall wird seine unblutige Pirsch reich belohnt, denn in Südafrika gibt es rund 850 Vogelarten. Im Frühling fährt er mit seiner Frau ins Namaqualand, wenn dort die Wildblumen blühen, und freut sich, immer wieder etwas Neues zu entdecken.

Mit seinem Reichtum an nur hier vorhandenen Pflanzen wirbt Südafrika mit gutem Grund. Am Tafelberg gebe es mehr Pflanzenarten als in ganz Großbritannien. So begründete Südafrika seine Bewerbung um die Aufnahme in eine Liste der sieben größten Naturwunder der Welt. Geradezu fundamentalistische Formen nimmt die Begeisterung für alles Ursprüngliche an, wenn es um die sogenannten »aliens« geht. Das sind Garten- und Nutzpflanzen, die in Südafrika ursprünglich nicht heimisch waren und denen man nun den Kampf angesagt hat. Zur Betrübnis aller Anwohner fällte die Kapstädter Stadtverwaltung am Tafelberg einen ganzen Pinienhain mit dieser Begründung. Nun kann man dort nicht mehr im Schatten der alten Bäume spazieren gehen. Dass die meisten Menschen, ausgenommen die Buschmänner, in Südafrika auch *aliens* sind, scheint den Eiferern um pflanzliche Artenreinheit nicht aufzufallen. Etwas unbehaglich wurde mir, als ich in der Zeitung eine Anzeige mit der Aufforderung der Stadtverwaltung las, man möge Nachbarn, die solche *aliens* im Garten haben, die sie eigentlich vernichten müssten, melden. Einleuchtender sind Schutzmaßnahmen für einheimische bedrohte Pflanzen. So dürfen die südafrikanischen Arten der erdgeschichtlich uralten Brotfruchtbäume oder Cycads nicht ohne Genehmigung ge- oder verkauft werden. Auch die Wildpflanzen, allen voran die Protea, Südafrikas prächtige Nationalblume, sind geschützt.

Wirtschaftsfaktor Tourismus

Nicht nur bei Ausländern sind die Game Lodges beliebt. Die Eltern einer Freundin fahren jedes Jahr in den Krügerpark und wohnen dort im Zelt, schon um ihren kleinen Enkel an das afrikanische Wildtierleben heranzuführen. Sie sind sich sicher: Wer nicht einmal in seinem Leben vom Grollen der Löwen geweckt wurde und den Busch in der Abenddämmerung erlebt hat, weiß nichts von Afrika. In den vielen staatlichen und privaten Tierparks gibt es Hunderte von Game Lodges für jeden Geldbeutel. Eher auf Inlandstouristen ausgerichtet sind die rustikalen Camps in den Parks selbst oder die B&Bs an deren Rändern. Luxuriösen Afrikazauber entfalten viele Lodges in den privaten Wildtierreservaten. Dort kann man sich im Geländewagen auf die Pirsch fahren lassen oder mit einem Ranger zu Fuß durch den Busch streifen. Immer werden die »Big Five« beschworen, die emblematischen afrikanischen Wildtiere Löwe, Leopard, Elefant, Nashorn und Büffel. Sie schmücken die Geldscheine und sind auch sonst omnipräsent. Den scheuen, nachtaktiven Leoparden sieht man allerdings nur mit viel Glück. An der Küste und im ausgedehnten Feuchtgebiet des nördlichen KwaZulu-Natal werden mit Wal und weißem Hai noch zwei draufgesetzt, die »Big Seven«. Die Giraffe zählt trotz ihrer Größe nicht zu den »Big Five«, vielleicht, weil sie nicht selten genug ist. Garantiert sind Böcke, Antilopen und Zebras, nicht zu reden von Warzenschweinen, Affen, Kleinwild, Reptilien, Flusspferden und unzähligen Vögeln. Südafrika verfügt über mehr als 70 staatliche und private Naturparks und Wildreservate. Der Krügerpark, der schon vor rund 110 Jahren unter Transvaals Präsident Paul Krüger angelegt wurde, ist allein 350 Kilometer lang und bis zu 60 breit und damit größer als Irland. Abgesehen vom obligaten Besuch Kapstadts ist Tourismus in Südafrika fast ausschließlich Naturtourismus, und der Tourismus ist einer der am schnellsten wachsenden Sektoren der Wirtschaft. 2008 trug er laut offizieller Statistik 8,3 Prozent zum BIP bei. Er beschäftigt über eine Million Menschen. Seit den fremdenfeindlichen Ausschreitungen im Mai 2008 und der globalen Wirtschaftskrise 2009 ist er allerdings leicht rückläufig.

Wie viele Besucher aus dem Inland kommen, lässt sich nicht leicht ermitteln. Sicher sind Südafrikaner weniger ausgabefreudig als Europäer oder Amerikaner, denen der schwache Rand zugutekommt. Dennoch ist der binnenländische Tourismus beträchtlich. An landschaftlich spektakulären Orten wie dem »God's Window«, einer Felsenformation an der Panoramastraße im Hochland zwischen Mpumalanga und Limpopo, von der aus man weit über das »Lowveld« blicken kann, drängeln sich die Autos aus Gauteng an jeder Aussichtsplattform. Ähnlich ist es in den Drakensbergen, den lieblichen Natal Midlands und an den schönsten

Küstenabschnitten. Noch mehr ist das Karoo eine Domäne der Einheimischen. In der einsamen Steppenlandschaft können sie sich frei von allen wirklichen oder vermeintlichen Zumutungen der Großstadt und in relativer Sicherheit erholen.

Rind oder Büffel?

Nicht ganz so glücklich über die Ausdehnung der Wildparks sind viele Farmer. Als ich nach mehreren Jahren eine Farm, auf der ich ein paar Ferientage verbracht hatte, wieder besuchte, war der Bauer gerade dabei, seine Rinderherde zu verkaufen. Die Farm liegt in KwaZulu-Natal inmitten von Wildtierreservaten. So hatten sich seine Rinder an einer Krankheit angesteckt, die von wilden Büffeln übertragen wird, und waren ihm zum großen Teil weggestorben. Die Rinderzucht musste er aufgeben. Ein anderer Farmer hat ähnliche Probleme. Das »dipping«, die präventive Behandlung der Rinder, kostet viel Geld, das erst wieder hereingewirtschaftet werden muss. Obwohl er »dippt«, sind auch ihm einige Tiere eingegangen. Im Umkreis seiner Farm gibt es kaum noch Bauern, die Rinder halten. Die meisten Farmen sind von in- und ausländischen Konsortien aufgekauft und in Wildgebiete umgewandelt worden. Der schnelle Rand, den man mit dem Tourismus machen kann, lockt zu sehr.

Anders hat es ein Farmer im Ostkap gemacht. Schon vor Jahrzehnten, als das noch eine mutige Neuerung war, hat er sein Farmgelände größtenteils renaturiert und einen Bestand an Wildtieren aufgebaut. Weil er nicht alle Eier in ein Nest legen wollte, hat er eine kleine Rinderherde behalten. Er ist überzeugt davon, dass man Wildtierschutz und Rinderzucht verbinden kann. Doch auch er verdient wohl mehr an den Jägern, die aus aller Welt zu ihm kommen, als an den Rindern. In Südafrika, das keine so strengen Jagdgesetze hat wie beispielsweise Deutschland, kann der echte Mann seinen Fuß noch auf den selbst erlegten Löwen setzen. Ob ihm ein Jäger und Sammler aus der afrikanischen Frühzeit aus einer versteckten Höhle heraus zusieht? Vermutlich nicht. Dessen Nachfahre ist vielleicht Angestellter der Tierparkverwaltung und hilft beim Spurenlesen. Derweil ist Südafrika von der Selbstversorgung mit Rindfleisch zum Import übergegangen.

2008 konnten sich die Argentinier freuen. Es gelang ihnen erstmals, Rindfleisch nach Südafrika zu exportieren. Ob aus dem *braai* nun ein *asado* wird?

Naturparks ohne Grenzen

Der greise Mandela hat es sich nicht nehmen lassen, ihn selbst zu eröffnen, gemeinsam mit seinem Spiritus Rector, dem afrikaansen Unternehmer und Mäzen Anton Rupert. 2002 wurde der Great Limpopo Transfrontier Park, der zweite grenzüberschreitende und besonders wildreiche Naturpark des südlichen Afrikas, eingeweiht. Zuvor hatten die Staatschefs von Südafrika, Mosambik und Simbabwe den Vertrag unterzeichnet, der möglich machte, dass Grenzzäune fielen und eine gemeinsame Parkverwaltung aufgebaut werden konnte. Die Verwirklichung dieser kühnen Idee wird noch einige Zeit in Anspruch nehmen. Mosambik ließ sich zunächst Zeit, den Vertrag zu ratifizieren. Außerdem waren die dortigen Wildbestände durch den jahrelangen Bürgerkrieg stark dezimiert worden. Die Früchte der Zusammenarbeit zeigten sich aber bald. Südafrika ließ schon in der Anfangsphase 40 Elefanten aus dem überstrapazierten benachbarten Krügerpark in den neuen Peace Park transportieren, 1000 sollen es werden. Auch Simbabwe hat einen zu hohen Elefantenbestand. Dort leidet andererseits der Wildschutz unter den chaotischen politischen Verhältnissen. Dennoch, die Idee Anton Ruperts nimmt immer konkretere Formen an, nicht zuletzt dank deutscher Entwicklungshilfe. Die Kreditanstalt für Wiederaufbau hilft beim Aufbau der Infrastruktur und der Ausbildung des Parkmanagements.

1997 hatten Mandela, Rupert und Prinz Bernhard der Niederlande die Gründungsurkunde für die Peace Park Foundation unterzeichnet. Der erste Schritt zur Schaffung grenzüberschreitender Naturparks in Afrika war damit getan. Der erste Peace Park wurde schon 2000 eröffnet. In der Kalahari-Wüste, an der Südafrika und Botswana Anteil haben, durchschritten die Präsidenten beider Länder feierlich den geöffneten Grenzzaun. Die Kalahari/Kgalagadi, deren größerer Teil in Botswana liegt, ist das Rückzugsgebiet der wenigen verbliebenen Buschmänner. Sie haben in Botswana einen Gerichtsbeschluss erwirkt, dass sie, die zum großen Teil vorher umgesiedelt worden waren, in ihre alten Gebiete im Park zurückkehren dürfen. Naturschutz, der hier vor allem Tierschutz bedeutet und Deviseneinnahmen aus Tourismus verspricht, konkurriert mit dem Anspruch der ältesten Bewohner Afrikas, sich frei bewegen zu können und Nutztiere halten zu dürfen.

Die Idee machte Schule, und 2003 waren die Präsidenten wieder unterwegs um einen dritten Peace Park einzuweihen, diesmal im Grenzgebiet von Südafrika und Namibia. Der Ais-Ais-Richterveld-Park liegt um die diamantenträchtige Oranjemündung herum und umfasst die spektakulärste Schlucht des südlichen Afrikas, den Fish River Canyon. Das Parkgebiet ist traditioneller Siedlungsraum der Nama, die sich auf die Khoikhoi zurückführen. Ein gemeinsames Parkmanagement entstand auch hier, mit Sitz in Windhoek, und man hat mit Unterstützung des World Wildlife Fund die ersten Projekte begonnen.

Rechnet man die Abkommen zwischen Südafrika und Lesotho sowie zwischen Südafrika, Mosambik und Swasiland hinzu, die gemeinsame Projekte im Drakensberg/Maloti-Massiv beziehungsweise im Lubombo-Feuchtland vorsehen, so entstanden in wenigen Jahren unter Beteiligung Südafrikas fünf grenzüberschreitende Naturschutzgebiete. Wenn auch vieles noch Absichtserklärung ist, die Initiative bleibt beeindruckend.

Man wird immer ehrgeiziger. 2008 wurde der Plan angekündigt, im Grenzgebiet der Länder Angola, Südafrika, Simbabwe, Botswana und Sambia den weltgrößten Naturpark entstehen zu lassen. Mit dem Okavangodelta würde zu diesem Park das neben den großen Reservaten in Kenia und Tansania wildreichste Gebiet Afrikas gehören. Inwieweit das angesichts der aktuellen Situation Simbabwes und der ungeheuren Organisationsaufgaben, die zu bewältigen wären, mehr als Wunschdenken ist, wird die Zukunft zeigen.

Platzhirsch Südafrika

Südafrikas Bild in Afrika – Politischer Führungsanspruch – Wirtschaftliche Überlegenheit – Refugium

Südafrikas Bild in Afrika

»Bafana bafana« und »Madiba«. Die Fußballnationalmannschaft und die Ikone des Freiheitskampfes kennt jeder in Afrika. Wo immer ich in den Nachbarländern Südafrikas unterwegs war, hörte ich diese beiden Namen. Sie drücken Selbstvertrauen aus und geben Afrikanern aus weniger erfolgreichen Ländern die Hoffnung, es auch schaffen zu können. Jeder möchte irgendwann einmal nach Südafrika, selbst jene, die an dem Land am Kap etwas auszusetzen haben. Johannesburg ist für Afrikaner, was New York für den Rest der Welt ist. Eine Stadt der Sehnsucht. »Oh man, cool! 2010 in South Africa!« Das hörte ich vom Taxifahrer in Victoria Falls, vom Kellner in Arusha und selbst vom fliegenden Händler in Nairobi, der zweiten Metropole Schwarzafrikas. Auch in Namibia meint jeder, ob schwarz, ob weiß, das große Los gezogen zu haben, dem es gelingt, in Südafrika Fuß zu fassen.

Nachdenklichere lassen ihre Unzufriedenheit mit den noch vorhandenen Rassenspannungen anklingen. Den einen ist Südafrika noch zu weiß, den anderen, darunter vielen Indern, sind die Rassenbeziehungen zu politisiert. Wieder andere führen die große Gewaltbereitschaft auf eben diese nicht überwundenen Spannungen zurück. In einigen Ländern hat sich eine Spezies von Südafrikanern unbeliebt gemacht, die sich dort mit lautem, dominantem Auftreten den Spitznamen *Kaburu* eingehandelt hat. Ich erlebe den typischen, Afrikaans oder Englisch sprechenden, meistens weißen Geschäftsmann aus Johannesburg an vielen Orten zwischen Maseru, Maputo und Mombasa. Er meint *seine* afrikanischen Pappenheimer zu kennen und zögert nicht, ihnen deutlich zu zeigen, wo es langgeht. Das Auftreten aus früheren Zeiten, das er sich in Südafrika nicht mehr leisten kann, exportiert er nun in die Nachbarländer.

Politischer Führungsanspruch

Damit stehen die *Kaburu* nicht allein. Auch die Regierung ihres Landes ist von ihrem Führungsanspruch in Afrika durchdrungen. Wenn Südafrikaner von Afrika reden, meinen sie meistens ihr eigenes Land als Pars pro toto. Im weiter oben zitierten Vortrag von Wallace Mgoqi »Who is an African?« blieb zwar dunkel, was genau der Redner mit seiner Ausrufung des 21. zum afrikanischen Jahrhundert meinte. Alle Anwesenden waren aber überzeugt, dass Südafrika dabei eine wesentliche Rolle zu spielen habe, natürlich nur zum Besten für den gesamten Kontinent.

Den politischen und wirtschaftlichen Handlungsrahmen bilden im Nahbereich die Southern African Development Community (SADC) und im weiteren afrikanischen Kontext die African Union (AU). Die SADC mit Sitz in Gabarone (Botswana) hat sich die Zusammenarbeit der Staaten des südlichen Afrikas in politischen und wirtschaftlichen Fragen auf die Fahnen geschrieben. Selbst Verteidigung und Sicherheit sollen koordiniert werden. Wenn auch vieles eher Absichtserklärung als Realität ist, schafft die Vereinigung doch einen Rahmen für Abstimmung nationalen Handelns und für das eine oder andere gemeinsame Projekt. Immerhin ist innerhalb der SADC die Zollunion SACU (South African Customs Union) geschaffen worden. Viele Zölle sind gefallen, wenn auch alle Mitgliedsländer weiterhin einzelne nationale Wirtschaftszweige schützen. Die SADC legitimiert auch militärisches Engagement in Mitgliedsländern. Am Schwergewicht Südafrika kommt dabei niemand vorbei. Die Enklave Lesotho muss sich ohnehin mit Südafrika arrangieren und sah sich angesichts innerer Unruhen 1998 mit SADC-Truppen auf ihrem Territorium konfrontiert. Obwohl geographisch nicht zum südlichen Afrika gehörend, ist die Demokratische Republik Kongo Mitglied. Südafrikas politisches Engagement im Kongo wird mit seinen SADC-Verpflichtungen begründet. Es spricht für die Offenheit Südafrikas, dass solche Interventionen im eigenen Land kontrovers diskutiert werden können. In seinem State of the Nation-Forschungsbericht von 2007 überschrieb der Human Science Research Council den entsprechenden Abschnitt: »Südafrika in der DRC: (African) Renaissance oder Neo-Imperialismus?«

Einen anderen Transmissionsriemen für südafrikanische außenpolitische Ziele bilden die alten Verbindungen des Exil-ANC zu den Befreiungsbewegungen einiger Nachbarländer, die heute die Regierungen stellen. Zur Frelimo in Mosambik, Swapo in Namibia und ZanuPF in Simbabwe bestehen alte Kontakte. Mit der Dankesschuld gegenüber Ländern, die dem Exil-ANC geholfen haben, erklärt sich allerdings auch das Stillhalten Südafrikas angesichts der katastrophalen Politik Robert Mugabes in Simbabwe.

Der ideologische Überbau ist ein Lieblingskind von Ex-Präsident Thabo Mbeki. Die »African Renaissance« steht für ein Afrika, das sich aus sich selbst heraus erneuert und seine Wertvorstellungen gleichberechtigt neben die der westlichen Länder stellt. Ihre Umsetzung soll nach Südafrikas Vorstellungen im Rahmen von NEPAD erfolgen. Die »New Partnership for Africa's Development«, ebenfalls ein Kind südafrikanischer politischer Philosophie, versteht sich ausdrücklich als strategisches Rahmenwerk für eine Vision vom neuen Afrika. Wenn auch etwas luftig, so erleichtern beide Entwürfe doch die Verbreitung südafrikanischer Ideen und die Besetzung von Führungsposten im überregionalen Rahmen mit Südafrikanern.

Ex-Präsident Thabo Mbeki, der die südafrikanische Politik des letzten Jahrzehnts geprägt hat, trat in Konflikten auf dem afrikanischen Kontinent immer wieder als Schlichter auf. In seinem Land wurde Mbekis Vorliebe für Außenpolitik vielfach als Flucht vor den Herausforderungen der Innenpolitik kritisiert. Als seinen eigenen besten Außenminister karikierte man ihn gerne. Sein Streben nach draußen mag dazu beigetragen haben, ihn zu einer abgehobenen Figur werden zu lassen, die den Machtkampf innerhalb des ANC schließlich verloren hat. Mbekis außenpolitische Aktivitäten sollten nicht zuletzt Südafrikas Anspruch auf einen Ständigen Sitz im UN-Sicherheitsrat untermauern. Die gesamtafrikanische Sprecherrolle wird Südafrika jedoch vor allem von

Nigeria streitig gemacht, das nicht nur die größere Einwohnerzahl, sondern auch seinen Reichtum an Erdöl in die Waagschale werfen kann.

Wirtschaftliche Überlegenheit

Der Nationalstolz nimmt zuweilen neokoloniale Züge an. »Was gut ist für Südafrika, ist gut für Afrika.« Das ist nicht ohne Grundlage. Südafrikas Bruttoinlandsprodukt (BIP) beträgt mehr als ein Viertel des BIP von ganz Schwarzafrika, obwohl das Land nur einen Bevölkerungsanteil von 5 Prozent hat. Gerne verweist man in Südafrika darauf, dass dies in etwa der Relation zwischen den USA und der gesamten Welt entspreche. Südafrika ist das reichste Land des Kontinents.

Südafrikanische Regierungsdelegationen in Nachbarländer werden meistens von Wirtschaftsleuten begleitet, die lukrative Kooperationsverträge unter Dach und Fach bringen. Das Land ist auf die wirtschaftliche Zusammenarbeit mit den Nachbarn für sein eigenes Wohlergehen angewiesen, machen doch die Exporte in andere afrikanische Länder mehr als ein Fünftel des gesamten Außenwirtschaftsaufkommens aus. Investitionen in die Wirtschaft der Nachbarn sind nach einer Weltbankstudie von 2008 für südafrikanische Unternehmen zudem profitabler als das im eigenen Land.

Die »Gesellschaft für Außenpolitik« in Kapstadt hatte geladen. In dem Klub soignierter Ex-Diplomaten, die meisten weiß und silberhaarig, trat ein junger Geschäftsmann aus Gauteng auf. Seine Botschaft: Wir (Süd-)Afrikaner wissen am besten, wie man in Afrika Geschäfte macht. Die Europäer und Amerikaner scheuen oft das Risiko in den unübersichtlichen und unsicheren politischen Verhältnissen vieler afrikanischer Länder. Da haben wir die Nase vorn. In zunehmender Konkurrenz mit den Chinesen, muss man hinzufügen. Chinesen sind ebenfalls bereit, Unsicherheiten in Kauf zu nehmen, spielen ebenso die Karte der Süd-Süd-Solidarität aus und sind darüber hinaus anspruchsloser als die neue südafrikanische Elite. Dennoch, vorerst bleibt Südafrika der große Bruder.

De Beers fördert Diamanten in Botswana, Namibia und Tansania und produziert in Afrika zwei Fünftel aller Rohdiamanten weltweit. Anglo Americans Tochtergesellschaft Ashanti Gold fördert Gold unter anderem in Ghana und im Kongo. Wo immer ich in Afrika reiste, eine Standard Bank Filiale, einen Shoprite Supermarkt und ein Steers Fast Food Restaurant waren nicht fern. Diese südafrikanischen Ketten beherrschen in vielen afrikanischen Ländern den Markt. In seinem Werk in East London fertigt Mercedes Benz die Autos, die es in andere afrikanische Staaten wie Simbabwe und Nigeria exportiert. Auch bei VW in Uitenhage/ Port Elizabeth werden die Wagen für den afrikanischen Kontinent zusammengebaut. Gemeinsam mit BMW und Mercedes erscheint VW auf den Internetseiten des NEPAD-Forums, in denen für die südafrikanische Export-Industrie geworben wird. Der Export südafrikanischer Produkte auf dem Kontinent ist oft eine Einbahnstraße. Nur 4 Prozent südafrikanischer Importe kommen aus Afrika. Erstmals 2008 hat Kenia, die stärkste Volkswirtschaft Ostafrikas, in Südafrika eine Messe ausgerichtet, um den südafrikanischen Markt für die heimischen Produkte zu testen und südafrikanische Touristen nach Kenia zu locken.

Im Klub der BRIC-Staaten, der Schwellenländer Brasilien, Russland, Indien und China, könnte auf dem afrikanischen Kontinent nur Südafrika mithalten. Immer, wenn von einer Erweiterung der G7-Runde die Rede ist, fällt der Name Südafrika. 2008 haben Frankreichs Präsident Sarkozy und Weltbank-Chef Zoellick vorgeschlagen, Südafrika aufzunehmen. Dabei versucht Südafrika, seine Macht eher verhalten auszuspielen und versteckt sie gerne hinter wolkigen Begriffen wie »African Renaissance«, kollidiert sie doch mit dem aus der Zeit der Befreiungsbewegungen gehegten Konzept der Solidarität. Man möchte das Kunststück vollbringen, mit Afrika solidarisch zu sein und gleichzeitig gute Geschäfte zu machen. Das Schwergewicht am Kap gibt sich als »Elefant auf Samtpfoten«[48].

Refugium

Derweil überrollen Flüchtlingswellen Südafrika. Allein aus dem seit langem krisengeschüttelten Simbabwe flüchteten drei Millionen Menschen. Um die Flüchtlingswelle aufzuhalten oder wenigstens besser zu kanalisieren, hat Südafrika im Mai 2009 die Grenzen zu Simbabwe aufgemacht und bietet Simbabwern nun Dreimonatsvisa und die Möglichkeit an, Gelegenheitsarbeit anzunehmen. Ein Verzweiflungsschritt angesichts der vom Nachbarland hineindrängenden Massen. Andere Flüchtlinge kommen aus dem Kongo, aus Nigeria und Somalia. Johannesburg ist eine kosmopolitische Stadt. Es ist die Hoffnung so vieler Mühseliger und Beladener der großen afrikanischen Karawane.

Nicht alle kommen aus politischen Gründen in das Gelobte Land. Viele sind Wirtschaftsmigranten. Das hat Tradition. Ohne die Arbeiter aus Lesotho, Mosambik, Malawi und anderen afrikanischen Ländern würde die südafrikanische Minenindustrie wohl zusammenbrechen, und auch die Bauwirtschaft kommt ohne sie nicht aus. Ebenso abhängig von den Wanderarbeitern sind deren Heimatländer. Sie vermindern die chronische Arbeitslosigkeit und schicken Geld nach Hause. Im Vergleich zu ihrer Heimat ist Südafrika das Land, in dem Milch und Honig fließen. Die Verhältnisse sind vergleichsweise wohlgeordnet. Niemand leidet Hunger, wird im Bürgerkrieg zerrieben oder von Seuchen – ausgenommen Aids – dahingerafft. Da nimmt man die Gewaltkriminalität als kleineres Übel in Kauf. Man muss auch damit leben, von den Behörden schikaniert und den Nachbarn scheel angesehen zu werden.

Tawanda kommt aus Bulawayo im Süden Simbabwes. Die 21-Jährige hat sich allein nach Südafrika durchgeschlagen und will in Johannesburg studieren. Ihre Zeugnisse sind hervorragend. Unterstützt wird sie von Freunden. Sie hatte zu Hause ein wenig gespart, aber ihr Gespartes ist aufgezehrt worden. Wegen der Hyperinflation ist die simbabwische Währung kaum noch das Papier wert, auf dem sie gedruckt ist. Alles scheint geregelt. Sie beantragt ein Studentenvisum. Nach achtmaligem Vorsprechen und endlosem Warten bei Home Affairs bekommt sie ein Übergangsvisum für drei Monate. Dann wird man weitersehen. Zum Schmieren fehlen ihr die Mittel. Die Verwaltungsstellen, bei denen Flüchtlinge für begehrte Bescheinigungen und Ausweise erscheinen müssen, sind nicht frei von Bestechung. »Für falsche Pässe bitte dritte Tür links«, ist der ironische Kommentar der vox populi.

Aus dem gefährlichen Gemisch von Furcht vor den Flüchtlingen und Neid auf wirtschaftlich erfolgreiche Migranten hat sich in Südafrika eine Fremdenfeindlichkeit aufgebaut, die im Mai

2008 explodierte. Im Johannesburger Township Alexandra wurden Ausländer aus Mosambik, Malawi und Simbabwe angegriffen. Zwei Menschen starben, 40 wurden verletzt. Die Anschläge griffen um sich. Auch in Durban und Kapstadt kam es zu Gewalttätigkeiten. In Kapstadt wurden somalischen Händlern ihre bescheidenen Läden über dem Kopf angesteckt. Schließlich gab es 43 Tote und mehr als 100 Verletzte. Tausende Fremde flüchteten vor den Ausschreitungen und mussten in Zelten untergebracht werden. Gegen 22 Personen wurde Klage erhoben.

Ein Aufschrei ging durch Südafrika. Wie konnte das geschehen, fragte man sich. Wie konnten wir, die wir lange selbst Opfer waren und von unseren Nachbarn Hilfe bekommen haben, solche Ausfälle geschehen lassen? Es zeigte sich, dass auch in Südafrika jeder sich selbst der Nächste ist. Ein weiterer Regenbogentraum war ausgeträumt. Südafrikaner nehmen ihre nördlichen Nachbarn vielfach durch eine recht vorurteilsgetrübte Brille wahr. In einer Afrikakarte, die Karikaturist Zapiro zeichnete, erscheinen der Sudan als Flüchtling, Nigeria als Drogenhändler, der Kongo als Autodieb und Simbabwe als Mugabe-Müll. Weltweit machte sich Enttäuschung über das neue Südafrika Luft. Nun sah man in dem vorher hochgelobten Land den »Tunnel am Ende des Lichts«[49]. Immerhin griffen die Behörden relativ schnell durch und garantierten betroffenen Ausländern, dass sie nicht abgeschoben würden.

Die Besonnenen überlegten, wie man gegensteuern kann. In der Wirtschaftszeitung *Business Day* erinnerte Loyiso Langeni daran, wie viel Südafrika für seinen Wohlstand den Wanderarbeitern schuldet, und schlug eine konzertierte Aktion der Wirtschaft vor. Nach dem Muster der erfolgreichen Kampagne »Business Against Crime« soll »Business Against Xenophobia« entstehen.[50] Südafrika braucht die Fremden wirtschaftlich, und es braucht das Image eines leidlich geordneten Gemeinwesens für seine internationale Reputation.

Die Kraft Südafrikas, seine Rolle als Leitwolf innerhalb Afrikas, wird im Westen leicht unterschätzt, wenn man das Land nur als einen weiteren afrikanischen Staat sieht, der Probleme mit Armut, Arbeitslosigkeit, Aids und Kriminalität hat.

Die Welt zu Gast – Die Fußballweltmeisterschaft 2010

Ein Modell für Afrika – »Bafana Bafana« –
Größer, schöner, weiter – Transport und Sicherheit

Ein Modell für Afrika

Die Fußballweltmeisterschaft 2010 wird in Südafrika nicht nur als eigener Leistungstest gesehen. Ganz Afrika soll gewinnen. Früh hat Nelson Mandela diese einmalige Werbe- und Entwicklungschance zur Chefsache gemacht. Seinem Charisma und seinem internationalen Prestige verdankt Südafrika die Nominierung. Begeistert riss Mandela die Arme hoch, als Sepp Blatter 2004 in Zürich Südafrikas Nominierung verkündete, und rief: »Ich fühle mich wie ein 15-Jähriger.« Er selbst war als junger Mann Boxer. Zu kämpfen und zu gewinnen verstand er immer.

Schon 2006 wollte man die Weltmeisterschaften haben. Aber Deutschland hatte sie zur großen Enttäuschung Südafrikas zugesprochen bekommen. 2010 will man der Welt nun zeigen, was Afrika, und speziell Südafrika, leisten kann. Man ist fest entschlossen, das Maximum aus der Marke Südafrika herauszuholen. Die besten Spiele, die es je gab, versprach Thabo Mbeki, nicht gerade galant gegenüber den deutschen Gastgebern, dafür umso vollmundiger, beim großen Abschlussspektakel in Berlin. FIFA-Chef Blatter guckte angesichts vieler Fragezeichen, die es damals noch gab, etwas betreten. Inzwischen versichert er, voll und ganz hinter Südafrika zu stehen und sich schon immer Weltmeisterschaften in Afrika gewünscht zu haben, auch wenn die FIFA sicherheitshalber einen Plan B in der Schublade hat. Ebenso zuversichtlich gibt sich Kaiser Franz. Neben Beckenbauer sind eine ganze Reihe deutscher Fußballgrößen jetzt immer öfter auf Dienstreise in Südafrika. Die Gastgeberstädte beider Länder haben Partnerschaftsprojekte aufgelegt, die Kreditanstalt für Wiederaufbau will 100 Fußballplätze bauen, und ein DFB-Trainer hilft bei der Trainerausbildung. »YDF«, »Youth Development through Football« ist die Devise eines auf Jugendliche ausgerichteten Förderungsprogramms der Entwicklungshilfeorganisation GTZ.

»In meinen wildesten Träumen habe ich mir nicht vorstellen können, dass die Spiele jemals nach Afrika kommen«, sagte der nigerianische Ex-Nationalspieler Jay Jay Okocha. »Nun, wo wir sie haben, muss Südafrika beweisen, dass es die besten Spiele ausrichten kann.«[51]

Für seinen großen Auftritt als Gastgeber eines Weltsportereignisses üben konnte Südafrika, als es 2003 die Commonwealth-Spiele im Cricket ausrichtete. Schon 1996 gab es Gelegenheit, südafrikanisches Organisationstalent unter Beweis zu stellen. Der ANC trug seine Wettkämpfe in Südafrika aus. Nein, nicht der African National Congress, sondern der African Nations Cup, das afrikanische Pendant zum UEFA-Cup. Südafrika war nach einer Dekade des Sportboykotts wieder aufgenommen worden.

Nach dem »Fußballwunder von Deutschland« waren die südafrikanischen Zeitungen nicht nur voll des Lobes über die gute Organisation und Gastfreundlichkeit. Sie registrierten auch mit Erstaunen, dass Deutschland sich erstmals ohne Verkrampfungen als Nation präsentierte und sich in spielerischem Patriotismus übte. Solche Heilkräfte für die gespaltene Nation wünscht sich Südafrika wohl auch. Auf der offiziellen Internetseite hat man eigens einen Artikel über die Weltmeisterschaft in Deutschland abgedruckt, der überschrieben ist: »Fußball einsetzen, um eine Nation zu heilen.«[52]

»Bafana Bafana«

»Vuvuzela!« Das ist kein Stammeskriegerruf. Das Zuluwort bedeutet »Krach machen«. Das Ding ist quietschgelb oder knallrot, ungefähr einen Meter lang und trompetet wie ein Elefant. Mit der Plastiktröte, der jüngeren Schwester des Kuduhorns, feuern die Fans ihren Verein an. Am meisten Krach ist bei Spielen von »Bafana Bafana«, den »Boys«. Das nationale Fußballteam hat sich international noch nicht allzu viele Meriten erworben. Bei großen Turnieren schied es meistens schon in der ersten Runde aus, aber das tut der Begeisterung keinen Abbruch.

Fußball ist der verbreitetste Sport in Südafrika, sagen die Werber. Ja, aber. Am meisten machte Südafrika bisher international mit Rugby und Cricket von sich reden. Fußball ist der Sport der Townships. Umso stolzer ist man dort, dass Südafrika gerade mit diesem Sport seinen Auftritt auf der Weltsportbühne haben wird. Fußball ist für viele Township-Jungen der Weg zum Aufstieg. Sie alle träumen davon, ein Star zu werden wie Kermit Erasmus, der 18-Jährige, der beim Strand-Fußball in einem staubigen Flecken bei Port Elizabeth entdeckt wurde und schon als afrikanischer Romario gehandelt wird. Das Reservoir aus regionalen Mannschaften wie den »Kaiser Chiefs«, »Ajax Cape Town«, »Mamelodi Sundowns«, »Moroka Swallows« oder »Thanda Royal Zulu« ist groß. Auch eine Frauennationalmannschaft gibt es, die »Bayana Bayana«. Die Girls sind erfolgreicher als die Boys und kamen bei den Afrika-Frauen-Meisterschaften 2008 ins Endspiel. »Bafana Bafana« hat dagegen im ANC-Cup nur einmal gewonnen, 1996 als Gastgeber. In der Vorrunde für die nächsten ANC-Spiele, die auch 2010 stattfinden werden, stehen sie in ihrer Gruppe nicht allzu gut da. Doch beim Confederations Cup im Frühsommer 2009 erreichten sie vor heimischen Publikum immerhin das Halbfinale. Über Soweto schwebt schon der riesige Fußball-Ballon, der bis zu 30 Schaulustigen eine Vogelperspektive auf das größte Township Südafrikas bietet.

Alle hoffen darauf, dass »Bafana Bafana« bei den Weltmeisterschaften dann wenigstens über die erste Runde hinauskommt. Wer soll die neuen Stadien füllen, wenn die südafrikanischen Fans wegbleiben, weil die eigenen Jungs enttäuschen, und was wird aus dem Geschäft? Ziemlich unverblümt erinnerte das Sportwochenmagazin *One Small Voice* die Bafana an ihre Verpflichtung, für einen reichen Dollarsegen zu sorgen:

> »2010 werden die Augen der Welt wie nie zuvor auf Südafrika ruhen und wahrscheinlich wie niemals wieder. Dann wird der Unterschied zwischen einem Gewinner-Team, das eine Gewinner-Nation widerspiegelt und das positive Image eines Landes voller Selbstvertrauen transportiert, in dem Menschen Ferien

machen, investieren und Handel treiben wollen, und einem Verlierer-Team in Millionen von US-Dollars gemessen werden.«[53]

An Geld wird nicht gespart. 2006 holte man den Brasilianer Alberto Parreira als Trainer und zahlte ihm das stolze Honorar von 1,8 Millionen Rand im Monat. Nach 15 Monaten gab Parreira schon auf und brachte einen anderen Brasilianer ins Spiel. Joel Santana konnte nach der ersten Qualifikationsrunde nicht überzeugen. Nun sind alle ratlos. Soll man mit Lucas Radebe einen jungen südafrikanischen Trainer aufbauen und hoffen, dass er für »Bafana Bafana« ein zweiter Jürgen Klinsmann werden könnte? Nach dem Confederations Cup und bis zur Weltmeisterschaft wird es noch manche heiße Diskussion an südafrikanischen Stammtischen geben.

Starke Einzelspieler mit internationalem Marktwert gibt es durchaus. »Bafana Bafana«-Stürmer Sibusiso Zuma und Verteidiger Bradley Carnell spielen in Deutschland. Weitere Bafana-Spieler verhandeln mit europäischen Klubs.

Größer, schöner, weiter

Die Erwartungen, was die Fußballweltmeisterschaft dem Land bringen könnte, sind hoch, fast zu hoch. Danny Jordaan verspricht das Blaue vom Himmel. Der Tourismus und die Auslandsinvestitionen werden zu-, die Kriminalität wird abnehmen, der öffentliche Nahverkehr wird ausgebaut werden, Schwarz und Weiß werden sich besser vertragen. Alle großen Projekte werden auf dieses magische Ereignis ausgerichtet. Einen großen Modernisierungsschub soll die Vorbereitung auf die WM bringen. 129 000 Arbeitsplätze sollen entstehen, 21 Milliarden Rand Beitrag zum BIP und 7,2 Millionen an zusätzlichen Steuereinnahmen erhofft man sich. Die 350 000 erwarteten Fußballtouristen mögen sich doch bitte an die südafrikanischen Vorgaben halten und 9,8 Millionen Rand während der Spiele im Land lassen.[54]

Die kühlen Rechner waren zuerst skeptischer. Das Tauziehen um die Finanzierung der Stadien begann. Bürgermeisterin Helen Zille, als umsichtige Haushälterin bekannt, wollte erst nicht ran. Warum sollte das Green Point Stadion an der Atlantikküste Kapstadts für 2010 umgebaut und erweitert werden, wenn die Zuschauer aus den Townships es doch zum Athlone-Stadion viel näher haben, und wer sollte das bezahlen? Wer werde nach der WM das überdimensionierte Stadion füllen und den Unterhalt bestreiten? Die Stadt allein war überfordert, die Zusage der Regierung für Finanzhilfe vage. Inzwischen haben sich die Wogen geglättet. Unter Leitung der Berliner Architektengemeinschaft GPM, die auch noch zwei weitere Stadien gestaltet, wird Green Point für die WM umgebaut. Schon erhebt sich die geschwungene Salatschüssel elegant vor dem Hintergrund des Tafelbergs, des Meeres und des strahlend blauen Himmels. 68 000 Zuschauer wird sie fassen. Auch gewöhnliche Sterbliche dürfen die Baustelle besichtigen. Wir bekommen alle einen gelben Bauhelm aufgestülpt, und los geht's. Es schwirrt von Zahlen und Fachchinesisch: »leichte Membrankonstruktion mit fließender, der Ondulation folgender Fassade, Hängedach mit radialem Bindersystem«. Alles klar? Die »African Renaissance« wird nun ihr eigenes Stadion haben, denn so soll der stolze Bau heißen. Nach der WM will man die Kapazität zurückfahren und hat schon eine private Betreibergesellschaft gefunden.

Fünf weitere Stadien werden umgebaut, und drei entstehen ganz neu. Alle Ecken des Landes sind beteiligt, von Kapstadt über Port Elizabeth, Durban, Bloemfontein, Rustenburg und Pretoria bis Polokwane, früher Pietersburg, in Limpopo. Die auffallendste Konstruktion entsteht direkt am Indischen Ozean in Durban. Im kühnen Bogen überspannt ein Sky-Walk das 70 000 Zuschauer fassende Stadion, ebenfalls vom deutschen Architektenteam GPM entworfen. In Johannesburg wird es zwei Stadien geben. Für Eröffnungs- und Endspiel in Johannesburg wird Soccer City erneuert und auf eine Kapazität von 91 000 Zuschauern gebracht. Das zweite Stadion Johannesburgs, Ellis Park, ist als erstes in Südafrika einer schwarzen Betreibergesellschaft übertragen worden. Derweil laufen die Kosten davon. Zehn Millionen Euro sollten die Stadien kosten. Nun redet man schon von zwölfeinhalb. Bürgermeisterin Zille wusste, warum sie zögerte, aber wenn es um Nationalstolz geht, ist nicht die Stunde der Rechner.

Im Januar 2009 begann der Verkauf der zwei Millionen frei verfügbaren Eintrittskarten. Eine Million ist für Südafrikaner reserviert. Die Preispolitik laviert zwischen sozial verträglich und rentabel. Für Südafrikaner gibt es Vorzugspreise, die bei 20 US-Dollar anfangen und bis 150 US-Dollar für das Endspiel ansteigen. Da werden wohl viele Township-Bewohner auf die Verlosung von Gratis-Tickets durch die Sponsoren hoffen müssen. Der Vorverkauf verläuft bisher enttäuschend. Wer kann sich schon eine Karte für 20 US-Dollar leisten, wenn er sonst lieber lange Wege zu Fuß in Kauf nimmt, als fünf Rand fürs Sammeltaxi auszugeben? 120 000 kostenlose Eintrittskarten sind für »Nation Builder« reserviert. Wenn man den offiziellen Stellen glauben darf, sind damit nicht nur Promis, sondern auch wirkliche Bauarbeiter gemeint. Allein eine Million Karten gehen an Sponsoren, Teams und die FIFA-Familie. So wird man die Stadien füllen. Von Vorzugspreisen für andere Afrikaner ist nicht die Rede. Wer von den Nachbarn nicht selbst kommen kann, wird am Fernseher dabei sein. Die Übertragung in die anderen afrikanischen Staaten soll kostenlos sein. Maskottchen Zakumi, der gelbe Leopard mit der grünen Mähne, wird so auch ins letzte Dorf gelangen und klarmachen, dass Südafrika für Afrika spielt.

Transport und Sicherheit

Bislang war funktionierender öffentlicher Nahverkehr in Südafrika ein Fremdwort. Für den Ausbau besserer und sicherer Verkehrsmittel sorgen zu müssen wäre kein schlechter Nebeneffekt von 2010. Wie sollen die erhofften Zuschauermassen sonst in die Stadien gelangen?

Vom Flughafen nach Downtown Johannesburg und weiter nach Pretoria ist die Autobahn ständig verstopft. Schon ohne WM-Verkehr geht zur Hauptverkehrszeit nichts mehr. Alle warten sehnsüchtig auf die Fertigstellung der von einem kanadisch-französisch-südafrikanischen Konsortium 2006 begonnenen Zugverbindung mit dem Hochgeschwindigkeitszug »Gautrain«. Um 20 Prozent soll die Bahn den Autoverkehr entlasten. Wird der erste Abschnitt, der Sandton mit dem Flughafen verbindet, rechtzeitig zur WM betriebsbereit sein?

Durban wird einen neuen Flughafen und einen neuen Bahnhof direkt am Stadion bekommen, in Gauteng werden die Autobahnen verbessert. Zur allgemeinen Verkehrssituation heißt es auf der offiziellen Internetseite etwas blumig: »Die Gastgeber-Städte sind alle durch Zug und Flugzeug verbunden, und Südafrika hat eine große Zahl erstklassiger Busunternehmen […] Das populärste Verkehrsmittel ist das Sammeltaxi.«[55]

Wer je mit einem der schlingernden, überfüllten und unsicheren Züge oder der klapprigen Sammeltaxis gefahren ist, denkt sich seinen Teil. Immerhin ist geplant, dem Taxisystem eine massive Geldspritze zu verpassen und viele alte Gefährte auszumustern. Welch dorniges Feld die Verbesserung des Taxibetriebs ist, zeigte ein Streik der Taxifahrer im April 2009 in Johannesburg. Gestreikt wurde, weil die Taxibetriebe mit den neuen Regulierungsvorschlägen nicht einverstanden waren. WM-Verantwortliche haben sich in Deutschland umgesehen und sind recht nachdenklich geworden. In Sachen pünktlichen und sicheren Besuchertransports sei noch viel zu tun, räumte man im Verkehrsministerium ein. Auch das ziemlich ungenügende Busnetz in den Städten will man verbessern. »The bus for us«, wirbt die Kapstädter Buslinie Golden Arrow auf jedem ihrer Gefährte. Bislang war das mehr Werbung als Wirklichkeit. Zur WM soll alles anders werden. Im April 2009 hat die Stadt die ersten Busse der neuen Serie in den Nationalfarben und die neuen Trassen vorgestellt. Bisher sah man wenig Radfahrer auf Kapstadts Straßen. Eine holländische Spende wird auch das ändern. 900 Fahrräder können WM-Bummler an bestimmten Stationen mieten.

Am meisten Kopfzerbrechen macht den Verantwortlichen die Sicherheit. Nach der offiziellen Statistik von 2007 sind die Zahlen für Mord, Raub und Vergewaltigung leicht rückläufig. Die Tendenz ist ermutigend, doch die Größenordnung, von der man ausgehen muss, zeigt, vor welch massivem Sicherheitsproblem die südafrikanische Polizei steht. 30 000 zusätzliche Polizisten, so erklärte der damalige Justiz- und Sicherheitsminister Nathi Mthethwa Anfang 2009, sollen während der WM Dienst tun. 55 000 will man neu ausbilden.[56] Die vom Verbrechen geplagte Bevölkerung setzt darin wohl ihre größte Hoffnung für 2010. In größerer Sicherheit leben zu können, das wäre nicht der schlechteste Mehrwert des Weltsportereignisses. Touristen sind vom Sicherheitsproblem weit weniger betroffen. Ihnen wird sich das Land von seinen besten Seiten präsentieren, und davon hat es eine Menge.

Nachwort

Mein persönliches Fazit nach fünf Jahren Südafrika ist ein Ja, aber. »Warum gehen Sie wieder?«, fragen mich alle. Ich kann noch so oft betonen, dass ich nur für einige Jahre gekommen und schon länger geblieben bin, als ich ursprünglich vorhatte. »Gefällt es Ihnen nicht?«, steht unausgesprochen dahinter. Rory Carroll vom *Guardian* hat die Frage »Warum ich mich nie so ganz in Südafrika verliebt habe« am Ende seiner vierjährigen Korrespondententätigkeit 2006 in einem recht ungeschminkten Abschiedsartikel beantwortet.[57] Die Trennung des Landes in zwei Welten, die vielen Arbeitslosen, die an der Tür klingeln und um einen Tagesjob betteln, die langjährige Indolenz des Staates gegenüber der Aids-Epidemie, die Obsession, mit der Rassefragen diskutiert werden, und die Gewaltkriminalität, all das mache ihm den Abschied von Südafrika leichter. Einen der Gründe, warum ich manchmal ähnlich empfunden habe, beschreibt Ivan Vladislavic eindringlich:

> »Wenn ein Haus in Alarmzustand versetzt worden ist, wird es explosiv. Die Sicherheitsanlage muss mehrmals am Tage an- und abgestellt werden. Wenn sie durch die Eingabe eines Zahlencodes scharf gemacht wird, sendet sie einen hohen Ton aus, der die Bewohner hineilen und die Tür hinter sich zuschlagen lässt. Es gibt kein trödelndes Verlassen des Hauses, keine Zeit für etwas, das einem noch einfällt, dafür, einen Schal vom Garderobenhaken zu nehmen, den Anrufbeantworter noch einmal zu überprüfen, für einen letzten Blick in den Spiegel auf dem Weg durch den Korridor. Man kann auch nicht das Nachhausekommen genießen. Man kommt nicht erleichtert und entspannt in ein solches Haus zurück, man streift nicht die Schuhe ab und atmet die vertraute Luft. Jedes Verlassen ist hastig, jedes Zurückkommen ist ein sich Hineinschleichen.«[58]

Als meine Tochter aus Deutschland zu Besuch da war, bemerkte sie, wir hätten uns an die Sicherheitsanlagen und die ständige Vorsicht, das Über-die-Schulter-Gucken auf der Straße, das Vermeiden einsamer Gegenden, dunkler Ecken, der falschen Viertel, wohl schon gewöhnt. Das hat mich erschreckt, denn daran möchte ich mich nicht gewöhnen müssen. Ich blättere in meinen Tagebuchaufzeichnungen aus den fünf Jahren meines Hierseins. Da ist vieles, was mich immer wieder begeistert hat, vor allem die Lebensfreude, das Selbstvertrauen und die Offenheit der Menschen, aber auch manches, womit ich mich nicht abfinden kann.

Zum gelegentlichen Unbehagen trägt wohl auch das Bewusstsein bei, einer Minderheit anzugehören, der die Mehrheit oft nicht gerade freundliche Gefühle entgegenbringt. »Was sollen wir tun?«, hatte Schriftstellerin Antije Krog eine schwarze Freundin gefragt, denn nun, in der neuen Zeit, fühlt sich die afrikaanse Antiapartheidkämpferin nicht mehr so ganz dazugehörig. »Ihr sollt unter dem Schirm eurer Weißheit hervortreten«, war die Antwort.[59] Die tiefe Spaltung der südafrikanischen Gesellschaft, die in diesem Dialog zum Ausdruck kommt, wird nicht leicht zu heilen sein. Die Unbefangenheit vieler Deutscher und anderer Europäer, die hier übersommern, den Luxus zu niedrigen Preisen und das schöne Wetter genießen und ansonsten Jacob Zuma einen guten Mann sein lassen, kann ich mir nicht ganz zu eigen machen.

Und doch, Afrika hat man im Blut. Was mir zuerst wie eine abgedroschene Touristenwerbung erschien, habe ich von Südafrikanern immer wieder gehört. Sollte ich darin schon ein wenig Südafrikanerin geworden sein? Das Land am Kap lässt mich nicht los, es fordert heraus wie ein schwieriger, geliebter Freund. Als ich kürzlich wieder einmal zu Besuch dort war, habe ich mich überall *wamkelikele* – willkommen – gefühlt, im Township ebenso wie im Villenvorort.

Noch hat Südafrika die zwei Gesichter, strahlenden Sonnenschein, berückende Landschaften und herzliche Menschen auf der einen, viel Elend, Verzweiflung und Zorn auf der anderen Seite. Erst wenn es gelingt, den tiefen Graben zwischen Schwarz und Weiß und zwischen den *waBenzis* und den Habenichtsen zu überwinden, wird die Regenbogennation mehr als ein Versprechen sein. Ihr Optimismus und Pioniergeist werden den Südafrikanern helfen, ihrem Ideal näher zu kommen.

Anhang

Anmerkungen

Soweit nicht deutsche Ausgaben vermerkt sind, wurden Titel und Zitate von der Autorin übersetzt.

1 Knemeyer, Thomas: Kap der deutschen Hoffnung. In: *Die Welt* 11.1. 2004.
2 Bleek, Wilhelm; Lloyd, Lucy: Specimens of Bushman Folklore. London 1911. Auszüge in: Andrew Bank, Bushmen in a Victorian World. Kapstadt 2006.
3 *Veld* ist für Südafrikaner fast etwas Mythisches. Es ist das trockene Buschland, das große Teile des Landes bedeckt und zugleich der Ort einer naturnahen, traditionsverhafteten Lebensweise.
4 Coetzee, John M.: The Humanities in Africa / Die Geisteswissenschaften in Afrika. Schriftenreihe der Carl Friedrich von Siemens Stiftung. München 2001.
5 Lippert, Marie: The Matabele Travel Letters. Hg. v. Eric Rosenthal. Kapstadt 1960.
6 Henley, William Ernest: Invictus. In: The Oxford Book of English Verse. Oxford 1999, Nr. 842.
7 Dokumentation auf der Internetseite der TRC: www.doj.gov.za/trc/report/index.
8 Als Coloureds / Farbige wurden alle Nicht-Weißen klassifiziert, mehrheitlich Nachkommen aus Verbindungen von Weißen mit Khoikhoi oder Bantu, außerdem Indischstämmige.
9 Modisane, William Bloke: Blame Me on History. Kapstadt 2. Aufl. 2002, S. 5 (Deutsche Ausgabe: Weiß ist das Gesetz. München 1964).
10 www.anc.org.za/ancdocs/history/mandela/1990/release.html.
11 www.anc.org/za/ancdocs/history/mbeki/1996/sp960508.html.
12 *Cape Times* 17. 4. 2007.
13 Bleek-Lloyd-Collection, South African National Gallery, Kapstadt.
14 Ndlovu, Malika: Distinguished Umbrella. In: de Kok, Ingrid; Ferguson, Gus (Hg.): City in words – An anthology of Cape Town poems. Kapstadt 2001, S. 29 f.
15 *Hannoversche Allgemeine Zeitung* und *Der Tagesspiegel* 23. 3. 2009.

16 *The New York Times* 26.11.2008.
17 *Die Burger* 26.4.2006.
18 *The Economist* 1.11.2007, nach der Studie »The rise of the buppies« des Unilever Institute for Strategic Marketing der Universität Kapstadt.
19 *Die Burger* 28.1.2007.
20 Walther, Steffi: Quo vadis Südafrika, Magazin Kapstadt.com., Oktober 2008, S. 12 f.
21 Altbeker, Antony: The Dirty Work of Democracy: a year on the streets with the SAPS. Johannesburg und Kapstadt 2005.
22 Altbeker, Antony: A Country at War with Itself: South Africa's Crisis of Crime. Johannesburg 2007.
23 *Cape Times* 18.12.2006.
24 *Cape Times* 19.4.2007.
25 *The Argus* 21.4.2007.
26 Dieterich, Johannes: Im Paradies – Robert Gumede macht im befreiten Südafrika seinen Weg als erfolgreicher Geschäftsmann. In: *Frankfurter Rundschau* 3.8.2004.
27 Sparks, Allister: Beyond the Miracle – Inside the New South Africa. Johannesburg 2003, S. 342.
28 Drechsler, Wolfgang: Afrika denkt mit dem Blut. In: *Der Tagespiegel* 12.2.2008.
29 Adams, Charl: Die skadukant van ubuntu. In: *Die Burger* 25.11.2006.
30 Zit. n. www.DW-World.de, *Deutsche Welle*, 24.12.2008.
31 siehe auch Stadtmüller, Klaus: Theater am südafrikanischen Kap. In: *Theater Heute*, Juli 2007, S. 69 f.
32 *Cape Times* 19.4.2007.
33 Bailey, Brett: The Plays of Miracle and Wonder. Johannesburg 2003, S. 8.
34 Michener, James A.: The Covenant, New York 1987, S. 602 (Deutsche Ausgabe: Verheißene Erde. München 1984).
35 Coetzee, John M.: Boyhood: Scenes from Provincial Life. London und New York 1997, S. 116 (Deutsche Ausgabe: Der Junge. Eine afrikanische Kindheit. Frankfurt 1998).
36 Oliphant, Andries Walter; Delius, Peter; Meltzer, Lalou (Hg.): Democracy X. Marking the Present – Re-Presenting the Past. Leiden 2004, Ausstellungskatalog.
37 Africa Remix. Contemporary Art of a Continent. Ostfildern 2005, Ausstellungskatalog.
38 Abgebildet in: Stadtmüller, Klaus (Hg.): Alte Wunden – Neue Zeiten. Stimmen aus Südafrika – 10 Jahre nach der Apartheid. In: *Die Horen* Nr. 215, Bremerhaven 2004, S. 154.
39 Watson, Stephen (Hg.): A city imagined. Johannesburg 2006.
40 Stolfi, Daniel: The Republic of Table Mountain. In: City in words, S. 57.
41 *Mail & Guardian* 31.3.2003.
42 *Into,* ein Projekt des Ensemble Modern und des Siemens Arts Program in Zusammenarbeit mit dem Goethe-Institut. Kompositorische Annäherun-

gen an Johannesburg, Konzerte 6. und 7. März 2009, Konzerthaus Berlin und Alte Oper Frankfurt. Trailer und Podcast unter www.i-n-t-o.de.

43 Vladislavic, Ivan: Portrait with Keys – The City of Johannesburg Unlocked. Kapstadt 2006, S. 122f. (Deutsche Ausgabe: Johannesburg – Insel des Zufalls. München 2008), im Folgenden: Portrait.

44 *Die Burger* 29.4.2006.

45 Buhlungu, Sakhela; Daniel, John u.a.: State of the Nation: South Africa 2007. Hg. v. HSRC. Johannesburg 2007. Kaqwanja, Peter; Kondlo, Kwandwe u. a.: State of the Nation: South Africa 2008. Hg.v. HSRC, Johannesburg 2008.

46 van Riebeeck, Jan; Thom, H.B. (Hg.): Journal of Jan Van Riebeeck. Vol 3: 1659–1662, Kapstadt 1954, S. 36.

47 www.capegateway.gov.za, Stand v. 2005.

48 Bröll, Claudia: Aufschwung im Township. In: *Frankfurter Allgemeine Sonntagszeitung* 16.3.2008.

49 Welz, Martin: An Elephant on Velvet Paws – South Africa as Africa's Reluctant Hegemon. Unveröffentlichtes Papier für das Exzellenzcluster »Kulturelle Grundlagen von Integration« der Universität Konstanz. Konstanz 2008.

50 Drechsler, Wolfgang: Tunnel am Ende des Lichts. In: *Der Tagesspiegel* 23.5.2008.

51 Langeni, Loyiso: Rehabilitation of South Africa's Reputation Imperative. Business Day, Beilage *The Exporter*, Juli 2008, S. 15.

52 van der Merwe, Jaco: Bafana moet staande bly – Nigeriër. In: *Die Burger* 9.12.2008.

53 www.southafrica.info/2010/, Stand 2/2009.

54 The days are running out for Bafana Bafana. www.onesmallvoice.co.za, 27.9.2008.

55 Alle Zahlen nach www.southafrica.info/2010/, Stand 2/2009.

56 www.southafrica.info/2010/FAQ, Stand 2/2009.

57 www.southafrica.info/2010, Stand 2/2009.

58 *The Guardian* 15.8.2006.

59 Vladislavic, Ivan: Portrait, S. 1.

60 Krog, Antije: Country of my Scull. Johannesburg 2. Aufl. 2002, S. 298.

Literatur, Film, Musik

Literatur

Alexander, Neville; Limbach, Jutta; Gauck, Joachim: Wahrheitspolitik in Deutschland und Südafrika – Drei Pfade zur Aufarbeitung der Vergangenheit. Hannover 2001.

Atkinson, Barbara (Hg.): Santu Mofokeng. Reihe Taxi, Nr. 04. Johannesburg 2000.

Breytenbach, Kerneels (Hg.): They Shaped Our Century – The most influential South Africans of the twentieth century. Kapstadt 1999.

Brink, André: Weiße Zeit der Dürre. München 1986.

Brink, André: Blick ins Dunkel. München 1993.

Brink, André: Zeit des Terrors. Köln 1994.

Brink, André: Verrat an Mandelas Erbe – Gleichgültigkeit und Arroganz im Umgang mit der Gewalt im neuen Südafrika. In: *Der Überblick*, 47 (3) 2006, S. 54–57.

Coetzee, John M.: Leben und Zeit des Michael K. München 1986.

Coetzee, John M.: Im Herzen des Landes. München 1987.

Coetzee, John M.: Schande. Frankfurt 2000.

Dangor, Achmat: Kafkas Fluch. München 2001.

Dörler, Bernd: Hoffnung schwarz-weiß. In: Brand eins 10/2008. www.brandeins.de/home/inhalt_detail.

Drechsler, Wolfgang: Raus aus der Opferrolle! In: *Handelsblatt* 5.6. 2007.

Drechsler, Wolfgang: Wer ist Südafrika? In: *Der Tagespiegel* 28.9. 2008.

Emslie, T. S.; Murray, P.L. (Hg.): Leipoldt's Food and Wine. Kapstadt 2003.

Engelbrecht, Stan: Tamsen de Beer, African Salad – A Portrait of South Africans at home. Kapstadt 2005.

Essop, Ahmed: The Hajji and other Stories. Johannesburg, 2. Aufl. 2004.

Faber, Paul; van der Merwe, Anari (Hg.): Group Portrait South Africa – nine family histories. Kapstadt 2003.

Fugard, Athol: Buschmann und Lena. Frankfurt 1975.

Fugard, Athol: Siswe Banzi ist tot. Frankfurt 1975.

Fugard, Athol: Valley Song. Johannesburg 1996.

Fugard, Athol: Tsotsi. Zürich 2006.

Galgut, Damon: Der gute Doktor. München 2005.

Geijn-Verhoeven, M. van de (Hg.): Domestic Interior at the Cape and

in Batavia 1602–1795. Zwolle und Kapstadt 2002, Ausstellungskatalog.
Giliomee, Herman: The Afrikaners. Kapstadt 2003.
Goldblatt, David: South African Intersections. München 2005.
Gordimer, Nadine: Die Hauswaffe. München 2000.
Gordimer, Nadine: Julys Leute. Frankfurt 2005.
Gordimer, Nadine: Der Besitzer. Berlin 2008.
Gordimer, Nadine: Burgers Tochter. Berlin 2008.
Gray, Stephen (Hg.): Modern South African Stories. Johannesburg, 2. Aufl. 2002.
Grill, Bartholomäus: Gott Aids Afrika. Bergisch Gladbach 2009.
Hagemann, Albrecht: Kleine Geschichte Südafrikas. München, 3. Aufl. 2007.
Halbach, Axel Jonas: Namibia, Wirtschaft, Politik und Gesellschaft nach zehn Jahren Unabhängigkeit. Windhoek 2000.
Hutchinson, Michael: Bo Kaap. Kapstadt 2006.
Jacobs, Raida: Sachs Street. Kapstadt 2001.
Joubert, Elsa: Der lange Weg der Poppie Nongena. Frankfurt 1985.
Kapff, Ulrich von: Zulu – People of Heaven. Hg. v. Zululand Historical Museum. Eshowe 1997.
Knemeyer, Thomas: Helen Zille – deutschstämmige Bürgermeisterin Kapstadts. In: *Die Welt* 1.4.2006.
Loimeier, Manfred: Yzo, Yzo – Stories aus einem neuen Südafrika. Wuppertal 2005.
Mandela, Nelson: Der lange Weg zur Freiheit. Frankfurt 1994.
Mbembe, Achille: Das Nongqawuse-Syndrom – Südafrikas Politik und Gesellschaft in der moralischen Krise. In: *Der Überblick* 3/2006, S. 58–61.
Mda, Zakes: The Heart of Redness. Johannesburg 2000.
Mda, Zakes: Die Madonna von Excelsior. Zürich 2005.
Metthews, James: The Party is over. Kapstadt 1997.
Meyer, Deon: Das Herz des Jägers. Berlin 2005.
Meyer, Deon: Tod vor Morgengrauen. Berlin 2006.
Michener, James A.: Verheißene Erde. München 1984 (Originaltitel: The Covenant).
Mphahlele, Es'kia: Pretoria, Zweite Avenue. Berlin 1961.
Namibia – Deutschland. Eine geteilte Geschichte: Widerstand – Gewalt – Erinnerung. (Ausstellungskatalog) Hg. v. Deutschen Historischen Museum Berlin. Berlin 2004.
Nkosi, Lewis: Underground People. Kapstadt 2002.
Oliphant, Walter (Hg.): At the Rendez-Vous of Victory. Anthology. Kapstadt 1999.

Paton, Alan: Too late the Phalarope. Kapstadt 1955.
Paton, Alan: Denn sie sollen getröstet werden. Gießen 2006 (Originaltitel: Cry, the Beloved Country).
Peires, Jeff B.: The House of Palo – A History of the Xhosa People in the Days of their Independence. Johannesburg, 2. Aufl. 2003.
Saunders, Christopher; Southey, Nicholas: A Dictionary of South African History. Johannesburg, 2. Aufl. 2001.
Schadeberg, Jürgen: Jürgen Schadeberg. Ostfildern 2008 (engl. Titel: Witness – 52 years of pointing lenses at life).
Schirrmacher, Heidi: Xhosa – Wort für Wort. Kauderwelsch Bd. 157, Bielefeld 2003.
Schleicher, Hans-Georg: Südafrikas neue Elite. Hamburg 2004.
Schoeman, Karel: In einem fremden Land. München 1995.
Schoeman, Karel: Kinders van die Kompanjie. Pretoria 2006.
Schreiner, Olive: Thoughts on South Africa. Hg. v. Samuel Cronwright-Schreiner u. Margaret Lenta. Kapstadt 1992.
Schreiner, Olive: Geschichte einer afrikanischen Farm. Zürich 1998.
Serote, Wally: Neues Leben im Blut geboren. Zürich 1992.
Slovo, Gilian: Roter Staub. München 2001.
Snyman, Lannice; Sawa, Andrzej: Rainbow Cuisine – A Culinary Journey through South Africa. Hout Bay, 2. Auflage 2003.
Steinberg, Jonny: Midlands. Johannesburg 2002.
Suelmann, Thomas: Afrikaans – Wort für Wort. Kauderwelsch Bd. 23, Bielefeld 2002.
Suzman, Helen: In no Uncertain Terms – A South African Memoir. New York 1993.
Telschow, Michael: Ubuntu – Township in Kapstadt. Kapstadt 2003.
Theart-Peddle, Salomé; van der Bijl, Terence: Kings & Warriors – Shaka, Dingane and Mpande. Pretoria 2002.
Vergunst, Nicolas (Hg.): Hoerikwaggo – Images of Table Mountain. Kapstadt 2000, Ausstellungskatalog.
Vladislavic, Ivan: The Restless Supermarket. Johannesburg 2001.
Vladislavic, Ivan: The Exploded View. Johannesburg 2004.
Warren-Brown, Gillian u. a.: Cape Town Uncovered – A People's City. Kapstadt 2006.
Wycomb, Zoë: David's Story. Kapstadt 2002.

Film

uCarmen eKayelitsha. Regisseur: Mark Dornford-May. Südafrika 2005.
Cry, the beloved country. Regisseur: Zoltan Korda. USA/UK 1951 sowie unter der Regie von Darrell Roodt, Südafrika/USA 1995. Als Musical-Film 1974, Titel: »Lost in the Stars«, Regisseur: Daniel Mann, auf der Grundlage des Broadway-Musicals von 1949.
Drum. Regisseur: Zola Maseko. Südafrika 2004.
Dry white season. Regisseur: Euzhan Palcy. USA 1989.
Forgiveness. Regisseur: Ian Gabriel. Südafrika 2004.
In My Country. Regisseur: John Boorman. USA 2005.
Malunde. Regisseurin: Stefanie Sycholt. Deutschland 2002.
Promised Land. Regisseur: Jason Xenopoulos. Südafrika 2002.
Red Dust. Regisseur: Tom Hooper. USA 2004.
Sarafina!. Regisseur: Darrell Roodt. Südafrika 1992.
Son of Man. Regisseur: Mark Dornford-May. Südafrika 2006.
The Story of an African Farm. Regisseur: David Lister. Südafrika 2004.
Tsotsi. Regisseur: Gavin Hood. Südafrika 2005.
Yesterday. Regisseur: Darrell Roodt. Südafrika 2004.
Zulu Love Letters. Regisseur: Ramadan Zuleman. Südafrika 2004.

Musik

Abdullah Ibrahim, African Symphony 2002.
Brenda Fassie, Legends: Brenda 2008.
Cape Malay Group, Kanala 1999.
Freshly Ground, Nomvula 2004.
Hugh Masekela, Phola 2008.
Judith Sephuma, Change is here 2008.
Karin Zoid, Post Modern World 2008.
Lucky Dube, Other Side 2004.
Miriam Makeba, Miriam's Choice 2002.
Sibongile Khumalo, The Greatest Hits 2006.
Simphiwe Dana, Zandisele 2007.
Spokes Mashiyane, King Kwela 2002.
Yvonne Chaka Chaka, Kwenzenjani 2005.
Zola, !Butho 2005.

Informationen in Internet und Printmedien

Deutsche Institutionen und Medien

Afrika-Kurier: www.geocities.com/Afrika-Kurier
Auswärtiges Amt: www.auswaertigesamt.de/diplo/de/Laenderinformationen/01-Laender/Suedafrika.html
Deutsche Botschaft Pretoria: www.pretoria.diplo.de
Deutsche Buchhandlung Kapstadt: www.naumann.co.za
Deutsche Industrie- und Handelskammer für das südliche Afrika, Johannesburg: www.suedafrika.ahk.de
Deutsche Schulen in Südafrika: www.dsk.co.za; www.dsj.co.za; www.dsp.gp.school.za
Echo Magazin: www.kapstadt.de/echo
Goethe-Institut Johannesburg: www.goethe.de/Ins/za/joh/deindex.htm
Goethe-Zentrum Kapstadt: www.goethe.de/ins/za/kap/enindex.htm
Kommerzielle Kapstadt-Portale: www.kapstadt.de; www.kapstadt.net; www.expatcapetown.com; www.Kapstadt.com (auch Printausgabe 2 x jährlich)
Presseschau: www.shosholoza.de/suedafrika.php
Süd-Afrika Magazin: www.sued-afrika.de
Südliches Afrika Initiative der Deutschen Wirtschaft, Stuttgart: www.Safri.de

Südafrikanische Institutionen

Fußballweltmeisterschaft: www.fifa.com/worldcup/index/html; www.southafrica.info/2010/
Innenministerium: www.home-affairs.gov.za
Naturparks: www.nature-reserve.co.za
Offizielles Informationsportal: www.southafrica.info
Sozialforschungsinstitut: www.hsrc.ac.za
Südafrikanische Botschaft Berlin: www.suedafrika.org
Weinland: www.capewineland.de
Wirtschaftsförderungsgesellschaft des Westkaps: www.wesgro.co.za
www.capetown.gov.za
www.joburg.co.za
www.jozi.co.za
Zentralregierung: www.gov.za

Südafrikanische Medien

www.capetimes.co.za; www.capeargus.co.za; www.news24.com/Die_Burger/Home; www.sowetan.co.za; www.thetimes.co.za; www.sundayindependent.co.za; www.mg.co.za (Mail & Guardian); www.businessday.co.za; www.iol.co.za (gemeinsamer Newsletter mehrerer Zeitungen)
www.capeetc.com; www.getaway.co.za; www.countrylife.co.za

Abbildungsnachweis

Archiv des Verlages: hintere Klappe
iStockphoto/Frank van den Bergh: vordere Klappe, oben
picture-alliance/Jorn Stjerneklar/Impact Photos: vordere Klappe, unten
Manu Theobald, Siemens Arts Program: Umschlag hinten
Christopher Volle: Karte S. 12/13

Glossar

Affirmative Action	bevorzugte Behandlung von früher benachteiligten Bevölkerungsgruppen
African	schwarzer Afrikaner
African National Congress (ANC)	Regierungspartei Südafrikas
Afrikaans	aus dem Holländischen entwickelte Kreolsprache
Afrikaner	Afrikaans sprechender europäisch-stämmiger Südafrikaner
Afval	Innereien und Kaldaunen
Amandla	Kampfruf des ANC: zur Macht
Atjar	pikant eingelegte Gemüse
Bakkie, Pick Up	kleiner, offener Lastwagen
Bantu	Plural von Mensch in Xhosa und Zulu, schwarze Bevölkerung des südlichen Afrikas, bezeichnet auch deren Sprachen
Baobab	Affenbrotbaum
B & B:	Bed & Breakfast, Frühstückspension im Privathaus
Black Economic Empowerment (BEE)	Transfer von Unternehmensanteilen von weißen in schwarze Hände
Blatjang	Chutney
Boer	Bure, Bauer
Boeremeisie	Bauernmädchen
Boerewors	Burenwurst, mit Koriander gewürzte Bratwurst
Boetie, Bra	Bruder, gleichaltriger Mann
Bredie	Fleisch-Gemüse-Eintopf
Brit	Brite
Burger	Einwohner der Kapkolonie mit vollen bürgerlichen Rechten
Buschmänner	afrikanische Urbevölkerung, Jäger und Sammler, andere Bezeichnung: *San*
Coloured	Farbige, ethnisch gemischte Bevölkerungsgruppe Südafrikas
Congress of South (COSATU)	Gewerkschaftsdachverband African Trade Unions
Dominee	Pfarrer der kalvinistischen Kirche Südafrikas

Doper	Täufer, besonders konservativer Zweig der kalvinistischen Kirche
Dorp, dorpie, dolopi	kleine Stadt oder Dorf
Eland	auch Elefantenantilope, die größte Antilopenart
Equal Employment (EE)	bevorzugte Beschäftigung von früher benachteiligten Bevölkerungsgruppen
Expat	residenter Ausländer
Freedom Charter	Statut für ein demokratisches Südafrika ohne Rassentrennung
Funagalore	Slang in den Minen um Johannesburg
Gemmerbier	Ingwergetränk
Groote Schuur	Große Scheune, Kapstädter Krankenhaus
GTZ	Gesellschaft für Technische Zusammenarbeit
IDASA	Institute for Democracy in South Africa
Imbongi	Preissänger
Informal settlement	wilde Siedlung, Slum
Kaburu	Bezeichnung für Buren in Tansania und Kenia
Kapmalaien	islamische Bevölkerungsgruppe in der Provinz Westkap, vor allem in Kapstadt
Khoikhoi	afrikanische Urbevölkerung, Hirten und Bauern
Koeksister	gedrehtes, süßes Fettgebäck
Kraal	Umzäunung für Vieh und Bezeichnung für traditionelle Schwarzensiedlung
Kwaito	südafrikanische Populärmusikrichtung
Lobola	Brautpreis
Location	Wohngebiet von Schwarzen und Farbigen
Milie, Miliepap	Mais, Maisbrei
Molo	Guten Tag auf Xhosa und Zulu
Nagmaal	Abendmahl
Nama	von Khoikhois abstammende ethnisch gemischte Bevölkerungsgruppe in der Provinz Nordkap (Namaqualand)
Ndebele	Bevölkerungsgruppe in der Provinz Mpumalanga und in Simbabwe, hier auch *Matabele* genannt
Nerderduitse Gereformeerde Kerk (NGK)	kalvinistische Kirche Südafrikas

Nguni	schwarze Bevölkerung des südlichen Afrikas, bezeichnet auch die Sprachenfamilie und eine Rinderrasse
NP, Nats	National Party
Oom	Onkel, älterer Mann
Potjie	Eintopf
SAFA	South African Football Association
SALT	South African Large Telescope
Sambal	salatähnliche Mischung aus rohem, pikant abgeschmecktem Gemüse
Samp	gekrümelter, körniger Maisbrei mit amazi (Sauermilch)
San	afrikanische Urbevölkerung, Jäger und Sammler, andere Bezeichnung: Buschmänner
Sissie	Schwester, gleichaltrige Frau, auch: Angsthase
Sotho	Bevölkerung von Lesotho (z.T. auch in der Provinz Freistaat), Menschen: *baSotho*, Sprache: *seSotho*
Südwest, South West	frühere Bezeichnung für Namibia
Taal	(afrikaanse) Sprache
Tannie	Tante, ältere Frau
Township	Wohngebiet von Schwarzen, Farbigen
Traditional healer	Naturheilkundiger, Medizinmann
Trekboere	wandernde afrikaanse Bauern
Tsotsi	Tunichtgut, Verbrecher
Ubuntu	Mitmenschlichkeit, Gemeinschaftssinn, Ensemble traditioneller Werte und Bräuche in Xhosa und Zulu
UNAIDS	The Joint United Nations Program for HIV/AIDS
UNESCO	United Nations Educational Scientific and Cultural Organisation
United Democratic Front (UDF)	Sammelprotestbewegung in der Apartheidära
Up market	gehobenes Niveau
USD	US-Dollar
Voortrekker	Afrikaner, die im 19. Jahrhundert aus der Kapprovinz ins Innere Südafrikas gezogen sind

Wamkelikele	Willkommen auf Xhosa
Xhosa	Bevölkerungsgruppe in der Provinz Ostkap, Menschen: *amaXhosa,* Sprache: *isiXhosa*
Zulu	Bevölkerungsgruppe in der Provinz KwaZulu-Natal, Menschen: *amaZulu,* Sprache: *isiZulu*
4 x 4	Geländewagen mit Vierradantrieb